基礎からわかる・授業に活かせる

食育指導
ガイドブック

中村　丁次
田中　延子
　　　監修

成瀬　宇平
中丸ちづ子
久野　　仁
日毛　清文
　　　編

丸善出版

まえがき

　食べ物がからだを働かせるうえで重要なことは誰でも認めている．しかし，食べ物が心に影響を与えることについては，科学的に理解していなかったばかりか，子どもたちの栄養状態が良好な限り，食物は子どもたちの学習，思考，感情，行動にはほとんど関係がないと思われていた．これらに関連する科学的研究が発展していくうちに，三大栄養素，すなわちたんぱく質，脂質，炭水化物の不足がからだの成長を止め，同時に脳の成長も停滞させることが明らかになり，食物はからだの発達に影響するばかりでなく，精神的状態や行動にも強く影響することが明らかになってきた．また，家族や文化が食生活に影響を及ぼし，子どもたちの精神作用にも影響を及ぼすことも明らかにされるようになり，食生活が子どもたちの精神過程や行動パターンに影響することも明らかになってきた．

　アメリカでは，1930年代から食べ物と子どもの行動に関する研究を行い，カルシウムや糖質が子どもの精神状態や行動パターンに影響を及ぼすことを明らかにし，精神状態の変化の治療への応用も試みられた．1950年代には，アイオア大学の研究グループが「アイオア朝食研究」と題して，朝食の重要さに関する一連の研究を行っていた．このような食生活や食べ物の心身の発達・状態，行動に関しては，日本における研究者も，機会があるごとに，栄養面，心理面，家族関係などの各観点から研究し，問題提起を行っていた．また，朝食と低体温，不定愁訴や学習効果などの関係も明らかになり，食べ物に含まれる機能性成分が生活習慣病の予防，学習や神経伝達によい影響を及ぼすことも明らかにされている．

　さらに，日本においては，食生活をめぐる状況や社会経済構造の変化による日常のライフスタイルの多様化が，栄養の偏り，不規則な食事，肥満や生活習慣病の増加，伝統的食文化の危機を招いている．そして子どもたちの朝食欠食による心身の状態や発達に影響していることも問題となってきている．親も子どもも日々忙しい生活を過ごしている中で，食やその大切さに対する意識が希薄になってきていて，家族が食卓を囲む楽しい食事も忘れがちである．そのような中で，国民が健康で豊かな人間性をはぐくむうえで，健全な食生活が重要であることが理解されるようになり，健全な食生活づくりが社会問題として提起されるに至った．そして，平成17（2005）年に「食育基本法」が施行され，平成18（2006）年3月31日に「食育推進基本計画」が策定された．その目標は「国民の心身の健康の増

進と豊かな人間形成，食に関する感謝の念と理解等の基本理念の下に推進される」ことにある．このような考え方に則り，食育を国民運動として推進することになった．政府は，「食育基本法」の制定によって，子どものときからの知育，徳育，体育の基礎として，食教育すなわち食育の重要性を加えた．これにともない，幼稚園・保育園から中学校における教育課程の中に，何らかの形で食育が導入されることになった．さらに，家庭でのしつけ，あるいは教育も，家庭での食生活の中で生まれる家族間のコミュニケーションに根本があり，家族，学校の先生や友人，地域の人々とのコミュニケーションの中に，日本の未来を発展させる人々の基本的課題が生じるとも考えられる．

　たとえば，食育の目標値の1つとして「朝食欠食する国民の割合の減少」が設定されている．この目標の効果を上げるために，「早寝早起き朝ごはん」を目標の1つとしている小学校は多い．事実，両親の仕事の関係や子どもの学校外での学習や稽古事で，夕食や就寝の時間が遅くなり，それにともない翌朝の起床時間も遅くなり，朝食をとらない子どもが増え，日常の生活リズムや学校での学習態度に何らかの悪影響を及ぼしているという調査報告は多い．特に，上級学年ほどこれらの傾向は多く見られるという報告もある．朝食欠食と体格，食習慣（間食頻度，外食頻度），生活習慣との関係の調査もあり，家族一緒の食事の大切さも訴えられている．

　本書は，主に幼稚園・小中学校の教育現場で食育に関連する実践や授業に取り組み，活躍している先生方に，ガイドブックとして参考・利用してもらえるように構成した．したがって，現在，教育現場で総括的立場にある校長や副校長，教科・クラスを運営する立場の教科担当やクラス担任，健康管理の立場で活躍している養護教諭，学校給食の面から食育に取り組んでいる栄養教諭や学校栄養職員を著者に迎え，食育への取組みに対する体験と実践を中心に，食育に必要となる基礎知識・理念もコンパクトに解説した．今後のご活躍の参考になれば幸いである．また，読者の皆様の職場や地域によりそれぞれ特色があり，食育への取組み方も異なると思うので，皆様からのご意見やご助言をいただければ幸いであり，著者一同の今後の貴重な参考として活用したい．

　最後に，本書の編集にあたり，丸善出版事業部の小林秀一郎氏，遠藤絵美氏にご協力をいただいた．ここに謝意を表します．

2007年9月

編者しるす

監修者・編者・執筆者一覧

監修者

中村　丁次	神奈川県立保健福祉大学　保健福祉学部　学部長
田中　延子	文部科学省スポーツ・青少年局学校健康教育課　学校給食調査官

編　者

成瀬　宇平	鎌倉女子大学　名誉教授
中丸　ちづ子	社団法人神奈川県栄養士会　会長
久野　仁	茨城県県南生涯学習センター　指導相談員
日毛　清文	茨城県取手市立六郷小学校　校長

執筆者および執筆協力者

秋葉　久子	茨城県つくば市立島名小学校　養護教諭
飯塚　隆志	茨城県つくば市立高山中学校　教諭
石﨑　恵美	茨城県かすみがうら市立美並小学校　栄養係長
植村　和郎	株式会社紀文食品　供給本部　品質衛生管理部　部長
遠藤　操	茨城県つくば市立真瀬小学校　教諭
大野　恵美	茨城県取手市立取手小学校　栄養教諭
勝野　美江	農林水産省消費・安全局　消費者情報官補佐（食育推進班担当）
木内　裕	株式会社紀文　食品商品本部研究開発部　主任研究員
木村　利行	東関東子育てサポートセンター　代表
木村　秀子	木村きもの学院　講師
久野　仁	茨城県県南生涯学習センター　指導相談員
小圷　智子	前　茨城県取手市立六郷小学校　講師
佐井　文	小田原女子短期大学　食物栄養学科　助手（管理栄養士）
坂手　久子	元　茨城県つくば市学校栄養職員
坂場　治	茨城県つくば市立竹園東小学校　校長
佐藤　繁雄	株式会社紀文食品　商品本部研究開発部　主席研究員
沢辺　知美	茨城県つくば市谷田部給食センター　学校栄養職員
白田　幸子	茨城県取手市立六郷小学校　教諭
鈴木　剛	茨城県土浦市立斗利出小学校　教諭
鈴木　真理子	茨城県つくば市立高山中学校　教諭

監修者・編者・執筆者一覧

鈴木 幸枝	茨城県取手市立六郷小学校 教諭
清野 富久江	厚生労働省健康局総務課 生活習慣病対策室
関井 利之	株式会社紀文食品 品質保証室 室長
髙崎 元美	幸手ひまわり幼稚園 園長
田中 弘之	厚生労働省健康局総務課 生活習慣病対策室
田中 延子	文部科学省スポーツ・青少年局学校健康教育課 学校給食調査官
塚本 善久	茨城県稲敷市立太田小学校 校長
筑井 喜久男	茨城県つくば市立並木小学校 教諭
土谷 知弓	鎌倉女子大学 家政学部管理栄養学科 専任講師（管理栄養士）
東郷 君子	茨城県つくば市立真瀬小学校 教諭
中川 則和	株式会社紀文食品 常務取締役 供給本部 本部長
中野 孝夫	茨城県つくば市立真瀬小学校 校長
中村 丁次	神奈川県立保健福祉大学 保健福祉学部 学部長
中丸 ちづ子	社団法人神奈川県栄養士会 会長
成瀬 宇平	鎌倉女子大学 名誉教授
西村 伊久子	茨城県取手市立六郷小学校 養護教諭
花岡 豊	株式会社紀文食品 技監
日毛 清文	茨城県取手市立六郷小学校 校長
古川 知子	茨城県つくば市立真瀬小学校 養護教諭
古谷 洋子	茨城県つくばみらい市立伊奈東中学校 教諭
細田 愛	茨城県つくば市立高山中学校 教諭
政二 千鶴	小田原女子短期大学 食物栄養学科 助手（管理栄養士）
町田 幸子	茨城県取手市立六郷小学校 教頭
宮崎 百合子	茨城県つくば市立高山中学校 教諭
宮嶌 芳和	茨城県つくば市立高山中学校 教諭

（2007年9月現在，50音順）

目　次

I　食育の意味　田中弘之 ··1
　1　食育基本法と食育の考え方 ···1
　　①　食育基本法の経緯　　1
　　②　食育基本法の概要　　2
　　③　食育推進基本計画策定の経緯　　3
　　④　食育推進基本計画の概要　　3
　2　心身の健全な育成と食育の関係 ··6
　　①　心身の健全な育成　　6
　　②　食育とは　　7
　　③　今後の課題　　10

II　食生活の指導事項 ··11
　1　健康と食習慣との関係　田中延子 ··11
　　①　食に関する現状　　12
　　②　児童生徒の食に関する意識の状況　　15
　　③　学校における食育の推進と栄養教諭の役割　　16
　2　健康づくりに必要な栄養成分 ···18
　　①　栄養素の体内での働き　佐井　文・政二千鶴　　18
　　②　栄養素の欠乏と病気の予防　土谷知弓　　28
　　③　栄養素の過剰摂取による病気と予防　土谷知弓　　33
　　④　機能性食品とは　土谷知弓　　36
　　⑤　生活習慣病予防と食事　清野富久江　　40
　　⑥　学習と食事　田中延子　　43
　　⑦　生活習慣病予防と身体活動・運動　清野富久江　　45

III　子どもの食育から大人の食育への伝達事項 ································49
　1　子どもの食育指導 ··49
　　①　子どもの食事パターン（欠食・個食・孤食・間食）
　　　　　　　　　　　　　　　　　成瀬宇平・中丸ちづ子　　49
　　②　偏食と軟食（柔食）　成瀬宇平・中丸ちづ子　　59
　　③　理想的な食生活のパターンと心身の育成　成瀬宇平・中丸ちづ子　　60
　　④　日常生活と学校生活との関係　成瀬宇平・中丸ちづ子　　66

⑤　ファーストフードと健康　成瀬宇平・中丸ちづ子　　69
　　　⑥　スローフードと健康　成瀬宇平・中丸ちづ子　　72
　　　⑦　サプリメントと健康　成瀬宇平　　73
　　　⑧　子どものアレルギーと食物アレルギーへの対応　中村丁次　　76
　　2　学校での食育の家庭への伝達　坂手久子・成瀬宇平　……………80
　　　①　食育に関する家庭と学校の役割　　81
　　　②　健康と家族の役割　　81
　　　③　一家団らんの食生活と健康　　83
　　　④　家庭生活への子どもの参画・親の役割　　84
　　　⑤　食事のマナーの習得と社会性の習得　　84
　　　⑥　日常生活と学習の習得　　85
　　3　バランス食のレシピ例　坂手久子　……………………………86

Ⅳ　食の安全・安心の指導事項 …………………………………………95
　　1　食の安全・安心とは　中川則和 ……………………………………95
　　　①　食の安全・安心について　　95
　　　②　食の安全　　95
　　　③　安心な食品とは　　96
　　　④　リスクコミュニケーション　　98
　　2　農薬と健康障害　木内　裕 …………………………………………98
　　　①　農薬の必要性　　98
　　　②　農薬の歴史　　99
　　　③　農薬の安全性　　100
　　　④　水洗・調理による農薬の除去効果　　101
　　3　ポストハーベスト（Postharvest）とは　花岡　豊 ………………101
　　4　食品添加物　関井利之 ……………………………………………102
　　　①　食品添加物の分類　　103
　　　②　食品添加物の使用基準　　103
　　　③　食品添加物の種類　　104
　　　④　食品添加物の表示の免除　　105
　　　⑤　食品添加物の指定について　　105
　　5　遺伝子組換え食品とは　佐藤繁雄 ………………………………105
　　　①　遺伝子とは　　105
　　　②　遺伝子組換え技術とは　　106
　　　③　遺伝子組換え食品とは　　106

④　安全性審査　　　**107**
　　　⑤　表示の義務化　　　**108**
　6　トレーサビリティ　　中川則和　……………………………………**110**
　　　①　トレーサビリティとは　　　**110**
　　　②　トレーサビリティの効果　　　**110**
　　　③　トレーサビリティの事例　　　**111**
　7　残留農薬等のポジティブリスト制度　　花岡　豊　…………………**113**
　　　①　ポジティブリスト制度とは　　　**114**
　8　食生活と衛生　……………………………………………………**117**
　　　①　食生活と食中毒　　植村和郎　　　**117**
　　　②　食生活と環境問題　　中川則和　　　**121**
　　　③　身近な衛生と健康の知識　　植村和郎　　　**124**

Ⅴ　食文化の指導事項と推進のための提案 ……………………………**129**
　1　地産地消と食育　　勝野美江　……………………………………**129**
　　　①　農林水産省の食育での地産地消の位置づけ　　　**129**
　　　②　学校給食における地場産物の活用の推進　　　**130**
　　　③　「地域に根ざした食育コンクール」受賞事例から　　　**131**
　　　④　地域の生産者との連携の大切さ　　　**132**
　　　⑤　地域版食事バランスガイドの活用　　　**133**
　2　日本の食事様式と食生活　　中丸ちづ子・成瀬宇平　………………**135**
　　　①　主食と副食の基礎はいつごろできたか　　　**135**
　　　②　精進料理と和食の成立　　　**136**
　3　食とコミュニケーション　　中丸ちづ子・成瀬宇平　………………**136**
　4　郷土料理と伝統料理　　中丸ちづ子　……………………………**137**
　　　①　郷土料理　　　**137**
　　　②　主な地方のごちそう　　　**139**
　　　③　伝統料理　　　**140**
　5　人生の儀式と食事　　中丸ちづ子　………………………………**142**
　6　食と美意識　　中丸ちづ子・成瀬宇平　…………………………**144**
　7　食のことわざと人生の意義　　中丸ちづ子・成瀬宇平　……………**145**
　8　お供え物の意味　　中丸ちづ子・成瀬宇平　………………………**149**
　9　地域の行事と料理　　中丸ちづ子・成瀬宇平　……………………**150**
　　　①　日本の各地の代表的祭　　　**154**

VI 学校における食育の現場―実践編 …………………………………159
1 学校における食育の進め方　久野 仁 …………………………159
① いま，なぜ食育か　159
② どこで，誰が，どのように，何を，いつ，指導するのか　160
2 学校における食育の実践事例 ………………………………………164
① 学校経営と食育　日毛清文　164
② 教科における食育　166
社会科（第3学年）―農家のしごと　小圷智子　166
家庭科（第6学年）―調理する喜びを実感しよう　鈴木幸枝　169
生活科（第2学年）―つくって食べよう，おいしいやさい
　　　　　　　　　　　　　　　　　　　　　　遠藤 操　172
体育科（保健）（第6学年）―生活習慣病を予防しよう
　　　　　　　　　　　　　　　　　筑井喜久男・古川知子　176
③ 特別活動における食育　178
学級活動の時間（第5学年）―野菜の好き嫌いをなくそう　白田幸子　178
学校行事―みんなで学ぶ「食」と「健康」　町田幸子　181
委員会活動―残さず食べよう！給食残量調べ　秋葉久子　184
生徒会活動―朝食を食べよう！キャンペーン　古谷洋子　186
学校給食の時間―有意義なランチタイムの創造　古谷洋子　187
④ 道徳における食育（第1学年）　遠藤 操・沢辺知美　192
⑤ 総合的な学習の時間における食育　195
総合的な学習の時間（第5学年）―きれいな水でおいしいお米を
　　　　　　　　　　　　　　　　　筑井喜久男・坂手久子　195
総合的な学習の時間（中学校第2学年）―自分の食生活のあり方を見直そう
　　　　　　　　宮崎百合子・鈴木真理子・飯塚隆志・宮嶌芳和　198

VII より効果的に食育を推進するための提案―実践例 …………………203
1 学校・家庭・地域・関係機関との連携 ………………………………203
① 学校給食連携推進委員会の設置　中野孝夫・塚本善久　203
② 教育委員会との連携―家庭・地域への広報活動　坂場 治　207
③ 学校給食センターの取組み―給食カレンダーの配信と地産地消
　　　　　　　　　　　　　　　　　　　　　　坂手久子　212
④ PTAとの連携―食育の基礎は家庭から　久野 仁　215
⑤ 地域との連携―地域で伝える伝統の味　坂手久子　218
2 家庭との連携―「朝ごはんメニューレシピコンクール」の実践を通して

	西村伊久子 ……………………………………………………………220
3	栄養教諭の活用（学級活動（第2学年））―やさいのひみつを知ろう
	大野恵美 ……………………………………………………………222
4	学校保健委員会の活性化　西村伊久子 …………………………226
5	養護教諭の活用―肥満予防と肥満解消を目指した保健指導　秋葉久子 ………230
6	地域人材の活用（中学校第1学年）―正しい食事のマナーを身につけよう
	細田　愛・木村秀子 ……………………………………………232
7	地域食材の見直し―みんなで食育　石﨑恵美 …………………235
8	体験活動の重視 ……………………………………………………241
	①　幼稚園における食育―幸手ひまわり幼稚園における「食」へのこだわり
	髙崎元美　241
	②　おばあちゃんから学ぼう！―みそ・豆腐づくり体験　鈴木　剛　246
9	地域で行う食育―デイキャンプ（Day Camping）でのワイルド料理体験
	木村利行 ……………………………………………………………248
10	食育のきめ細かな全体計画と年間指導計画の作成　東郷君子 …………253

索　引 ……………………………………………………………………257

食育の意味

1　食育基本法と食育の考え方

①　食育基本法の経緯

　近年における国民の食生活の環境をめぐる現状が大きく変化し，栄養バランスの偏り，不規則な食生活，糖尿病などの生活習慣病の増加，過度な痩身などの問題，また，BSEの発生，食品表示偽装問題などの食品の安全性をめぐる問題，さらに食の海外依存の問題が生じている．このような状況下において，国民が生涯にわたって健全な心身をつちかい，豊かな人間性をはぐくむための食育を推進することが緊要な課題となっていることにかんがみて，食育に関し，基本理念を定め，および国，地方公共団体などの責務を明らかにするとともに，食育に関する施策の基本となる事項を定めることにより，食育に関する施策を総合的かつ計画的に推進し，もって現在および将来にわたる健康で文化的な国民の生活と豊かで活力ある社会の実現に寄与するために，国会議員により食育基本法案が参議院へ平成16（2004）年3月15日に提出された．その後，以下の経過を経て，平成17（2005）年6月10日に成立した．

食育基本法の法案提案から施行までの主な経緯

　　平成16年　3月15日　　参議院に食育基本法案提出（第159回国会（常会））
　　　　　　　6月3日　　参議院から取り下げ，衆議院に同法案提出・継続審査
　　　　　　　12月1日　　衆議院内閣委員会で提案理由説明・継続審査（第161回国会（臨時会））
　　平成17年　4月19日　　衆議院本会議で可決（第162回国会（常会））
　　　　　　　6月10日　　参議院本会議で可決・成立
　　　　　　　6月17日　　公布（平成17年法律第63号）

7月15日　施行

② 食育基本法の概要

目的

　本法律は,「国民が健全な心身をつちかい,豊かな人間性をはぐくむ食育を推進するため,施策を総合的かつ計画的に推進すること」などを目的としている.

基本理念

　食育に関する基本理念には,以下の7項目がある.
- 「国民の心身の健康の増進と豊かな人間形成」
- 「食に関する感謝の念と理解」
- 「食育推進運動の展開」
- 「子どもの食育における保護者,教育関係者などの役割」
- 「食に関する体験活動と食育推進活動の実践」
- 「伝統的な食文化,環境と調和した生産などへの配意および農山漁村の活性化と食料自給率の向上への貢献」
- 「食品の安全性の確保などにおける食育の役割」

国などの責務

　食育の推進について,国,地方公共団体,教育関係者,農林漁業者,食品関連事業者,国民などの食育の推進に関する責務を定めている.また「食育の推進に関して講じた施策に関する報告書」を毎年国会に提出することなど,政府の講ずるべき措置がある.

食育推進基本計画など

　内閣府に設置される食育推進会議が,食育の推進に関する施策の総合的かつ計画的な推進を図るため,① 施策についての基本的方針,② 目標,③ 食育推進活動などの総合的な促進,などの事項を含む「食育推進基本計画」を作成することを定め,都道府県および市町村が食育推進計画を作成するよう努めなければならない旨がある.

基本的施策

　基本的施策は国および地方公共団体が講ずるべきこととして定められており,具体的には,家庭・学校・保育所・地域などにおける食育の推進,食育推進運動の全国展開,生産者と消費者との交流促進,環境と調和のとれた農林漁業の活性化,食文化の継承のための活動への支援,食品の安全性などがある.

食育推進会議など

　内閣府に設置する食育推進会議の所掌事務などについて定めるとともに，都道府県および市町村が条例で定めることにより食育推進会議を設置することができる旨がある．

③　食育推進基本計画策定の経緯

　食育推進基本計画は，食育の推進に関する施策の総合的かつ計画的な推進を図るため，食育推進会議（会長は内閣総理大臣）において作成された．第1回食育推進会議は，平成17（2005）年10月19日に開催され，食育推進基本計画の作成方針などについて審議した結果，内閣府特命担当大臣（食育）を座長とする食育推進基本計画検討会を開催すること，内閣府において国民の意見を幅広く聴取することを決定した．

　検討会では，基本計画の内容について同年10月から平成18（2006）年2月までの5回にわたり審議し，基本計画案を取りまとめた．その間に，食育を先進している大阪府，福井県小浜市，茨城県において地方意見交換会を開催し，活発な意見交換が行われた．また，基本計画案については，インターネットによる意見の募集を行った．これらを経て，平成18年3月31日に，第2回食育推進会議において基本計画が決定された．

④　食育推進基本計画の概要

　食育推進基本計画は，平成18（2006）年度から平成22（2010）年度までの5年間を対象とする計画として作成された．

はじめに

　基本計画には「食をめぐる現状」と「これまでの取組みと今後の展開」について記載されている．「食をめぐる現状」としては，近年，急速な経済発展にともなって生活水準の向上，食の外部化など食の多様化が進んできており，また，日々忙しい生活の中にあっては食の大切さに対する意識が希薄になり，健全な食生活が失われつつあるとし，加えて，食に関する情報が社会に氾濫し，情報の受け手である国民が食に関する正しい情報を適切に選別し，活用することが困難な状況も見受けられ，我が国の食をめぐる現状は危機的な状況にあるとしている．そのため，地域や社会をあげた子どもの食育をはじめ，生活習慣病などの予防，高齢者の健全な食生活や楽しく食卓を囲む機会の確保，食品の安全性の確保と国民

の理解の増進,食料自給率の向上,伝統ある食文化の継承などが必要である,とされている.

また,「これまでの取組みと今後の展開」としては,これまでも食育への取組みがなされてきており,一定の成果をあげつつあるが,危機的な状況の解決につながる道筋は見えてこないこと,このため,食育に関する施策を総合的かつ計画的に推進する基本計画に基づき,国民運動として食育に取り組み,国民が生涯にわたり健全な心身をつちかい,豊かな人間性をはぐくむことができる社会の実現を目指すこと,とされている.

食育の基本的な方針

食育の推進に関する施策についての基本的な方針としては,以下の7つの項目があげられている.

①健全な食生活に必要な知識などが年齢,健康状態などにより異なることに配慮しつつ,心身の健康の増進と豊かな人間形成を目指した施策を講じること

②さまざまな体験活動などを通じ,自然に国民の食に対する感謝の念や理解が深まっていくよう配慮した施策を講じること

③社会のさまざまな分野における男女共同参画の視点も踏まえた食育を推進する観点から,国民や民間団体などの自発的意思を尊重し,多様な主体の参加と連携に立脚した国民運動となるよう施策を講じること

④子どもの父母その他の保護者や教育・保育関係者の意識向上を図り,子どもが楽しく食を学ぶ取組みが積極的に推進されるよう施策を講じること

⑤家庭,学校,地域などさまざまな分野において,多様な主体から食を学ぶ機会が提供され,国民が意欲的に食育の活動を実践できるよう施策を講じること

⑥伝統ある食文化の継承や環境と調和した食料生産などが図られるよう配慮するとともに,食料需給への国民の理解の促進や都市と農山漁村の共生・対流などにより農山漁村の活性化と食料自給率の向上に資するよう施策を講じること

⑦食品の安全性など食に関する幅広い情報を多様な手段で提供するとともに,行政,関係団体,消費者などの間の意見交換が積極的に行われるよう施策を講じること

食育の目標

食育の推進の目標については,食育を国民運動として推進するためにふさわしい定量的な目標を掲げ,その達成を目指して基本計画に基づく取組みを推進する観点から,以下の9つの定量的な目標が定められている.

①食育に関心をもっている国民の割合の増加（70％→90％）
②朝食を欠食する国民の割合の減少（子ども4％→0％，20代男性30％→15％，その他）
③学校給食における地場産物を使用する割合の増加（食材数で21％→30％）
④「食事バランスガイド」などを参考に食生活を送っている国民の割合の増加（60％）
⑤内臓脂肪症候群（メタボリックシンドローム）を認知している国民の割合の増加（80％）
⑥食育の推進にかかわるボランティアの数の増加（20％増）
⑦教育ファームの取組みがなされている市町村の割合の増加（42％→60％）
⑧食品の安全性に関する基礎的な知識をもっている国民の割合の増加（60％）
⑨推進計画を作成・実施している都道府県および市町村の割合の増加（都道府県100％，市町村50％）

食育の総合的な促進

食育の総合的な促進については，以下の7項目について，40にわたる国の取り組むべき基本施策を取りまとめ，地方公共団体などもその推進に努めることとされている．

①家庭においては，子どもの食生活を大切にし，健全な食習慣を確立するために「生活リズムの向上」，「子どもの肥満予防の推進」，「望ましい食習慣や知識の習得」，「妊産婦や乳幼児に関する栄養指導」，「栄養教諭を中核とした取組み」および「青少年およびその保護者に対する食育推進」の各施策に取り組む

②学校，保育所などにおいては，子どもの健全な食生活の実現と豊かな人間形成を図るため，「指導体制の充実」，「子どもへの指導内容の充実」，「学校給食の充実」，「食育を通じた健康状態の改善などの推進」および「保育所での食育推進」の各施策に取り組む

③地域においては，生活習慣病を予防し，国民の健康を増進するため，「栄養バランスが優れた「日本型食生活」の実践」，「「食生活指針」や「食事バランスガイド」の活用促進」，「専門的知識を有する人材の養成・活用」，「健康づくりや医学教育などにおける食育推進」および「食品関連事業者などによる食育推進」の各施策に取り組む

④食育推進の国民運動としての展開方策については，「食育月間の設定・実施」，「継続的な食育推進運動」，「各種団体などとの連携・協力体制の確立」，「民間の

取組みに対する表彰の実施」,「国民運動に資する調査研究と情報提供」,「食育に関する国民の理解の増進」および「ボランティア活動への支援」の各施策に取り組む

⑤生産者と消費者との交流の促進,農林漁業の活性化などの方策としては,「都市と農山漁村の共生・対流の促進」,「子どもを中心とした農林漁業体験活動の促進と消費者への情報提供」,「農林漁業者などによる食育推進」,「地産地消の推進」および「バイオマス利用と食品リサイクルの推進」の各施策に取り組む

⑥食文化の継承のための活動への支援としては,「ボランティア活動などにおける取組み」,「学校給食での郷土料理などの積極的な導入やイベントの活用」,「専門調理師などの活用における取組み」,「関連情報の収集と発信」および「知的財産立国への取組みとの連携」の各施策に取り組む

⑦食品の安全性などに関しては,国民の適切な食生活の選択に資するとともに,食育の全般的な推進に資するため,「リスクコミュニケーションの充実」,「食品の安全性や栄養などに関する情報提供」,「基礎的な調査・研究などの実施」,「食品情報に関する制度の普及啓発」,「地方公共団体などにおける取組みの促進」,「食育の海外展開と海外調査の推進」および「国際的な情報交換など」の各施策に取り組む

食育の推進に必要な事項

前記に加えて,食育の推進に関する施策を総合的かつ計画的に推進するために必要な事項として,「多様な関係者の連携・協力の強化」,「都道府県などによる推進計画の策定とこれに基づく施策の促進」,「積極的な情報提供と国民の意見などの把握」,「推進状況の把握と効果などの評価および財政措置の効率的・重点的運用」および「基本計画の見直し」の5項目が定められている.

2 心身の健全な育成と食育の関係

① 心身の健全な育成

急速な経済の発展とともに変化する社会の様態において,すべての国民が心身の健康を確保し,生涯にわたって生き生きと暮らすことができるようにすることが大切である.

② 食育とは

基本法の前文には食育について,「生きるうえでの基本であって,知育,徳育および体育の基礎となるべきもの」としたうえで,あらゆる世代の国民に必要なものとしながら,特に,子どもたちに対する食育については「心身の成長および人格の形成に大きな影響を及ぼし,生涯にわたって健全な心と身体をつちかい豊かな人間性をはぐくんでいく基礎となるもの」としている.また,食育とは,「「食」に関する知識と「食」を選択する力を習得し,健全な食生活を実践することができる人間を育てる」ことであるとしている.

国民の「食」をめぐる現状

(1) 栄養の偏り

昭和50年代半ばには,米を中心とした水産物,畜産物,野菜などの多様な副食から構成され栄養バランスに優れた「日本型食生活」が実現していたが,近年,脂質の過剰摂取や野菜の摂取不足などの栄養の偏りが見られる.野菜の摂取量は,年齢が高いほど多い傾向にあるが,もっとも摂取量の多い60歳代であっても目標とする野菜の摂取量の350gに達していない(図I-1).

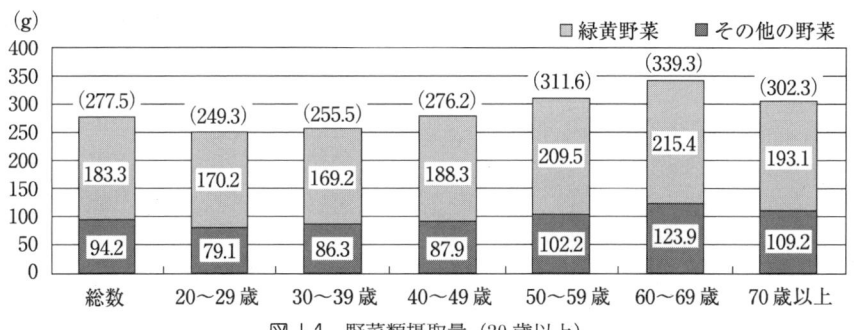

図I-1 野菜類摂取量(20歳以上)

[資料:厚生労働省,国民健康・栄養調査(平成15年),2003]

(2) 不規則な食事

朝食の欠食に代表されるような,いわゆる不規則な食事が,子どもも含めて近年目立つようになってきた.

朝食の欠食率については,男女ともに20歳代がもっとも高く,次いで30

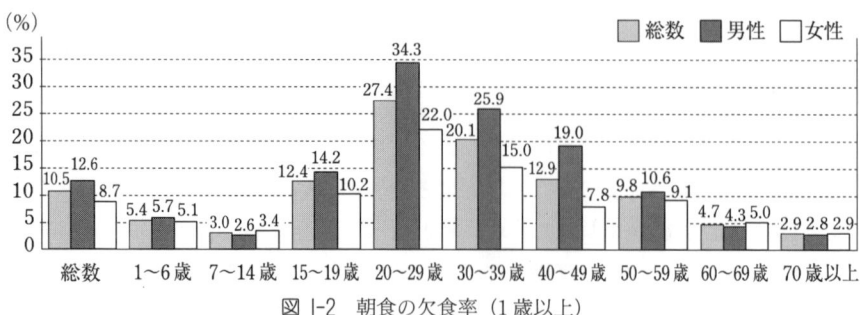

図 I-2　朝食の欠食率（1歳以上）

［資料：厚生労働省，国民健康・栄養調査（平成15年），2003］

歳代となっており，年々増加傾向にある．

(3) 肥満と過度の痩身

近年では，子どもを含めて肥満の増加が見られる．男性では，30〜60歳の約3割に肥満が見られ，女性では60歳以上で約3割に肥満が見られる．女性の場合は20歳代の約5人に1人がやせており，若い世代を中心にやせている人の割合が増加傾向となるなど，過度の痩身志向の問題も指摘されるようになってきている．

肥満度の判定：BMI（Body Mass Index）を用いて判定
BMIは「体重(kg)/(身長(m))^2」により算定

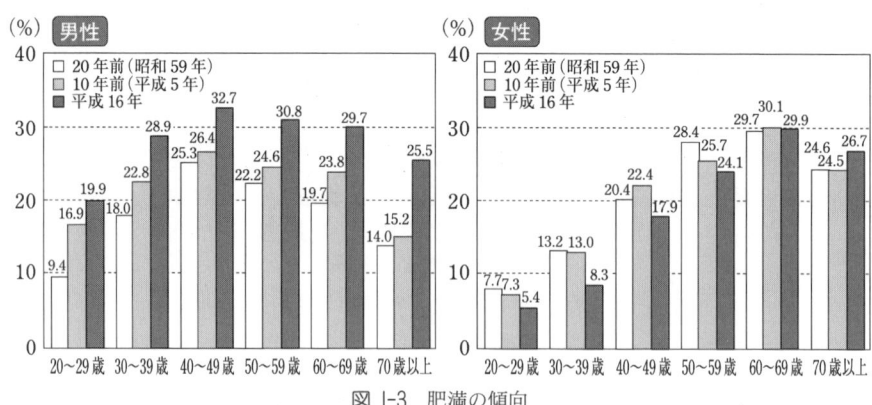

図 I-3　肥満の傾向

［資料：厚生労働省，国民栄養調査（昭和59年・平成6年），国民健康・栄養調査（平成15年）］

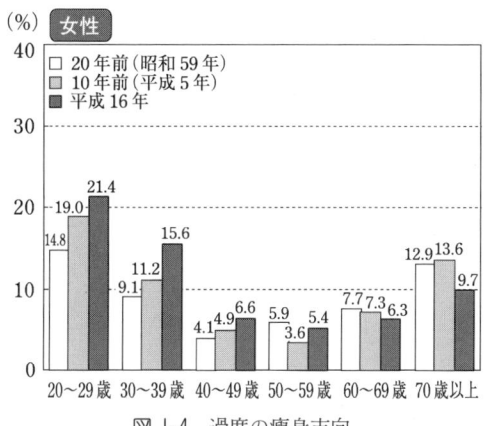

図 I-4　過度の痩身志向
（やせ（低体重）の状況（女性）（BMI 18.5 未満））

［資料：厚生労働省，国民栄養調査（昭和59年・平成6年），国民健康・栄養調査（平成15年）］

(4) 生活習慣病の増加

　　生活習慣病も増加している．糖尿病については，全人口の1割を超える1620万人が「強く疑われる」と「可能性が否定できない」にあてはまる．

　　メタボリックシンドローム（内臓脂肪症候群）が「強く疑われる」と「予備群と考えられる」を併せた割合は，40〜74歳の場合，男性の約2人に1人，女性の約5人に1人にのぼる（p.41を参照）．

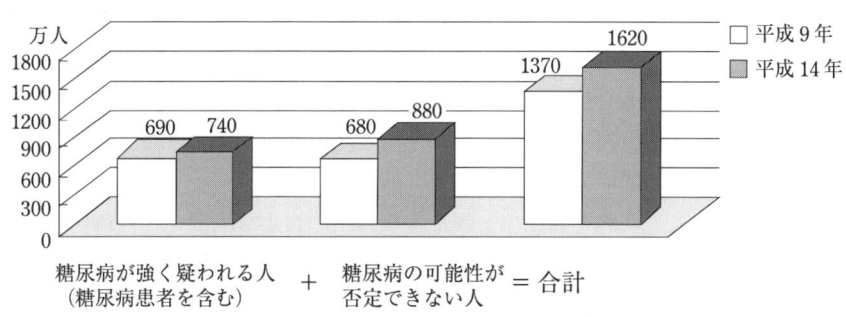

図 I-5　糖尿病有病者の推移（推移値）

［資料：厚生労働省，糖尿病実態調査（平成14年），2002］

(5) 海外への依存の問題

　　我が国の食料自給率は世界の先進国の中で最低の水準であり，食を大きく海外に依存している．我が国のカロリーベースの食料自給率は，近年では

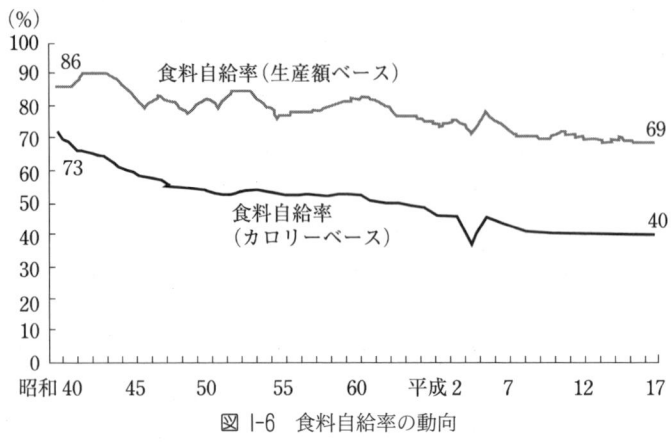

図 I-6　食料自給率の動向

[資料：農林水産省，食料需給表（平成17年度），2005]

40％で推移しているものの，長期的には食料自給率の低下傾向が続いている．

(6) その他の問題

　食品の安全性などの問題があり，さらに「「食」に関する情報が社会に氾濫」していること，「地域の多様性と豊かな味覚や文化の香りあふれる日本の「食」が失われる危機にある」ことがある．

　このような「食」をめぐる状況の変化にともなうさまざまな問題に対処し，その解決を目指した取組みが食育である．

③　今後の課題

　食育の推進に関する今後の課題や期待として，国民の「食」に関する考え方を育て「健全な食生活を実現」すること，都市と農山漁村の共生・対流や消費者と生産者との間の信頼関係の構築によって「地域社会の活性化」，「豊かな食文化の継承および発展」，「環境と調和のとれた食料の生産および消費」，「食料自給率の向上」への寄与が期待されていること，自然の恩恵や「食」にかかわる人々のさまざまな活動への「感謝の念や理解」を深めること，信頼できる情報に基づく「適切な判断を行う能力」を身につけること，家庭，学校，保育所，地域などを中心に「国民運動」として食育の推進に取り組むことなどが課題である．　［田中弘之］

文　献

内閣府，『平成18年度版　食育白書』，2006

食生活の指導事項　II

1　健康と食習慣との関係

　私たちが生涯にわたって，心身の健康を維持していくためには，「調和のとれた食事」，「適切な運動」，「十分な休養・睡眠」などの望ましい生活習慣の確立が不可欠である．しかし，近年の社会環境の変化にともない，朝食欠食や夜食のとりすぎ，運動不足などによる肥満傾向の増加および生活習慣の乱れによる睡眠不足など，健康に関して懸念される状況が多く見られている．これらは大人も子どもも家族揃って改善することが望ましいが，一度身についた生活習慣を改善することは，きわめて難しいことから，生活習慣の形成途上にある子どもの頃からの継続した指導が大切である．このことから，食育基本法，食育推進基本計画においては，子どもたちに対する食育をもっとも重要視している．

　国が提唱している「早寝早起き朝ごはん」国民運動は単に朝ご飯を食べることにとどまらず，朝ご飯を食べるためには早く起きる必要があり，早く起きるためには早く寝るという生活のリズムに視点をおき，朝ご飯を食べることを通して，生活習慣の改善を図ることを目的としている．子どもたちの食に関する実態については，大人同様きわめて憂慮すべき事柄が多く，教育基本法に示す，「子の教育に一義的な責任を有する」家庭はもとより，学校や地域社会がもてる教育力を発揮して連携した取組みを進める必要がある．

教育の目的（第一条）
　教育は，人格の完成を目指し，平和で民主的な国家及び社会の形成者として必要な資質を備えた心身ともに健康な国民の育成を期して行われなければならない．
家庭教育（第十条）
　父母その他の保護者は，子の教育について第一義的責任を有するもので

あって，生活のために必要な習慣を身に付けさせるとともに，自立心を育成し，心身の調和のとれた発達を図るよう努めるものとする。　［教育基本法］

① 食に関する現状

子どもの肥満や瘦身の現状

文部科学省が実施している学校保健統計調査によると，図Ⅱ-1のとおり肥満傾向の児童生徒（性別・年齢別に身長別平均体重を求め，その平均体重の120％以上の体重の者）はすべての学年において増加している。小学校6年生の児童では昭和57（1982）年に7.1％であったが，平成17（2005）年には10.2％と約1.5倍になっている。

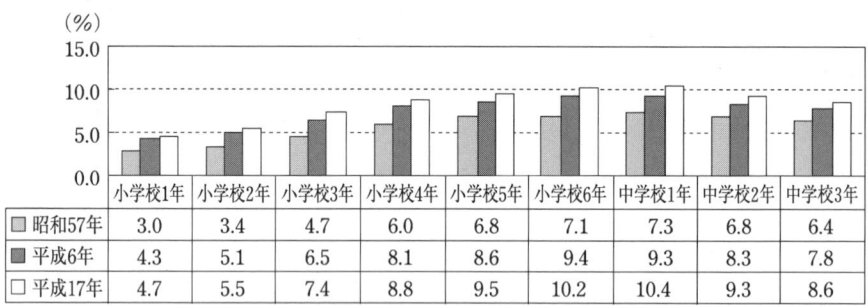

図Ⅱ-1　肥満傾向児の割合
［資料：文部科学省，学校保健統計調査］

近年では，厚生労働省の研究班により，『子どものメタボリックシンドローム（内臓脂肪症候群）の診断基準』の作成も進められている。

一方，図Ⅱ-2のとおり，瘦身傾向の児童生徒（性別・年齢別に身長別平均体重を求め，その平均体重の80％以下の体重の者）も増加しており，小学校6年生の児童では，昭和57年に1.4％が瘦身傾向であったが，平成17年には2.5倍の3.5％になっている。食育推進基本計画において家庭における食育の推進として，生活リズムの向上，子どもの肥満予防，望ましい食習慣や知識の習得などがあげられており，特に肥満については「生活習慣病につながるおそれのある肥満を防止するためには，子どもの時期から適切な食生活や運動習慣を身に付ける必要があることにかんがみ，子どもの栄養や運動に関する実態を把握するとともに，栄養と運動の両面からの肥満予防対策を推進する。」としている。

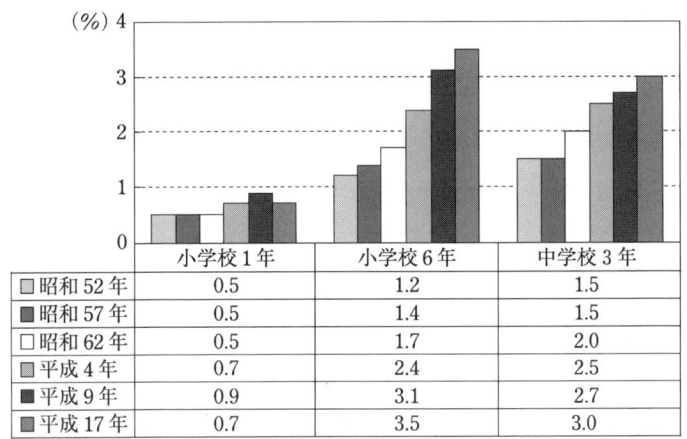

図 II-2　痩身傾向児の割合
[資料：文部科学省，学校保健統計調査]

朝食欠食の状況

　朝食欠食は肥満や生活習慣病の発症を助長することや，午前中のエネルギー供給が不十分となり，体調や学力に影響することなど問題点が多く指摘されている．図II-3のとおり，1歳以上の総数では年々増加傾向にあり，健康日本21や食育推進基本計画においては，数値目標を掲げ朝食欠食の改善に取り組んでいるところである．

　食育推進基本計画においては，特に20歳代および30歳代の男性の朝食欠食（調査日において，「菓子・果物のみ」「錠剤のみ」「何も食べない」に該当した者）が平成15（2003）年度にそれぞれ30％，23％となっているが，平成22（2010）年度までにいずれも15％以下とすることや，生活習慣の形成途上にある小学生

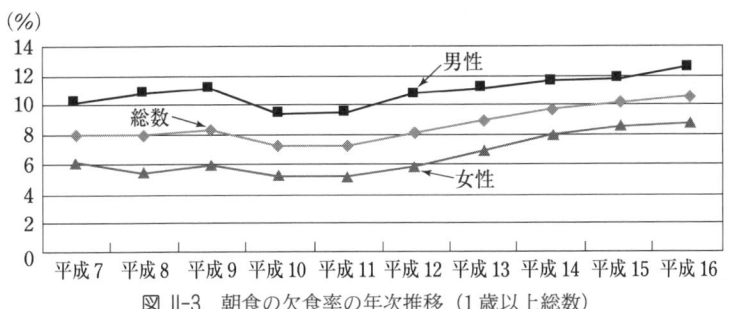

図 II-3　朝食の欠食率の年次推移（1歳以上総数）
[資料：厚生労働省，平成16年 国民健康・栄養調査，2004]

については，平成22年度をめどに0％とすることの数値目標を掲げている．

朝食を欠食する国民の割合の減少
○小学生 4％（平成12年）→ 0％（平成22年）
○20歳代男性 30％（平成15年）→ 15％（平成22年）
○30歳代男性 23％（平成15年）→ 15％（平成22年）　　［食育推進基本計画］

児童生徒の朝食欠食の状況

　(独)スポーツ振興センターの『平成17年度児童生徒の食生活等実態調査結果』によると，前回調査（平成12年）と比較して，小学生男子・女子，中学生女子については，朝食欠食率の低下傾向が見られている（図Ⅱ-4）．

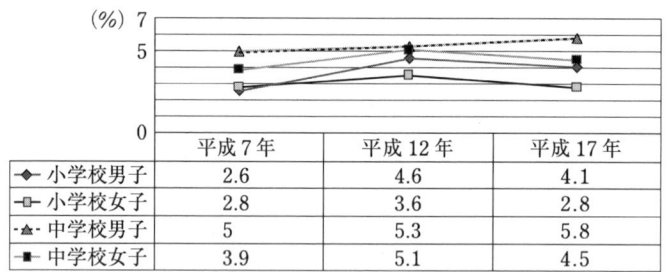

図Ⅱ-4　朝食の欠食状況

［資料：(独)スポーツ振興センター，児童生徒の食生活等実態調査］

　しかしながら，朝食欠食の理由としては，前回調査（平成12年度）では，小・中学生ともに「食べる時間がない」がもっとも多かったが，今回は中学生に大きな変化はなかったものの，小学生では「食欲がない」がもっとも多く，男子49.4％，女子46.3％となった．この原因として，夜食の摂取率の増加が考えられる．
　「夜食を毎日食べる」児童生徒は，前回調査（平成12年度）では，小学生10.8％，中学生9.2％であったが，今回の調査では小学生15.0％，中学生14.2％と増加しており，その内容は果物，アイスクリーム，スナック菓子の順であった．このように，児童生徒の生活は，夜型が進み，夜食の摂取が朝食欠食に影響を及ぼしている状況がうかがえる．

児童生徒の朝食欠食との不定愁訴

　調査において「朝なかなか起きられず，午前中身体の調子が悪い」と回答した児童生徒は，朝食を「必ず毎日食べる」4.6％に対し，朝食を「ほとんど食べない」

17.1％であり，「何もやる気が起こらない」では，朝食を「必ず毎日食べる」子どもが11.3％に対し，朝食を「ほとんど食べない」子どもは26.8％，「イライラする」では，朝食を「必ず毎日食べる」子どもが16.4％に対し，朝食を「ほとんど食べない」子どもは29.7％と，朝食の欠食が児童生徒の身体ばかりではなく，精神面に及ぼす影響が懸念される結果となった．

平成17（2005）年4月に制度がスタートした栄養教諭の配置校においては，保護者に児童生徒の朝食欠食の実態や朝食摂取の必要性を啓発することで，欠食率の低下が多数報告されている．しかし，多くは改善されるものの，改善する意思をもたない保護者にどのように働きかけを行っていったらよいかが課題であり，地道で個別の取組みが求められる．

② 児童生徒の食に関する意識の状況

児童生徒の食に関する意識は，図Ⅱ-5のとおり，平成12年度調査と比較して向上しているものの，「栄養バランスを考えて食べる」「色の濃い野菜を多く食べる」「好き嫌いをしない」などの意識が低い結果となっている．さらに，小学生よりも

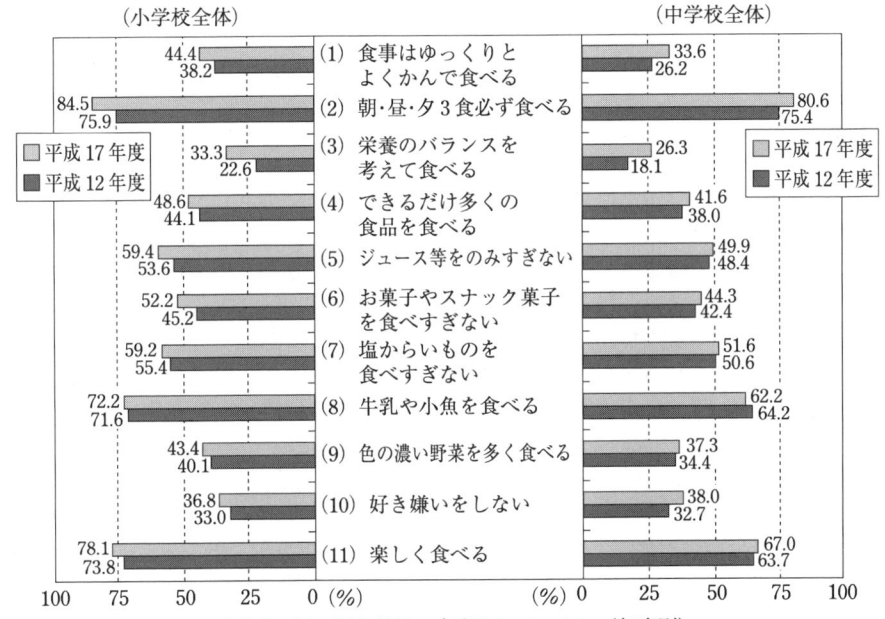

図Ⅱ-5 何に気を付けて食事をしているか（年度別）

［資料：(独)スポーツ振興センター，平成17年度児童生徒の食生活等実態調査］

中学生の食に関する意識が低くなっていることは，これまでの学習が食に関する意識や実生活に生かされていないことを示すものであり，義務教育9年間における継続した指導の重要性が示唆された．

③ 学校における食育の推進と栄養教諭の役割

これら児童生徒の食に関する状況を改善し，次世代の健全な大人を育てるという視点から，学校においては食育を通して以下の事項を総合的にはぐくむこととしている．

「食育の推進」「食に関する指導」の考え方

食育基本法の前文には，「…子どもたちに対する食育は，心身の成長及び人格の形成に大きな影響を及ぼし，生涯にわたって健全な心と体を培い豊かな人間性をはぐくんでいく基礎となるもの」と規定している．一方，現行の学習指導要領では，特別活動の給食の時間などや各教科等の食と関連する領域などにおいて，食に関する指導が行われることとされている．国においては，食に関する指導を行うにあたって以下のとおり食に関する指導の目標を設定しており，これらを達成するためには，児童生徒の発達段階に配慮し，学校給食を中心に学校教育活動全体を通して計画的・継続的に行われることが望まれる．

【食に関する指導の目標】
○食事の重要性，食事の喜び，楽しさを理解する．
○心身の成長や健康の保持増進のうえで望ましい栄養のとり方を理解し，自ら管理していく能力を身につける．
○正しい知識・情報に基づいて，食品の品質および安全性について自ら判断できる能力を身につける．
○食物を大事にし，食物の生産などにかかわる人々に感謝する心をもつ．
○食事のマナーや食事を通じた人間関係形成能力を身につける．
○各地域の産物，食文化や食にかかわる歴史などを理解し，尊重する心をもつ．　　　　　　　　　　　　　　　　［文部科学省，食に関する指導の手引き］

上記6つの目標を，それぞれ「食事の重要性」「心身の健康」「食品を選択する能力」「感謝の心」「社会性」「食文化」と整理している．

栄養教諭の職務内容

学校においては，これまで，学校栄養職員のもつ食に関する専門性を活用し，

食に関する指導が行われてきた．しかし，それらは学校栄養職員の職務に位置づけられたものではなく，学校によって取組みに差が生じているため，国においては，食に関する指導体制を整備し，食に関する指導を充実させることを目的に平成16（2004）年7月に栄養教諭制度を創設し，「児童の栄養の指導および管理をつかさどる」教育職員として，学校教育法に位置づけた．栄養教諭の標準的な免許状である一種免許状には限りなく管理栄養士の資質が求められ，「給食の管理」と「食に関する指導」を一体的に展開できるよう職務内容が示されている．栄養教諭が教科などの学習内容と意図的に関連させた献立を作成し，児童生徒に給食の献立や使われている食品を通して，学習に対する興味・関心を高めさせることが期待できる．

栄養教諭の職務		
給食の管理 ○献立作成 ○衛生管理 ○物資の管理 ○その他	加えて	食に関する指導 ①食に関する教育指導の連携・調整 ②児童生徒への教科・特別活動などにおける教育指導 ③児童生徒への個別的な相談指導

　さらに，食に関する指導の目標を達成するためには，少しずつ時間をかけながら，繰り返し指導を行う必要があることから，毎日の給食の時間における指導を充実させることが有効である．特に準備から後片づけに至るまでの給食指導については，学級担任が日々指導を行うが，箸の持ち方や食事のマナーなどの具体的な指導内容や指導方法については，栄養教諭が学級担任に示すことが考えられる．このように栄養教諭には児童生徒に直接指導を行うにとどまらず，食に関するコーディネーターの役割が求められており，栄養教諭免許を有するすべての学校栄養職員が栄養教諭に任用され，専門性を発揮することが期待される．

「食に関する指導にかかわる全体計画」の作成
　学校における食育を効果的に推進するためには，計画的・継続性に配慮した「食に関する指導にかかわる全体計画」（p. 260参照）を作成することが必須であり，食育推進基本計画においてはすべての学校において，作成が求められている．
　全体計画の作成にあたっては，校内または地域の食に関する実態を把握し，課題解決のための具体的な目標を掲げるとともに，保護者や地域との連携のあり方や隣接する学校や園との接続にも配慮する必要がある（参考：文部科学省，『食に関する指導の手引』）．

［田中延子］

2　健康づくりに必要な栄養成分

①　栄養素の体内での働き

糖　質

　生化学領域では糖質という用語が一般的に用いられているが，文部科学省科学技術・学術審議会がまとめた『増補五訂　日本食品標準成分表』では，糖質に相当する計算値には炭水化物という言葉が用いられている．糖質の定義については，統一されているわけではなく，糖質と炭水化物が同義に使用される場合も，炭水化物から食物繊維を差し引いたものを糖質とよぶ場合もある．

　糖質は，摂取エネルギーの約60％を占める重要なエネルギー源である．化学的には，一般に炭素（C），水素（H），酸素（O）の3元素からなり，$C_n(H_2O)_m$ の式で表される糖が多く，それらの糖との縮合体の総称である．また，消化酵素によって消化されるものと，消化されないもの（食物繊維）に分類される．

　糖質は，単糖類，二糖類，多糖類に大きく分類される（表II-1）．単糖類は，小腸でそのまま吸収されるが，二糖類やデンプンは体内の消化酵素により分解を受け，単糖類として吸収される．

表 II-1　糖質の種類

分　　類			種　　類	
単糖類			ブドウ糖（グルコース） 果糖（フルクトース） ガラクトース	
二糖類			ショ糖（スクロース） 麦芽糖（マルトース） 乳糖（ラクトース）	
多糖類	消化される		デンプン	
			デキストリン	
			グリコーゲン	
	消化されない	食物繊維	不溶性	セルロース
			水溶性	ペクチン
				グルコマンナン

［参考：大池教子，改訂3版　臨床栄養ディクショナリー，メディカ出版，pp. 235-239，2005］

摂取された食物は口腔で咀嚼され，唾液とよく混合される．この過程でデンプンは，唾液中のα-アミラーゼ（プチアリン）によって低分子化され，一部は二糖類のマルトースまで加水分解される．食道を通って胃を経由して十二指腸に到達すると，膵液中のα-アミラーゼ（アミロプシン）の作用で，デキストリンとマルトース，イソマルトースに分解され，マルターゼによりα-1,4結合が，イソマルターゼによりα-1,6結合が切断され，グルコース（ブドウ糖）が生成される．これらの消化過程は口腔から小腸上部までの消化管内で行われるため，管腔内消化とよばれる．

デンプンの消化によって生じたマルトースや食物中のスクロース，マルトースそしてラクトースは，小腸粘膜上皮細胞の刷子縁（微絨毛（びじゅうもう）が規則正しく配列された場所）の膜表面に存在する二糖類分解酵素（マルターゼ，ラクターゼなど）によって加水分解されて単糖類になる．最終の消化は，この小腸粘膜上皮細胞の細胞膜上で行われる．これを膜消化とよぶ．

膜消化を受け，単糖類（グルコース，フルクトース，ガラクトース）となった糖質は，絨毛の上皮細胞に吸収される．

食物と糖質の関係

糖質は，1g当たり4kcalのエネルギーを供給する．糖質（炭水化物）を含む食品は，利用しやすいエネルギーを提供するとともに，他の栄養素の重要な供給源である．厚生労働省の策定した『日本人の食事摂取基準（2005年版）』では，糖質の摂取基準目標量は総エネルギーの50〜70％未満とされている．

単糖類のブドウ糖は果実や根菜類，また血糖として血液にも含まれる．フルクトース（果糖）は果実や蜂蜜に多く含まれ，糖類の中でもっとも甘い糖である．二糖類のショ糖はサトウキビの茎，テンサイの根に多く含まれ，砂糖とよばれる．多糖類のデンプンは，穀類，イモ類，豆類に多く含まれる．食物繊維のセルロースは植物性食品，ペクチンは果実，野菜など，特に果皮に多く含まれ，グルコマンナンはコンニャクの主成分である．

たんぱく質

たんぱく質は，およそ20種類のアミノ酸（同一分子内にカルボキシル基（COOH）とアミノ基（NH_2）が存在する物質）より構成されている生体の主要構成成分である．糖質（炭水化物）や脂質と異なり，主要成分として窒素（N）を含

む点に大きな特徴がある．一般のアミノ酸残基が30個以上のものをたんぱく質といっている．

たんぱく質を構成しているアミノ酸には，体内で合成できないか，または合成量がわずかなために食物から必ず摂取しなくてはならない必須アミノ酸（成人は9種類）と，食物から摂取しなくても体内で合成できる非必須アミノ酸（11種類）がある（表Ⅱ-2）．

表Ⅱ-2 アミノ酸の名称

必須アミノ酸	非必須アミノ酸
ロイシン（Leu）	アスパラギン（Asn）
イソロイシン（Ile）	アスパラギン酸（Asp）
バリン（Val）	アラニン（Ala）
スレオニン（Thr）	アルギニン（Arg）
トリプトファン（Trp）	グリシン（Gly）
フェニルアラニン（Phe）	グルタミン（Gln）
メチオニン（Met）	グルタミン酸（Glu）
リジン（Lys）	システイン（Cys）
ヒスチジン（His）	セリン（Ser）
	チロシン（Tyr）
	プロリン（Pro）

［参考：伏木 亨，基礎栄養学，光生館，p.100, 2004］

アミノ酸のカルボキシル基と，ほかのアミノ酸のアミノ基が脱水結合した結合様式をペプチド結合という．このように，アミノ酸がペプチド結合によりつながった分子をペプチドといい，ペプチドには，表Ⅱ-3に示すように生体内で生理機能をもつものがある．

表Ⅱ-3 生理機能をもつペプチド

種 類	生理機能
グルタチオン	生体内の還元状態の保持
オキシトシン	子宮筋の収縮，乳汁の分泌促進
バソプレッシン	抗利尿作用，血圧上昇作用
アンギオテンシンⅡ	血圧上昇作用
ガストリン	胃酸の分泌促進
セクレチン	膵液の分泌促進，胃酸の分泌抑制
グルカゴン	血糖上昇作用
インスリン	血糖下降作用

［参考：坂井堅太郎，エキスパート管理栄養士養成シリーズ13 基礎栄養学，化学同人，p.75, 2004］

たんぱく質の消化は胃で始まる．唾液と混ぜられて胃に送られたたんぱく質は，胃でペプシン（たんぱく質消化酵素）の作用を受ける．たんぱく質は，胃粘膜から分泌される塩酸により変性して消化酵素の作用を受けやすくなる．ペプシンによりペプチド結合が部分的に切断され，プロテオースやペプトン（アミノ酸の数が少ないたんぱく質）やポリペプチドになる．

　たんぱく質は十二指腸に入ると膵液中のトリプシン，キモトリプシン，カルボキシペプチダーゼの作用により，ペプチド結合がさらに短く切断されオリゴペプチドになり，さらに小腸粘膜のアミノペプチダーゼやトリペプチダーゼ（膜消化酵素）などにより，アミノ酸や，2個のアミノ酸からなるジペプチド，3個のアミノ酸からなるトリペプチドになり吸収される．

　小腸粘膜でのアミノ酸の吸収はナトリウムイオン，またジペプチド，トリペプチドはアミノ酸の経路とは異なる水素イオン（プロトン）が関与した能動輸送によって行われる．吸収されたアミノ酸は，門脈を経て肝臓に運ばれる．また，一部はリンパ系に入り，胸管から大静脈に運ばれるものもある．

食物とたんぱく質の関係

　たんぱく質は，1g当たり4kcalのエネルギーを供給する．『日本人の食事摂取基準（2005年版）』ではたんぱく質の推奨量として，1日当たり成人男子で60g，成人女子で50gと示している．

　たんぱく質は，動物性食品（肉，魚，卵），大豆とその製品，牛乳，乳製品などに多く含まれている．たんぱく質・アミノ酸とその他の栄養素との関連について，ビタミンB_6は，アミノ酸の代謝に関与するトランスアミナーゼ，デカルボキシラーゼの補酵素であることがよく知られている．たんぱく質の摂取量が増すとビタミンB_6の必要量が増大する．たんぱく質の摂取量が多いと，たんぱく質中のイオウやリンが代謝されて硫酸やリン酸が産生される．これらを中和して，排泄するためにカルシウムが動員されると考えられている．したがって，たんぱく質のとり過ぎは，カルシウム代謝の面を考えるとあまり好ましくないともいわれている．

脂　質

　脂質は生体物質の中で，水よりも軽く，水に難溶性で，エーテル，アセトンやクロロホルムのような有機溶媒に可溶性をもつ種々の化合物の総称である．脂質

表 II-4 脂質の分類

単純脂質	アシルグリセロール		グリセロールと脂肪酸とのエステル（トリグリセリド，ジグリセリド，モノグリセリド）
	ロウ（ワックス）		高級アルコールと脂肪酸とのエステル
複合脂質	リン脂質	グリセロリン脂質	ジアシルグリセロールとリン酸からなるホスファチジン酸に塩基がついたもの
		スフィンゴリン脂質	スフィンゴシンに脂肪酸とリン酸が結合したもの
	糖脂質	グリセロ糖脂質	グリセロールに脂肪酸と糖が結合したもの
		スフィンゴ糖脂質	スフィンゴシンに脂肪酸と糖が結合したもの
	その他		リポたんぱく質，アミノ脂質など
誘導脂質	遊離脂肪酸 アルコール類 ステロール類 脂溶性ビタミン類 その他		単純脂質や複合脂質が加水分解して生じる化合物で脂質の性質をもつもの

［参考：江指隆年・中嶋洋子，ネオエスカ基礎栄養学 改訂第三版，同文書院，p.94，2005］

はその構成成分により大きく単純脂質，複合脂質，誘導脂質に分類される（表II-4）．

　脂肪酸は脂質の主成分であり，炭素と水素からなる炭化水素鎖をもつカルボン酸（R－COOH）である．脂肪酸は炭化水素鎖に二重結合をもたない飽和脂肪酸と二重結合をもつ不飽和脂肪酸に分類される．さらに，不飽和脂肪酸で炭化水素鎖に二重結合が1個のものを一価不飽和脂肪酸，2個以上のものを多価不飽和脂肪酸という．

　また，不飽和脂肪酸は二重結合の位置により n-3系列と n-6系列とに分類される．脂肪酸のカルボキシル基の反対側のメチル基を1番と数えて，何番目の炭素に二重結合が含まれているかを表す．n-3系多価不飽和脂肪酸には α-リノレン酸や，生体内で α-リノレン酸から合成されてできるエイコサペンタエン酸（EPA，学術的にはイコサペンタエン酸：IPAとよぶ）やドコサヘキサエン酸（DHA）があり，n-6系多価不飽和脂肪酸には植物に多く含まれるリノール酸や，生体内でリノール酸から合成されてできるアラキドン酸がある．

　食物中の脂質の消化は主に小腸で行われる．トリグリセリド（中性脂肪）は，胆汁によって乳化され，膵リパーゼの作用で大部分がモノグリセリドと脂肪酸に分解される．この乳化が十分行われないと，脂質は消化酵素の作用を受けにくい．モノグリセリドの一部は，グリセリンと脂肪酸に分解される．グリセリンと水溶

性の脂肪酸の短鎖脂肪酸，中鎖脂肪酸は，そのまま吸収されてアルブミンと結合し門脈を経て肝臓へ運ばれる．短鎖および中鎖脂肪酸は食事中にあまり含まれていない．

　非水溶性の脂肪酸の長鎖脂肪酸とモノグリセリドは，胆汁酸塩と結合して小腸上皮細胞内に吸収される．そこで胆汁酸と離れて再びトリグリセリドに合成される．ここで役割を果たした胆汁酸は腸管で再吸収された後，門脈を経て肝臓に戻り再び胆汁となる．これを胆汁酸の腸肝循環という．また，吸収されずに大腸に輸送された脂質は，腸内細菌によって分解される．

食物と脂質の関係

　食物中の脂質は，1g当たり9kcalのエネルギーを供給する．同量の炭水化物（糖質）やたんぱく質に比べると2倍以上のエネルギーをもつ．したがって，同じエネルギー摂取量であるならば，脂質の摂取は炭水化物やたんぱく質に比べ食物の摂取量が少なくできる．『日本人の食事摂取基準（2005年度版）』では，脂質の摂取基準目標量は20％以上30％未満とされている．

　脂肪酸で多価不飽和脂肪酸であるリノール酸やα-リノレン酸は体内で合成できないため，食物から摂取しなければならない脂肪酸で必須脂肪酸とよばれる．動物性油脂に含まれるアラキドン酸や魚介類に多く含まれるエイコサペンタエン酸（EPA）やドコサヘキサエン酸（DHA）は体内で合成されるが，より効率的に生体成分に利用されるために必須脂肪酸として扱っている．

　バター，牛脂（ヘッド），豚脂（ラード）などの動物性油脂やパーム油に多く含まれているのは飽和脂肪酸である．飽和脂肪酸で自然界に多く存在しているのが，パルミチン酸やステアリン酸などである．一価不飽和脂肪酸は主にオレイン酸として食品から摂取され，オリーブ油に多く含まれている．多価不飽和脂肪酸であるリノール酸やα-リノレン酸は植物油に多く，EPAやDHAは魚油に多く含まれている．望ましい脂肪酸摂取比率は飽和脂肪酸（S）：一価不飽和脂肪酸（M）：多価不飽和脂肪酸（P）＝3：4：3程度とされている．

　また，多価不飽和脂肪酸のうちリノール酸などのn-6系脂肪酸と，α-リノレン酸，EPAやDHAなどのn-3系脂肪酸の摂取比率はn-6/n-3比といい，4：1程度にするのが適正であるとされている．

　フライドポテトなどの揚げ物に使われる加工脂に多いトランス脂肪酸は，心疾患を引き起こす原因の1つであるとされ，その利用量を制限する傾向にある．

ビタミン

ビタミンは微量で生体の機能を正常に維持する有機化合物であり、体内で合成されないか、または合成されても必要量を満たさないために食物から摂取する必要のある栄養素である。ビタミンの摂取不足になると、それぞれ特有の欠乏症が現れる。反対に過剰に摂取すると過剰症を起こすビタミンもあるが、これは脂溶性ビタミンに多い。

ビタミンは脂溶性ビタミンと水溶性ビタミンに大別される。それぞれのビタミンの働きは、表II-5に示すとおりである。脂溶性ビタミンにはビタミンA, D, E, Kがあり、水溶性ビタミンにはビタミンB群(B_1, B_2, ナイアシン, B_6, B_{12}, パントテン酸, 葉酸, ビオチン)とビタミンCがある。

表 II-5 ビタミンの種類

	ビタミン		主な働き
脂溶性ビタミン	ビタミンA	レチノール	ロドプシン(視色素)の成分、上皮細胞の維持
	ビタミンD	カルシフェロール	骨の成長促進、カルシウムの吸収
	ビタミンE	トコフェロール	抗酸化作用、細胞膜損傷防止
	ビタミンK	フィロキノン	プロトロンビンの生成
水溶性ビタミン	ビタミンB_1	チアミン	補酵素(TPP)、糖質代謝
	ビタミンB_2	リボフラビン	補酵素(FMN, FAD)、熱量素の酸化
	ナイアシン	ニコチン酸	補酵素(NAD, NADP)、酸化還元反応
	ビタミンB_6	ピリドキシン	補酵素(PLP)、アミノ酸代謝、アミン生成
	ビタミンB_{12}	コバラミン	B_{12}の補酵素、炭素の基の転移酸、酸化還元
	パントテン酸		補酵素(CoA)
	葉酸	フォラシン	補酵素(テトラヒドロ葉酸) 炭素1個の基の転移
	ビオチン		補酵素(ビオシチン)、脂肪酸の合成
	ビタミンC	アスコルビン酸	コラーゲンの合成、酸化還元反応

[参考:吉田 勉、基礎栄養学 第6版、医歯薬出版、p.149、2005;江指隆年・中嶋洋子、ネオエスカ基礎栄養学、同文書院、p.141、2005]

食物とビタミンの関係

ビタミンのうち脂溶性ビタミンは多く摂取すると体内に蓄積するため、過剰症を起こすが、水溶性ビタミンは多く摂取されても尿中へ排泄されるため、過剰症は起こりにくく、その代わり欠乏症を生じやすい。

脂溶性ビタミンであるビタミンAは植物中にはカロテンとして存在するが，動物に摂取されると体内でビタミンAとして作用する．ビタミンAは動物の肝臓，特に肝油やうなぎなどに多く含まれる．カロテンとしてはニンジン，カボチャなどの緑黄色野菜に多く含まれる．ビタミンAは欠乏すると夜盲症，皮膚角化症や歯・骨の発育障害など起こし，過剰に摂取すると脳圧亢進症（頭痛，吐き気，嘔吐）や妊婦では先天性異常や自然流産などを起こす．

　ビタミンDには植物性食品に含まれるエルゴステロールと動物の皮膚に含まれる7-デヒドロコレステロールがあり，紫外線照射によりそれぞれビタミンD_2（エルゴカルシフェロール）とビタミンD_3（コレカルシフェロール）に換わる．ビタミンDは肝油，動物の肝臓，バター，きのこ類に多く含まれる．ビタミンDの欠乏症としては，小児ではくる病，成人では骨軟化症がある．食事からの摂取とともに，十分な日光浴も大切である．

　ビタミンEにはα，β，γ，δなどの同族体が存在し，食品中にはα-トコフェロールが多く含まれ，生理活性がもっとも高い．ビタミンEは植物油，牛乳，鶏卵などに多く含まれる．

　ビタミンKにはK_1（フィロキシン），K_2（メナキノン），K_3（メナジオン）があり，天然のビタミンK_1とビタミンK_2は胆汁の存在下で小腸から吸収されるが，化学合成物質のビタミンK_3は水溶性のため胆汁の存在を必要とせず小腸から吸収される．ビタミンKは緑黄色野菜，植物油，小麦胚芽に多く含まれる．欠乏すると血液の凝固を遅延させ，新生児では組織の出血を起こす（これを新生児メレナという）．

　水溶性ビタミンであるビタミンB_1は体内で主に糖質の代謝にかかわる補酵素として重要な役割をしている．ビタミンB_1は胚芽，豆類，豚肉，緑黄色野菜などに多く含まれ，精白米，小麦，砂糖など精白した食品はビタミンB_1含有量が少ない．また，水溶性なので調理による損失が大きい．ビタミンB_1の欠乏症には脚気がある．

　ビタミンB_2は体内で糖質，脂質，たんぱく質などの代謝に補酵素として関与している．ビタミンB_2は肝臓，牛乳，卵黄，魚介類，緑黄色野菜などに多く含まれ欠乏すると口角炎，口内炎，舌炎，皮膚炎などが起こる．

　ビタミンB_6は，p.21でも述べたように，アミノ酸脱炭酸反応，アミノ基転移反応，アミノ酸の脱離反応など主にアミノ酸の代謝に広くかかわっている．ビタミンB_6は魚類，肉類，肝臓などの動物性食品に多く含まれている．ヒトでは腸内細菌により合成されるので欠乏症は起こりにくいが，欠乏すると脂漏性皮膚炎，

神経障害，口内炎などの異常が生じる．

　ナイアシンはニコチン酸とニコチンアミドの総称で，ビタミンB群の中で体内にもっとも多く存在している．ナイアシンは肝臓，肉類，魚介類などの動物性食品に多く含まれるほか，トリプトファンからも合成される．したがって，ナイアシンの欠乏は，食事中にナイアシンとトリプトファンがともに欠乏したときに生じる．ナイアシンが欠乏するとペラグラ（皮膚炎，下痢，神経障害などを起こす病気）となる．

　パントテン酸は体内でコエンザイムA（CoA）という補酵素の構成成分として存在している．ヒトでは腸内細菌がパントテン酸を合成するために，欠乏することはまれであるが，欠乏すると成長障害，神経障害などが現れる．パントテン酸は肝臓，豆類，卵などの食品に多く含まれている．

　葉酸は腸内細菌によって体内で合成されるため通常は欠乏しにくいが，不足すると巨大赤芽球性貧血（悪性貧血），口内炎，舌炎，出血，下痢などの症状を呈する．巨大赤芽球性貧血は特に妊婦に多く，胎児に神経管障害という奇形を起こす．葉酸は肝臓，緑黄色野菜などに多く含まれている．

　ビタミンB_{12}は胃から分泌される内因子と結合して回腸下部から吸収される．したがって，胃切除などにより内因子が不足するとビタミンB_{12}の欠乏が生じる．ビタミンB_{12}が欠乏すると悪性貧血や神経障害などの症状を呈する．しかし，腸内細菌によって体内で合成されるため通常は欠乏症になりにくい．ビタミンB_{12}は肝臓，肉類，卵，牛乳など動物性食品に多く含まれる．

　ビオチンは，ヒトでは腸内細菌によって体内で合成されるため，通常では欠乏は起こりにくい．生卵白を主なたんぱく質源として摂取すると，生卵白にはビオチンと結合するアビジンという糖たんぱく質が含まれており，これがビオチンと結合して吸収阻害するため，ビオチンの欠乏が生じる．しかし，卵白を加熱すると結合しなくなるため，このような作用は消失する．

　ビタミンCは空気中で酸化されやすく，ビタミンB群と異なって遊離型で細胞内に存在するため，吸収率が70～90％と高い．ビタミンCは体たんぱく質の1/3を占めるコラーゲンの生成に不可欠である．ビタミンCは体内に広く分布しており，摂取量が多いと尿中に排泄される．大部分の動物はビタミンCを合成できるが，ヒト，サル，モルモットなどでは合成できない．ビタミンCが欠乏すると成人では壊血病となり，小児ではメーラー・バーロー症となる．ビタミンCは果実，野菜，ジャガイモ，緑茶などの食品に多く含まれている．

無機質（ミネラル）

　無機質（ミネラル）とは人体を構成する元素の中で炭素（C），水素（H），酸素（O），窒素（N）以外のものをいい，灰分ともいわれる．無機質は生体機能調整の関与や生体組織の構成成分としての機能がある．一般的機能として，骨格や歯を形成する成分として主にカルシウム（Ca），リン（P），マグネシウム（Mg）が関与している．たんぱく質やリン脂質の構成成分としてリン，鉄（Fe），カリウム（K）などが関与している．浸透圧の調節，生体機能の調整には主としてカルシウム，ナトリウム（Na），カリウム，マグネシウムがかかわっている．酵素の賦活剤としてマグネシウム，マンガン（Mn），亜鉛（Zn），銅（Cu）などが作用している．生理活性物質の構成成分としてヨウ素（I），モリブデン（Mo），鉄，亜鉛などが関与している．

食物と無機質（ミネラル）の関係

　カルシウムは牛乳・乳製品，海藻，小魚，豆腐などの豆類，小松菜などの緑黄色野菜などに多く含まれている．食物からカルシウムの吸収を促進する物質には，アルギニン，リシン，スクロース，ビタミンDがある．また，カルシウムの吸収を阻害する物質には，シュウ酸，フィチン酸，リン酸，食物繊維がある．食物中に含まれるリン酸はカルシウムに対して不溶性のリン酸カルシウムを形成し，カルシウムの吸収を阻害する．そのため，カルシウムとリン酸の摂取比率は1：2～2：1が望ましいとされている．

　リンは主に穀類，乳類，豆類に含まれている．また，リン酸塩として食品添加物に広く用いられていることが多いので，リンの過剰摂取によるカルシウムの吸収阻害が起こる場合がある．

　マグネシウムは主に野菜類，穀物類，豆類に含まれている．食物中のマグネシウムの腸管吸収は食事中に共存するたんぱく質，糖質，ナトリウムによって促進される．また脂肪酸，食物繊維の過剰摂取やカルシウム，リン，フィチン酸によって吸収を阻害される．

　ナトリウムは，食塩（塩化ナトリウム：NaCl）の成分として多く摂取され，主に豆類，魚介類，調味料や加工食品に多く含まれている．

　塩素は食物中の食塩に由来し，ナトリウムと同様に食塩として摂取される．ほぼ全量が小腸上部から吸収され，摂取した塩素のほとんどがナトリウムとともに乳汁へ排泄される．

カリウムは，主に野菜類，穀類，果実類，魚介類に含まれている．カリウムには，ナトリウムの排泄作用がある．ナトリウムの摂取量が多いと，ナトリウムとともにカリウムの排泄量が増加する．ナトリウムが多い料理には，カリウムを含む食品を加え，ナトリウムに対するカリウムの比率を高くすると効果的である．

　鉄は，ヘム鉄と非ヘム鉄からなる．ヘム鉄は，非ヘム鉄に比べ吸収がよく，ヘモグロビンやミオグロビン由来の鉄である．魚肉の赤身や肉類に多く含まれる．非ヘム鉄は，卵，豆腐などの豆類，緑黄色野菜などに多く含まれる．鉄の吸収は食物中の共存物質により左右される．大豆製品などに含まれている鉄は，動物性食品に比べて利用効率は低くなる．鉄の吸収は，ビタミンCによって促進される．カフェイン（コーヒーなど），ポリフェノール（カカオ，チョコレートなど），フィチン酸（穀類，豆類など），シュウ酸（野菜など），タンニン（お茶など）によって阻害される．

　銅は血液の合成に必要な成分である．主に穀類，豆類，野菜類に含まれている．銅の吸収は，亜鉛，鉄，モリブデン，カドミウムなどと拮抗する．ビタミンCは吸収を阻害する．

　亜鉛は，主に穀類，肉類，卵類に含まれている．亜鉛の吸収は，フィチン酸やシュウ酸，食物繊維，ポリフェノールによって阻害される．亜鉛はホルモンの成分として重要であるほか，味覚障害の予防に大切である．

　ヨウ素は，甲状腺ホルモンの成分として欠かせない．欠乏すると甲状腺機能障害をまねく．主に海藻類，魚介類，穀類に含まれている．

　加工食品や調理済み食品の利用が多くなると，これらミネラル類の摂取不足をまねくとも考えられている．　　　　　　　　　　　　　　　　［佐井　文・政二千鶴］

文　献

1) 坂井堅太郎, エキスパート管理栄養士養成シリーズ 13　基礎栄養学, 化学同人, 2004
2) 江指隆年・中嶋洋子, ネオエスカ基礎栄養学　改訂第三版, 同文書院, 2005
3) 中屋　豊・宮本賢一, エッセンシャル基礎栄養学, 医歯薬出版, 2005
4) 吉田　勉, 基礎栄養学 第 6 版, 医歯薬出版, 2005
5) 伏木　亨, 基礎栄養学, 光生館, 2004
6) 管理栄養士国家試験教科研究会 編, 管理栄養士国家試験受験講座 栄養学総論, 第一出版, 2004

②　栄養素の欠乏と病気の予防

　人体を構成する主要元素は，もっとも多い水分を構成する水素と酸素，および窒素と炭素の 4 種類で，これらだけで体重の 95％ を占める．残り 5％ はカルシ

ウム，リン，カリウム，ナトリウムなどのミネラルおよびビタミンである．体の機能を正常に保つためのビタミン・ミネラル，体の組織をつくるタンパク質，体を動かす糖質（炭水化物）・脂肪は，ヒトが生きていくためには必要なもので，食物から摂取してエネルギーを生産し，生命活動を営んでいかなくてはならない．ビタミンとは，体内で合成できないか，または合成ができても必要量を満たすことができない微量元素のうちの有機化合物を示し，必要量より不足するとヒトの健康障害（欠乏症）を生ずるため，食物から摂取しなくてはならない．また，ミネラルは摂取量が極端に少ない場合に，欠乏症を起こすこともある．このように，人に欠乏症を起こす元素が，必須元素である．ここでは，欠乏症を引き起こしやすいビタミン，ミネラルについて述べる．

　近年，若年層の低体重の増加，とりわけ女性にこの傾向が多く見られるのが特徴的であり，「男性が4割，女性が5割」の人が減量を考えているという．女性の減量意欲は高く食物繊維摂取不足に加え，必須ビタミン，ミネラルなどの栄養不足も広がっている．また，日本の食生活形態が欧米化したため，3食の食事に含まれる野菜や穀類からビタミン・ミネラルの必要量摂取が難しくなってきているのも傾向といえる．

　ビタミン・ミネラルは食物から摂取しなくてはならないものが多いため，欠乏すると疾病を引き起こすなど，栄養・食生活と病気とは関係深いものである．ビタミン・ミネラルにおける主な生理機能・欠乏症をまとめたものを，表Ⅱ-6，表Ⅱ-7に示した．

　厚生労働省がまとめた『平成16年国民健康・栄養調査報告』によると，食物繊維・抗酸化ビタミン（カロテン，ビタミンC，ビタミンE）が，ミネラルではカルシウム，亜鉛，銅，鉄などがことごとく欠乏状態となっており，長年改善しなくてはならないミネラルといわれているカルシウム・鉄においての摂取不足は深刻となっている．

　ひどいストレス状態が続くと，ビタミンCはデヒドロアスコルビン酸へ酸化されるために，多くのビタミンCが使われる．β-カロテンは，体内で抗酸化作用があるとともに体内でビタミンAが不足すると，必要量だけがビタミンAに変換される．ビタミンAが欠乏すると，目の角膜や粘膜がダメージを受ける．ビタミンEも抗酸化作用があり，不飽和脂肪酸の過酸化を抑制し，生体膜を安定化させる働きがある．

　カルシウムは，筋肉と神経にかかわる機能として重要である．筋肉などの平滑

筋の収縮にはカルシウムが必要であり，カルシウムが欠乏すると筋肉は弛緩する．また，神経細胞の興奮性の調節もカルシウムに依存している．すなわち，カルシウムが欠乏すると，神経の興奮が高まる．ほかには，骨粗鬆症の予防にも重要である．骨粗鬆症とは，骨吸収が骨形成を上回った状態が長く続き，骨基質と

表 II-6　ビタミンの機能と欠乏症

	栄養素	機能	欠乏症
水溶性ビタミン	ビタミンB_1（チアミン）	炭水化物代謝，中枢および末梢神経細胞の機能，心筋機能	小児脚気または成人脚気（末梢性神経障害，心不全，ウェルニッケ・コンサコフ症候群），依存状態*
	ビタミンB_2（リボフラビン）	エネルギーおよびたんぱく質代謝の多くの機能に関与，粘膜の完全性の維持	口角症，口角炎，角膜血管新生，弱視，皮脂腺性皮膚病
	ナイアシン	酸化還元反応，炭水化物代謝	ペラグラ（皮膚疾患，舌炎，胃腸および中枢神経系の機能障害）
	ビタミンB_6	窒素代謝の多くの機能に関与（例：アミノ基転移，ポリフェリンおよびヘムの合成，トリプトファンのナイアシンへの転換），リノール酸代謝	乳児におけるけいれん，貧血，神経障害，脂漏様病変，依存状態*
	葉酸	赤血球の成熟，プリン，ピリジンおよびメチオニンの合成	汎血球減少症，巨大赤芽球増多症（特に妊娠期，乳児期，吸収不良時），依存状態*
	ビタミンB_{12}	赤血球の成熟，神経機能，葉酸補酵素に冠するDNA合成，メチオニン合成	悪性貧血，魚寄生条虫および厳格菜食主義による巨大赤芽球性貧血，神経学的障害，混合系変性，依存状態*
	ビオチン	オキサロ酢酸のカルボキシル化と脱炭酸反応，アミノ酸と脂肪酸の代謝	皮膚炎，舌炎，代謝性アシドーシス，依存状態*
	パントテン酸	補酵素A(CoA)の成分	（倦怠感，腹部不快感，足の灼熱感が，欠乏症人体実験で認められた）
	ビタミンC（アスコルビン酸）	類骨組織，コラーゲン形成，血管機能，組織呼吸および創傷治癒に不可欠	壊血病（出血，歯のゆるみ，歯肉炎，骨疾患）
脂溶性ビタミン	ビタミンA（レチノール）	網膜の光受容器機構，上皮の完全性，ライソゾームの安定化，糖たんぱく合成	夜盲症，毛包周囲の角化症，眼球乾燥症，角膜軟化症，小児における罹病率と死亡率の増加
	ビタミンE	細胞内抗酸化物，生体膜におけるフリーラジカルの除去	RBC溶血，神経損傷，クレアチン尿症，筋肉におけるセロイド蓄積
	ビタミンD	カルシウムとリンの吸収，再吸収，無機化および骨の成熟，カルシウムの尿細管再吸収	くる病（ときにテタニーをともなう），骨軟化症
	ビタミンK	プロトロンビン，その他の凝固因子，および骨たんぱくの形成	プロトロビンおよび他の因子の欠乏による出血，骨粗鬆症

＊ 依存状態 (dependency state)：先天性代謝異常，遺伝的素因，酵素の突然変異などによって生じてくる欠乏症．大量投与を必要とする．

［参考：田中平三，日本人の食事摂取基準（2005年版）完全ガイド，医歯薬出版，p. 46, 2006］

表 II-7　ミネラルと脂肪酸の機能と欠乏症

	栄養素	機　　能	欠　乏　症
ミネラル	マグネシウム(Mg)	骨と歯の形成，神経伝達，筋収縮，酵素の活性化	低マグネシウム血症，神経筋の過敏性
	カルシウム(Ca)	骨と歯の形成，血液凝固，神経筋の被刺激性，筋収縮性，心筋伝導	低カルシウム血症とテタニー，神経筋の過剰興奮性
	リン(P)	骨と歯の形成，酸塩基平衡，核酸の成分，エネルギー産生	低リン酸血症，過敏性，衰弱，血球異常，異腸管と腎臓の機能障害
微量元素	クロム(Cr)	耐糖能の増進	栄養不良の子ども，糖尿病患者の一部，高齢者の一部における耐糖能障害
	モリブデン(Mo)	亜硫酸酸化酵素，キサンチンデヒドロゲナーゼおよび1つのアルデヒドオキシダーゼに対する補酵素の成分	頻脈，頭痛，悪心，失見当識（亜硫酸中毒症候群）
	マンガン(Mn)	マンガン特異的酵素の成分：グリコシルトランスフェラーゼ，ホスホエノールピルビン酸カルボキシナーゼ，マンガンスーパーオキシドジスムターゼ	原発性欠乏症：疑問あり　ヒドララジンに起因する二次性欠乏症：関節痛，神経痛，肝脾種大
	鉄(Fe)	ヘモグロビンとミオグロビンの形成，チトクロム酵素，鉄-イオウたんぱく	貧血，嚥下障害，さじ状爪，腸疾患，作業効率の低下，学習能力の低下
	銅(Cu)	酵素の成分，造血，骨形成	栄養不良の子どもにおける貧血，メンケス（ちぢれ毛）症候群
	亜鉛(Zn)	酵素の成分，皮膚の完全性，創傷治癒，成長	成長遅延，性腺機能低下症，味覚減退，肝硬変と腸性先端皮膚炎は亜鉛欠乏（二次性）の原因となる．
	セレン(Se)	グルタチオペルキシダーゼおよび甲状腺ホルモンヨウ化酵素の成分	ケシャン病の心筋症，筋力低下
	ヨウ素(I)	チロキシン(T_4)とトリヨードチロニン(T_3)の形成，エネルギー制御機構，胎児の分化	単純性（コロイド様，地方病性）甲状腺腫，クレチン病，ろうあ，胎児の成長および脳発達の障害
電解質	ナトリウム(Na)	酸塩基平衡，浸透圧，血液pH，筋収縮性，神経伝達，ナトリウムポンプ	低ナトリウム血症，混乱，昏睡
	カリウム(K)	筋活動，神経伝達，細胞内の酸塩基平衡および水分貯留	低カリウム血症，麻痺，心臓障害
	n-6系脂肪酸 n-3系脂肪酸	プロスタグランジン，ロイコトリエン，プロスタサイクリン，トロンボキサンおよびヒドロキシ脂肪酸の前駆物質，細胞膜の構成	成長停止，皮膚病，水分損失，末梢性神経障害

［参考：田中平三，日本人の食事摂取基準（2005年版）完全ガイド，医歯薬出版，p. 47, 2006］

石灰化骨量との比率が保たれたままで骨量が減少し，骨折の危険性が高まった状態をいう．骨粗鬆症が起こる原因としては，加齢，遺伝，体質，閉経，カルシウム調整ホルモンの代謝異常，カルシウム摂取不足などの栄養不足によるといわれている．

そのほか，亜鉛欠乏と味覚障害，食物繊維不足と大腸がん，鉄欠乏と貧血，ビタミンC欠乏と壊血病などの関連が知られている．葉酸欠乏は新生児の神経管疾患の原因とされており，所要量200μgは超えているが，出産前の女性で400μgは必要であるといわれている．

これら欠乏症の予防は，簡単にいえば必要量を満たす量を摂取するように心がければよいことになる．しかし，人の体というものはただ不足した成分をとればよいという簡単なものではない．体内では許容範囲とかかわり合い，機能し相互作用をもち，バランスを保ちながら，健康を維持している．たとえば，カルシウム摂取にはビタミンDも大切な働きをしていることが明らかとなっている．すなわち，ビタミンDはカルシウムの代謝調節，恒常性に関与しており，小腸と腎臓での吸収，骨形成などの生理機能作用をもっているからである．そのため，カルシウムはビタミンDとともに摂取しなければ効率よく摂取できないことになる．また，マグネシウムは生体内でカルシウムと拮抗するので，カルシウムの細胞質への放出に影響し，カルシウムの作用を調節する役割をもつ．そのほか，骨粗鬆症予防に関連していることは上に述べたとおりであるが，さらに適度な運動も有効な予防法であるといわれている．

骨の強さを表す指標として骨量（骨密度）が用いられる．発育期は骨づくりの重要な時期であり，体の成長とともに骨量がもっとも増加し，20〜30歳くらいまでで骨密度は最大となる．加齢を重ねるにつれて，骨量は増えることはなく減少の一途をたどる．このころまでに可能な限り最大骨量を高くすることが，その後の加齢による骨量減少に対して備えることになる．また，減少する速さを遅延し，現状をできるだけ維持することが望まれる．

ビタミン・ミネラルでは，吸収率も考えなくてはならない．ビタミンであれば水溶性なのか脂溶性なのか，熱を加えたら壊れてしまうかどうかも考慮する必要がある．鉄は肉類・卵黄などの動物性食品，特に肝臓に多く含まれる．卵黄の鉄の吸収率は低く，魚肉中の鉄の含有量は少ないが吸収率はよい．植物性食品では大豆，黒豆，ほうれん草に多く含まれているが，吸収率は大豆の鉄はよく，ほうれん草の鉄は著しく低い．

日本人の食生活の欧米化により高脂肪・高エネルギーの食品の摂取量が多くなったため，体はそれをエネルギーに変えようと大量のビタミン類を必要とする．ビタミン類がないと代謝が進まず，脂肪として貯えられてしまうのである．その結果，肥満から糖尿病，高血圧へと進んでいく．また，ビタミン類・ミネラル類の欠乏は疲労感や集中力の欠如，体温調節機能の狂いや免疫力の低下をもたらすといわれている．

　以上のことより，ビタミン類・ミネラル類の欠乏が原因の病気を予防するには，不足栄養素を摂取するよう心がけることはもちろん，その栄養素を大量に摂取するのではなく，普段行ってきた食事を改善することで不足している栄養素とともに他の栄養素も摂取することが重要である．その結果，吸収効率も高くなり，食事の改善により欠乏症の予防ができることになる． ［土谷知弓］

③　栄養素の過剰摂取による病気と予防

　先進各国が肥満を大きな社会問題としているなか，我が国でもこれから超高齢社会へと進み，生活習慣病の予防の手段として食事摂取への配慮がますます重要になっている．我が国は「健康日本21（21世紀における国民健康づくり運動）」などの計画において，さまざまな啓蒙活動を進めているが，十分な効果は得られていないようである．たとえば，食塩摂取量の減少，脂質由来エネルギーの減少などを目標に掲げているが，これらは我が国の食事摂取の問題点を示唆している．

　厚生労働省は，健康を保つうえで標準となるエネルギーや栄養素の摂取量を示す『日本人の栄養所要量』において，過剰摂取による健康障害を予防する観点から，特定の集団においてほとんどすべての人に健康上悪影響を及ぼす危険のない栄養素摂取量の最大限の量を「許容上限摂取量」とした．これらの数値を総称して「食事摂取基準」とした．栄養所要量はもともと栄養不足にならない目安として示されてきたが，最近は栄養補助食品などが普及し，特定の栄養素の過剰摂取も懸念されることから，健康上悪影響を及ぼす危険がない最大の摂取量を決めることにした．

　『日本人の食事摂取基準（2005年版）』では，標準体重域にある健康な人が自分に適した栄養素量を摂取しようとする場合，エネルギーでは推定エネルギー必要量，その他の栄養素では推奨量（示されていない栄養素では目安量）を目指そうとした．上限量では，健康な人が健康の維持・増進および生活習慣病の予防を目的としたとき，「この量までなら習慣的にとったとしても過剰の害が見られない」

という耐容量にあたる．多くの場合科学的な根拠がまだ不十分であるため数値が示されていないだけで，上限量そのものがないわけではない．したがって，上限量が示されていないからといって，多量摂取をすすめるものでも，多量摂取の安全性を保証するものでもない．

栄養所要量とは，1日に必要なエネルギーや栄養素の摂取量を示しているものである．栄養所要量は5年ごとに見直され，このときに上限値も示される．上限値では，ビタミンA，D，E，K，B_6，ナイアシン，葉酸の7種のビタミンと，カルシウム，鉄，リン，マグネシウム，銅，ヨウ素，マンガン，セレン，亜鉛，ク

表 II-8 ビタミン，ミネラルの過剰摂取による健康障害の例

	栄養素	過剰摂取による健康障害
水溶性ビタミン	ナイアシン	潮紅（フラッシング），消化器系症状，肝毒性，耐糖能障害
	ビタミンB_6	感覚・神経障害
	葉酸	（ビタミンB_{12}欠乏症患者の神経学的障害*を悪化させる．抗けいれん薬の作用抑制）
脂溶性ビタミン	ビタミンA	催奇形性，肝障害，脾腫，子ども：泉門膨隆，骨格異常，頭蓋内圧の亢進，爪の脆弱化，皮膚の落屑，脱毛，口腔被裂，その他
	ビタミンE	酵素毒性，脳出血，血液凝固障害，未熟児：頭蓋内出血，懐死性腸炎
	ビタミンD	高カルシウム血症，摂食障害，腎不全，異所性石灰化，乳児：成長発達の遅延
ミネラル	マグネシウム	下痢，高マグネシウム血症，低血圧，呼吸不全，心臓障害
	カルシウム	高カルシウム血症，腎石症，腎不全，ミルクアルカリ症候群，鉄の吸収阻害
	リン	腎不全における高リン酸血症，異所性石灰化．新生児：人工栄養における高リン酸血症
	モリブデン	（高尿酸血症）
	マンガン	（全血中マンガン濃度の上昇．経気道吸入による錐体外路系障害）
	鉄	ヘモクロマトシース（血色素症），肝硬変，糖尿病，皮膚色素沈着，消化器系症状，亜鉛の吸収阻害
	銅	肝レンズ核変性症（ウイルソン病），胆汁性肝硬変（インド小児肝硬変），消化器系症状
	亜鉛	免疫学的障害，脂質代謝異常，赤血球銅・亜鉛スーパーオキシドジスムターゼ活性の低下
	セレン	毛髪・爪の脆弱化と脱落，悪心，皮膚炎，多発性神経炎
	ヨウ素	甲状腺機能低下，血清甲状腺刺激ホルモン上昇（粘液水腫），甲状腺腫，新生児：出生前暴露による甲状腺種，甲状腺機能低下

* ビタミンB_{12}欠乏症の神経学的障害：四肢の感覚障害（ひりひりと痛む，しびれる），位置感覚・振動感覚の障害，歩行障害，認知障害，視力障害，不眠，失禁，インポテンス，その他．

[参考：田中平三，日本人の食事摂取基準（2005年版）完全ガイド，医歯薬出版，p. 63, 2006]

ロム，モリブデンの 11 のミネラルである．

　健康を維持するには，体が必要とする量に見合う量を摂取する必要がある．すなわち，消費と摂取のバランスがとれるようにしなければならない．消費量に比べて，摂取が多ければ過剰となり，このバランスが崩れ，いろいろな病気が発症する．欠乏症と過剰症は背中合わせの関係にある．過剰摂取による健康障害については，表 II-8 に示した．たとえば，ビタミン A が欠乏すると発育が遅れたり，夜盲症になることがわかっているが，一方で，過剰に摂取した場合，出産などで異常を起こすことがある．また，カルシウムも摂取が欠乏すると骨が弱くなり，逆に過剰に摂取すると泌尿器系結石ができたりする．エネルギーのとり過ぎでは，肥満は，高脂血症・高血圧・糖尿病・痛風・脂肪肝・関節痛を引き起こし，さらに，高脂血症・高血圧・糖尿病・痛風は動脈硬化の誘因ともなる．動脈硬化は狭心症・心筋梗塞・脳梗塞・腎臓病などの要因となる．

　栄養素に視点を置くと，ナトリウム（食塩）の過剰摂取が高血圧を引き起こす可能性があるといわれている．ナトリウムの作用としては，細胞内外の物質交換，筋肉や心筋の弛緩，神経の刺激伝達，ほかのミネラルの血液中への溶解の補助，胃酸・腸の消化液の分泌促進による消化の促進などが知られている．ナトリウムの慢性的なとり過ぎは高血圧，動脈硬化・腎臓病・脳出血・脳梗塞，さらに，狭心症・心筋梗塞の危険因子になど，血管に関する疾病を引き起こす可能性があることも知られている．もともとナトリウムは多くの食品に含まれているために，不足することはなく，むしろとり過ぎる傾向がある．国民健康・栄養調査の結果によると，食塩摂取量は，日本国民全体の平均で 10.7 g であり，平成 7（1995）年

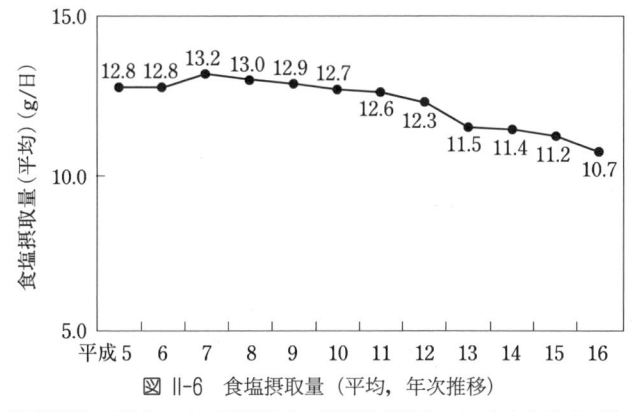

図 II-6 食塩摂取量（平均，年次推移）

［厚生労働省，平成 16 年 国民健康・栄養調査報告，2006 より筆者が作成］

II　食生活の指導事項

以降年々減少の傾向が見られている（図II-6）。年齢階級別に見ると，男女とも年齢とともに摂取量が増加し，60歳代で男性12.8g，女性11.2gともっとも高かった。食塩摂取量は，全体の平均で11.2gで，年々減少してはいるが，『日本人の食事摂取基準（2005年度版）』では，12歳以上男性で1日10g未満，10歳以上女性では8g未満の摂取に抑えるように指導されている。年々わずかに減少しているとはいえ，いまだに過剰に摂取している（図II-7）。

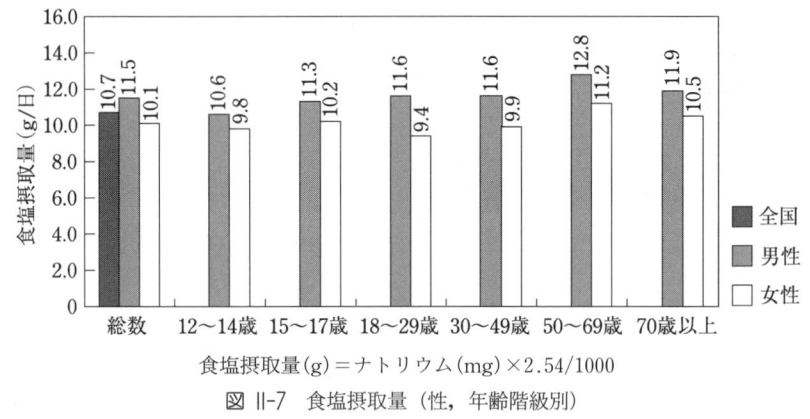

食塩摂取量(g)＝ナトリウム(mg)×2.54/1000

図II-7　食塩摂取量（性，年齢階級別）

＊なお，「健康日本21」で設定された目標値は，2010年までに成人で10g未満。

［厚生労働省，平成16年 国民健康・栄養調査報告，2006より筆者が作成］

新しい研究分野の栄養遺伝子学は，栄養素の摂取量について新たな知見を提供できるものと期待されている。また，栄養素の適正な摂取量については，個人差が大きいこともあり，個人の適正摂取量を遺伝子の解析を進めることにより決定しようという考えもある。栄養過剰摂取の食生活より発症する病気の種類は多く，要因もさまざまである。しかし，栄養過剰摂取による病気が発症する確率は，高くなるのは確かであるといわれている。その疾病予防には毎日なにげなく過ごしている生活を分析し，見直すところは見直し，バランスのよい食生活をおくることが大切である。　　　　　　　　　　　　　　　　　　　　　　　　［土谷知弓］

④　機能性食品とは

食品の機能の一般的定義として，次の3つに分類されている。
① 一次機能：栄養機能。栄養面での機能で，炭水化物，脂質などのエネルギー源，体の構成成分であるたんぱく質，生体に必須のビタミン，ミ

ネラルなど生命維持に必要な機能．
② 二次機能：感覚機能．嗜好・感覚面での機能で，おいしさや食べやすさなどの食事を楽しむ機能．
③ 三次機能：生体調節機能．疾病や予防的機能で，体調のリズムなどの生体調節や疾病予防，疾病回復，老化防止などの健康を維持する生体防御機能．

　食品は，「栄養」「おいしさ」を満たしていればよいという以前の考えより，食べ物，食べ方を工夫して生活習慣病を予防することに移ってきた．そこで「機能性食品」という言葉が生まれた．

　厚生労働省は2001年4月，いわゆる機能を表示する健康食品の類型化として，表示可能な内容に応じて個別に審査して許可する「特定保健用食品」，ならびに，ある一定に規格基準を定めて許可する「栄養機能食品」とし，わかりやすくするために両者をまとめた名称として以下の図II-8に示し，「保健機能食品」と制度化した．

	保健機能食品		
医薬品 (医薬部外品を含む)	特定保健用食品 (個別許可型)	栄養機能食品 (規格基準型)	一般食品 (いわゆる健康食品を含む)

図II-8　保健機能食品
［社団法人日本栄養士会 編，健康日本21と栄養士活動，第一出版，p.220，2001］

栄養機能食品の位置づけ

　保健機能食品制度は，健康の維持・増進を図るため，また疾病の治療あるいは予防などに用いることを前提に栄養成分含有の表示を義務づけ，「特定保健用食品」と「栄養機能食品」とに位置づけをした（食品衛生法施行規則第5条1項第3号関係）．

　また，法制度においての「栄養機能成分」とは，日本人が欧米諸国の様式をとり入れたことによる食生活，高齢化，孤食，欠食，過食などの食生活の変化による乱れにより，不足がちな栄養成分の補給・補充することを目的とするもので，平成13（2001）年度，新たに制度化された．栄養成分の表示基準は厚生労働大臣が定め，その基準に従い，製造業者などの責任のもと，当該栄養成分に関する機能を表示することが許されている食品のことをいう．また，栄養機能食品は個別

の許可申請や届出が必要がなく，基準を満たせば表示できる．つまり，栄養機能食品と表示してあっても，すべての栄養成分をバランスよく摂取できるわけではないので，各栄養素をきちんと確認する必要がある．保健機能食品や栄養機能食品の表示については不明確なところもあるので，現在制度の見直しが課題となっている．

　栄養機能食品の栄養成分は，人間の生命維持に不可欠な栄養素で，科学的根拠が医学的・栄養学的に広く認められ，確立され，規格基準が定められたものである．栄養機能食品の対象となり得る成分としては，ビタミンA，E，D（脂溶性ビタミン：3種類），ビタミンB_1，B_2，B_6，B_{12}，ナイアシン，葉酸，ビオチン，パントテン酸，ビタミンC（水溶性ビタミン：9種類）のビタミンと，亜鉛，カルシウム，鉄，銅，マグネシウムなどの5種類のミネラルである．第6次改定が行われた日本人の栄養所要量では，25群のビタミン類，ミネラル類が優先して検討されてきた．しかし，ハーブ類については作用の強弱，副作用の強いものまで広範囲に存在することから，規格基準型の栄養機能食品になじまず，個別許可型で調査することが適当とされた．また，鉄ならびにカルシウム以外のミネラル，およびタンパク質，脂肪酸および食物繊維については，さらに検討が必要とされている．

　栄養機能食品の規格基準設定において設定されているミネラルおよびビタミン（栄養補給など本来の目的で，医療用医薬品の承認基準が設定されているものを対象とする）とし，1日当たり摂取目標量に含まれる機能表示成分量（上限値・下限値）（表Ⅱ-9）を満たすことが要件とされている．成分規格は「日本人の食事摂取基準（2005年版）」の策定にともない見直され，2005年7月1日から栄養表示基準の一部が改定された（厚生労働省医薬食品安全部長通知，食安発第07010006号）．栄養機能食品は厚生労働省が商品別に認定しているのではなく，基準のみが設定されている．栄養機能食品として栄養成分の機能表示をするには，定められた規格基準を守り，定められた表示をすることが必要になっている．

　健康を考えたとき，栄養の過不足のない基本的な食生活が重要になってきている．それゆえ，食生活において不足している機能性成分を補うという意味では，保健機能食品を利用し，機能性が認められている食品を上手に利用し，栄養状態の改善に努め，疾病予防に役立てられることがよいといわれている（Ⅲ-1 ⑦「サプリメントと健康」（p.73）も参照されたい）．

　現在，食品由来の機能性成分については，疫学的研究，*in vitro* による研究，モデル動物による研究，ヒト集団を利用した臨床的研究など研究が盛んに進められ

表 II-9　栄養機能食品の栄養素の配合限度量（上限値・下限値）

(a) ビタミン

		ビタミンA[注3] (レチノール)	ビタミンD	ビタミンE	ビタミンB_1	ビタミンB_2	ナイアシン
改正前[注1]	上限値	600 μg (2000 IU)	5.0 μg (200 IU)	150 mg	25 mg	12 mg	15 mg
	下限値	180 μg (600 IU)	0.9 μg (35 IU)	3 mg	0.3 mg	0.4 mg	5 mg
改正後[注2]	上限値	600 μg (2000 IU)	5.0 μg (200 IU)	150 mg	25 mg	12 mg	60 mg
	下限値	135 μg (450 IU)	1.50 μg (60 IU)	2.4 mg	0.30 mg	0.33 mg	3.3 mg

		ビタミンB_6	葉酸	ビタミンB_{12}	ビオチン	パントテン酸	ビタミンC
改正前[注1]	上限値	10 mg	200 μg	60 μg	500 μg	30 mg	1000 mg
	下限値	0.5 mg	70 μg	0.8 μg	10 μg	2 mg	35 mg
改正後[注2]	上限値	10 mg	200 μg	60 μg	500 μg	30 mg	1000 mg
	下限値	0.30 mg	60 μg	0.60 μg	14 μg	1.65 mg	24 mg

(b) ミネラル

		カルシウム	鉄	マグネシウム	銅	亜鉛
改正前[注1]	上限値	600 mg	10 mg	300 mg	5 mg	15 mg
	下限値	250 mg	4 mg	80 mg	0.5 mg	3 mg
改正後[注2]	上限値	600 mg	10 mg	300 mg	6 mg	15 mg
	下限値	210 mg	2.25 mg	75 mg	0.18 mg	2.10 mg

注1　平成17年7月実施の見直し前の数値．経過措置が設定されている．
注2　平成17年7月実施の改正後の数値．
注3　ビタミンAの前駆体であるβ-カロテンについては，ビタミンA源の栄養機能食品として認める．この場合，上限値は7200 μg，下限値は1620 μgとする（改正後）．
[参考：橋詰直孝　監修・堀美智子　編集，科学的根拠に基づくサプリメントの基礎知識，薬事日報社，p.25，2005]

ている．代表的なものは乳酸菌，プロバイオティクス*による整腸作用，また，それにともない宿主の健康改善に有意に働くオリゴ糖，DHA（ドコサヘキサエン酸），EPA（エイコサペンタエン酸）を代表する脂質，動脈硬化や老化の原因となる活性酸素の過剰生成を抑える生理作用があるといわれているポリフェノールなど，機能性成分についての研究はこれからもますます進められることと思われる． [土谷知弓]

＊　腸内の常在菌叢（フローラ）を改善することにより，宿主に利益をもたらす，単一あるいは複数菌株からなる生きた培養菌．

⑤ 生活習慣病予防と食事

生活習慣病の現状

急速な人口の高齢化や生活習慣の変化により，疾病構造が変化し，疾病全体に占めるがん，虚血性心疾患，脳血管疾患，糖尿病などの生活習慣病の割合が増加

(a) 医療費（平成15年度）
生活習慣病…10.2兆円

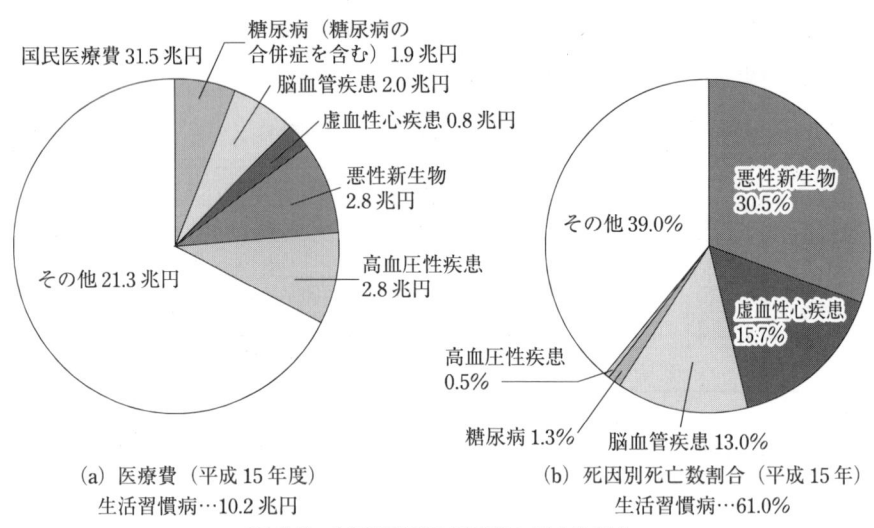

国民医療費 31.5兆円
糖尿病（糖尿病の合併症を含む）1.9兆円
脳血管疾患 2.0兆円
虚血性心疾患 0.8兆円
悪性新生物 2.8兆円
高血圧性疾患 2.8兆円
その他 21.3兆円

(b) 死因別死亡数割合（平成15年）
生活習慣病…61.0%

悪性新生物 30.5%
虚血性心疾患 15.7%
脳血管疾患 13.0%
糖尿病 1.3%
高血圧性疾患 0.5%
その他 39.0%

図 II-9　生活習慣病の医療費と死亡数割合

［資料：(a)；国民医療費（平成15年度），わが国の慢性透析療法の現況（2003年12月31日）などにより作成，(b)；人口動態統計（平成15年）により作成］

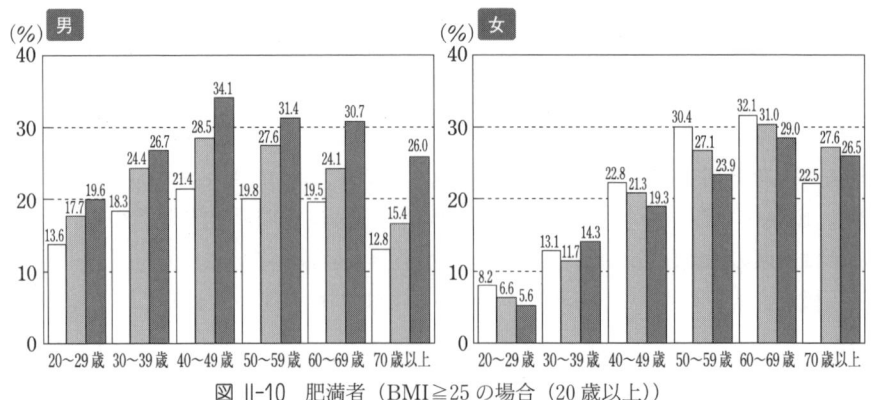

図 II-10　肥満者（BMI≧25の場合（20歳以上））

［資料：厚生労働省，平成17年 国民健康・栄養調査結果］

し，これらの生活習慣病にかかわる医療費は，国民医療費の約3割となっている．また，死因別死亡数割合についても，生活習慣病による死亡は約6割となっている（図II-9）．

また近年，内臓脂肪型肥満が，虚血性心疾患，脳卒中などの生活習慣病の発症リスクを高めることが明らかになっており，「メタボリックシンドローム（内臓脂肪症候群）」の概念が提唱されている．

成人の肥満の状況を見ると，男性では，40歳代でもっとも高く約34％であり，20年前，10年前と比較しても増加している．また，女性においては，40〜60歳代で肥満者の割合が20年前，10年前に比べて減少している（図II-10）．

また，40〜74歳で男性の2人に1人，女性の5人に1人が，メタボリックシン

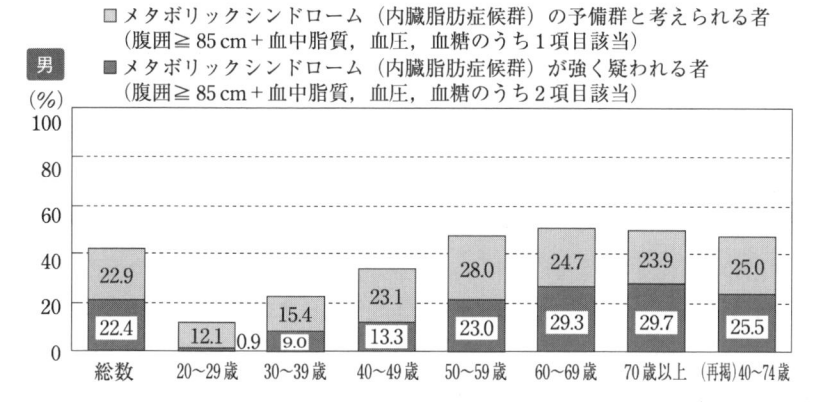

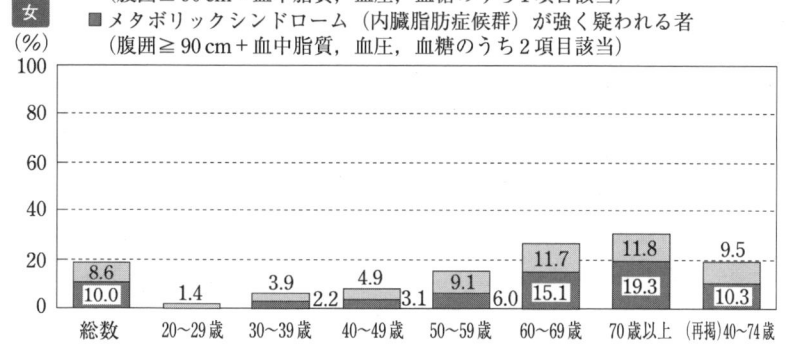

男
(%)

□ メタボリックシンドローム（内臓脂肪症候群）の予備群と考えられる者
　（腹囲≧85 cm＋血中脂質，血圧，血糖のうち1項目該当）
■ メタボリックシンドローム（内臓脂肪症候群）が強く疑われる者
　（腹囲≧85 cm＋血中脂質，血圧，血糖のうち2項目該当）

	総数	20〜29歳	30〜39歳	40〜49歳	50〜59歳	60〜69歳	70歳以上	(再掲)40〜74歳
予備群	22.9	12.1	15.4	23.1	28.0	24.7	23.9	25.0
強く疑われる	22.4	0.9	9.0	13.3	23.0	29.3	29.7	25.5

女
(%)

□ メタボリックシンドローム（内臓脂肪症候群）の予備群と考えられる者
　（腹囲≧90 cm＋血中脂質，血圧，血糖のうち1項目該当）
■ メタボリックシンドローム（内臓脂肪症候群）が強く疑われる者
　（腹囲≧90 cm＋血中脂質，血圧，血糖のうち2項目該当）

	総数	20〜29歳	30〜39歳	40〜49歳	50〜59歳	60〜69歳	70歳以上	(再掲)40〜74歳
予備群	8.6		3.9	4.9	9.1	11.7	11.8	9.5
強く疑われる	10.0	1.4	2.2	3.1	6.0	15.1	19.3	10.3

図II-11　メタボリックシンドローム（内臓脂肪症候群）の状況（20歳以上）

［資料：厚生労働省，平成17年 国民健康・栄養調査結果］

ドロームが強く疑われる者または予備群と考えられる者である．さらに，40〜74歳における該当者数は約920万人，予備群者数は約980万人，併せて約1900万人と推定されている（「平成17年国民健康・栄養調査」，図Ⅱ-11）．

我が国の肥満は，欧米に比べると，その頻度は少ないにもかかわらず，肥満に起因する糖尿病や高脂血症の発症率は欧米に匹敵するといわれている[1]．したがって，日本人では，軽度の肥満であっても，食事の改善や身体活動量を増やすなどの日常生活の見直しを行うことで，肥満を減少させることが重要であるといえる．

生活習慣病予防と食事

内臓脂肪の蓄積は，過剰なエネルギーの摂取と身体活動の不足によって引き起こされる．したがって，食事の改善と身体活動量の増加により，内臓脂肪を減少させることで，メタボリックシンドロームが改善され，心筋梗塞や脳卒中のリスクを軽減することが期待できる．

また，欧米の調査研究においては，メタボリックシンドロームの栄養学的リスク因子としてあげられる高い脂肪摂取量（特に飽和脂肪酸，一価不飽和脂肪酸），高いアルコール摂取量，低い食物繊維や精製されていない穀物などの摂取量は，肥満や糖尿病のリスク因子と重なるところが大きいとされている[2]．

内臓脂肪蓄積を抑えるためには，エネルギーの過剰摂取につながらないようにすることが基本である．たとえば，1kg脂肪を減らすのに，約7000kcalのエネルギーを減らす必要があり，1カ月で1kgを減らすためには，食事と運動で1日に約230kcalエネルギー量を減らす必要がある．

食品重量当たりのエネルギー量が高い，揚げ物などの油を多く使った料理やマヨネーズなどの調味料，糖分を多く含む嗜好飲料や菓子などは，エネルギー過剰摂取につながりやすい．これらの食べ方に留意するとともに，食物繊維の摂取を増やすために野菜料理を多くとる工夫をするなど，単に食事の量を減らすということではなく，食事の質を変え，エネルギー摂取が過剰にならない食生活を日常生活の中に習慣として定着させることが重要である．さらには，よく噛まずに早く食べることが満腹感を鈍化し過食の原因となること，夜遅く食べるといった行動が肥満につながるといわれており，食事の内容とともに行動についても日常の生活リズムを整えることが大切である．

また，メタボリックシンドロームの予備群の手前の人たちでも，健康づくりのためには，調理方法に留意してエネルギー量に配慮しながら主食（ごはん，パン，

めんなど），副菜（野菜，きのこなどの料理），主菜（肉，魚，卵，大豆料理など）をバランスよく食べることが重要である．　　　　　　　　　　　　　［清野富久江］

文　献

1) 日本肥満学会，「肥満症治療ガイドライン」，肥満研究，**12**，2006
2) 吉池信男・石脇亜沙子，「栄養学的見地からみたメタボリックシンドローム」，日本医師会雑誌，第136号，2007

⑥　学習と食事

食事と学力との関係

　食事と学力の関係では，国立教育政策研究所が実施した生活習慣と学力との関係を調査した結果をはじめ，さまざまな調査によって，朝食をとる子どもの方が，どの教科においてもペーパーテストの得点が高いという結果が報告されている．このことは，単に朝食を摂取したということにとどまらず，日頃から望ましい生活習慣を実践していることが学力の高さに関係しているといわれている（図II-12）．
　朝食欠食傾向のある児童生徒は，朝食を毎日摂取する児童生徒に比べて，「なんとなく体がだるい」「何もやる気が起こらない」「イライラする」などの不定愁訴を呈する傾向が高く[1]，栄養素と学習の関係においても，鉄の摂取不足が学童期

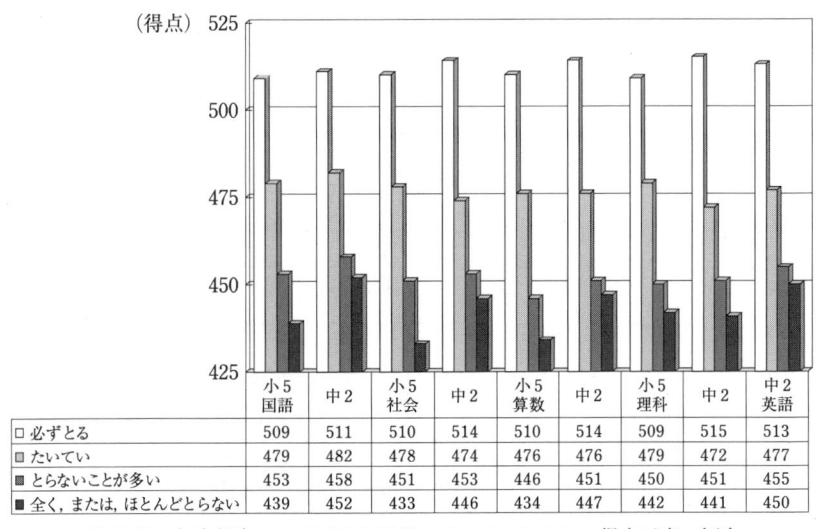

	小5 国語	中2	小5 社会	中2	小5 算数	中2	小5 理科	中2	中2 英語
□ 必ずとる	509	511	510	514	510	514	509	515	513
▨ たいてい	479	482	478	474	476	476	479	472	477
▩ とらないことが多い	453	458	451	453	446	451	450	451	455
■ 全く，または，ほとんどとらない	439	452	433	446	434	447	442	441	450

図II-12　毎食朝食をとる子どもほど，ペーパーテストの得点が高い傾向
［資料：国立教育研究所，平成15年度小・中学校教育課程実施状況調査，2003］

の認知力や学業成績に影響を与えたり[2]，カルシウムの摂取不足やリンの過剰摂取によるカルシウム不足が，大脳皮質の広範囲で情報伝達に混乱を生じさせたりすることが明らかになってきている．

「キレる」子どもと食事の関係

近年「キレる」子どもによる犯罪が増加傾向にあるが，首都圏の中高生5138名を対象とした調査結果では，朝食を食べている頻度が高い生徒のほうが，「キレる」割合が低く，朝食を食べない生徒は「キレる」頻度が高いことが報告されている．また，家庭における食事の状況では，家族揃って食事をする生徒のほうが，孤食傾向の生徒より「キレる」割合が少ないことが示されている（図II-13，14）．

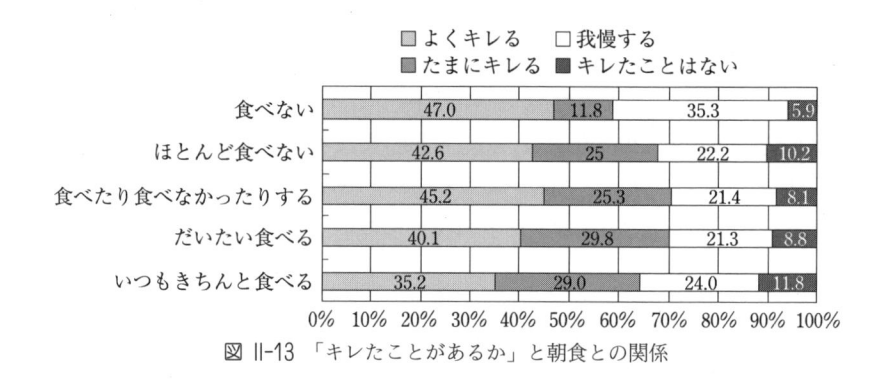

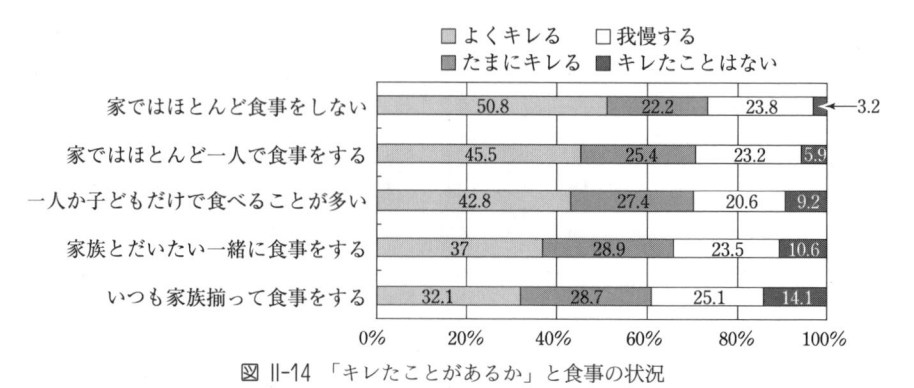

朝食	よくキレる	たまにキレる	我慢する	キレたことはない
食べない	47.0	11.8	35.3	5.9
ほとんど食べない	42.6	25	22.2	10.2
食べたり食べなかったりする	45.2	25.3	21.4	8.1
だいたい食べる	40.1	29.8	21.3	8.8
いつもきちんと食べる	35.2	29.0	24.0	11.8

図 II-13 「キレたことがあるか」と朝食との関係

食事の状況	よくキレる	たまにキレる	我慢する	キレたことはない
家ではほとんど食事をしない	50.8	22.2	23.8	3.2
家ではほとんど一人で食事をする	45.5	25.4	23.2	5.9
一人か子どもだけで食べることが多い	42.8	27.4	20.6	9.2
家族とだいたい一緒に食事をする	37	28.9	23.5	10.6
いつも家族揃って食事をする	32.1	28.7	25.1	14.1

図 II-14 「キレたことがあるか」と食事の状況

[小林正子，「キレる」に関する中高生の生活状況調査からの検討，*J. Natl. Public Health*, **54**-2, 2005（一部筆者により改変）]

表 II-10　埼玉県内中学生における有機溶剤乱用と生活習慣・生活環境との関連

	有機溶剤乱用経験	
	未経験群(%)	経験群(%)
朝食の摂取状況		
毎日食べる	81.1	47.9
時々食べる	11.6	21.7
ほとんど食べない	7.3	30.4
一人で夕食を食べる頻度		
な　し	60.0	30.5
週に1～2日	25.2	26.1
週に3～6日	11.1	13.0
ほぼ毎日	3.7	30.4

［嶋根卓也・三砂ちづる，埼玉県下中学生における有機溶剤乱用に関する研究，日本公衆衛生雑誌，**51**-12，pp. 997-1007，2004（一部筆者により改変）］

問題行動と食事の関係

　青少年の他者や社会に向けられる暴力に対して，内にこもる薬物乱用・依存に関する問題も深刻である．有機溶剤乱用経験をもつ生徒は経験のない生徒に比べて朝寝坊や夜更かしの頻度，朝食の欠食頻度，夕食を一人で食べる頻度が高いという調査結果[3]も報告されている（表II-10）．

　このように，不規則な食事や孤独な食事が児童生徒の心身の健康に及ぼす深刻な影響が明らかになってきていることから，「早寝早起き朝ごはん」や「家族団らんの食事」など，食育を通して生活習慣の改善につなげるための保護者への啓発を積極的に行っていくことが，真に「生きる力」をもった次世代の健全な大人を育てていくことになり，活力ある社会を形成することにつながるものである．

［田中延子］

文　献

1) （独）スポーツ振興センター，『平成17年度児童生徒の食生活等実態調査』
2) Grantham-McGregor S, AniC, A review of studies on the effect of iron deficiency on cognitive development in children. *J. Nutr.*, **131**, pp. 649S-668S, 2001
3) 嶋根卓也・三砂ちづる，「埼玉県下中学生における有機溶剤乱用に関する研究」，日本公衆衛生雑誌，**51**-12，pp. 997-1007，2004

⑦　生活習慣病予防と身体活動・運動

身体活動・運動習慣の現状

　生活習慣病の予防と身体活動・運動との関連については，冠状動脈疾患だけで

なく，糖尿病などの生活習慣病罹患に対する身体活動・運動の予防効果が科学的に明らかにされてきている．

　日本人の定期的に運動する人の割合を見ると，20歳以上では，男女とも約3割であるが，年代別に見ると，男性は40歳代がもっとも低く約15％，女性は30歳代がもっとも低く約14％となっている（『平成17年国民健康・栄養調査結果』）．また，日常生活における平均歩数は，15歳以上の男性で約7 500歩，女性で約6 500歩である（『平成16年国民健康・栄養調査結果』）．

　また，子どもの運動習慣については20年前と比較して，ほとんど毎日（週3日以上）運動・スポーツをしている割合が低くなっている（図Ⅱ-15）．

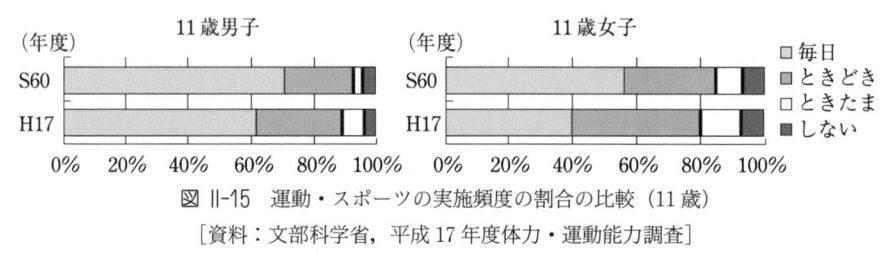

図Ⅱ-15　運動・スポーツの実施頻度の割合の比較（11歳）
［資料：文部科学省，平成17年度体力・運動能力調査］

注　「毎日」とは「ほとんど毎日（週3日以上）」，「ときどき」とは「ときどき（週1～2日程度）」，「ときたま」とは「ときたま（月1～3日程度）」運動をする者で，「しない」は運動を「しない」者

　生活習慣病予防の対策においては，栄養・食生活に関する対策とともに身体活動・運動に関する対策も重要であることから，生活習慣病を予防するための身体活動・運動量および体力の基準値「健康づくりのための運動基準2006—身体活動・運動・体力—」（平成18（2006）年7月）を策定するとともに，日常生活の中で活動量を増やすことを広く普及するために，「健康づくりのための運動指針2006～生活習慣病予防のために～（エクササイズガイド）」（平成18年7月）が策定されている．

生活習慣病予防のための身体活動量・体力の目安

　身体活動とは，骨格筋の収縮により安静時よりも多くのエネルギー消費をともなう身体の状態である．それは，日常生活における労働，家事，通勤・通学，趣味などの「生活活動」と，体力の維持・向上を目的として計画的・意図的に実施する「運動」の2つに分けられる（図Ⅱ-16）．

　活発な身体活動の効果として，消費エネルギーが増えて身体機能が活性化する

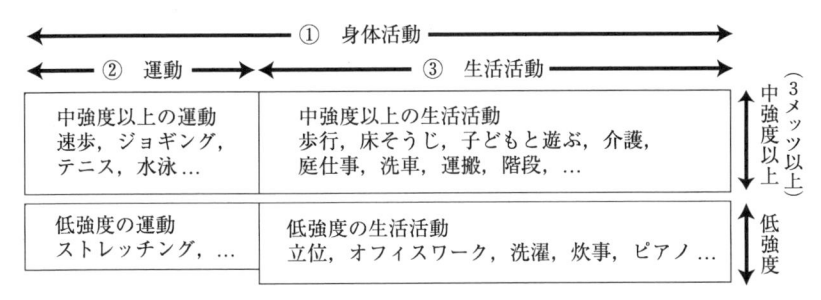

```
┌──────────────── ① 身体活動 ────────────────┐
┌── ② 運動 ──┬────── ③ 生活活動 ──────┐
│ 中強度以上の運動 │ 中強度以上の生活活動        │ ↑ 3メッツ以上
│ 速歩, ジョギング, │ 歩行, 床そうじ, 子どもと遊ぶ, 介護, │ 中強度以上
│ テニス, 水泳... │ 庭仕事, 洗車, 運搬, 階段, ... │ ↓
├────────┼─────────────────┤
│ 低強度の運動  │ 低強度の生活活動         │ ↑ 低強度
│ ストレッチング, ... │ 立位, オフィスワーク, 洗濯, 炊事, ピアノ... │ ↓
└────────┴─────────────────┘
```

図 II-16　身体活動・運動・生活活動

[資料：厚生労働省, 健康づくりのための運動指針 2006, 平成 18（2006）年 7 月]

ことにより，糖や脂質代謝が活発となり，内臓脂肪の減少が期待される．その結果，血糖値や脂質異常，血圧の改善により生活習慣病の予防につながる．また，運動による消費エネルギーの増加と体力の向上も生活習慣病の予防に効果があるとされている．

健康づくりのための身体活動量として，成人では「週 23 エクササイズ以上の活発な身体活動（3 メッツ以上の運動や生活活動）」を行い，「そのうち 4 エクササイズ以上の活発な運動」を行うことが目標とされている．

なお，「1 エクササイズ」とは，身体活動の強度（メッツ：安静時の何倍に相当するかで表す単位）に身体活動の実施時間（時）をかけたもので，より強い身体活動ほど短い時間で 1 エクササイズとなる（図 II-17）．

また，週 23 エクササイズの身体活動を歩数に換算すると，1 日当たりおよそ 8 000～10 000 歩くらい（1 週間で 56 000～70 000 歩くらい）となる．日常生活の中で，生活活動を増やすのにもっとも身近な取組みとして，歩行があげられる．楽しみながら歩く機会を増やし，少しずつ歩数を増やしていくことが重要である．

また，体力の構成要素としては，全身持久力，筋力，バランス能力，柔軟性，などがあげられる．持久力が高いと生活習慣病の発症リスクが低くなることが複数報告されており，全身持久力を評価する指標として最大酸素摂取量について，健康づくりのための最大酸素摂取量の基準値が設定されている．

最大酸素摂取量は，個人が摂取できる単位時間当たりの酸素摂取量（1/分，あるいは ml/kg/分）の最大値である．運動中の酸素摂取量は，活動筋でのエネルギー産生量を反映しており，その最大値である最大酸素摂取量が大きいほど多くのエネルギーを産生することができ，より高い強度の運動をより長い時間実施できる（表 II-11）．

1エクササイズに相当する活発な身体活動

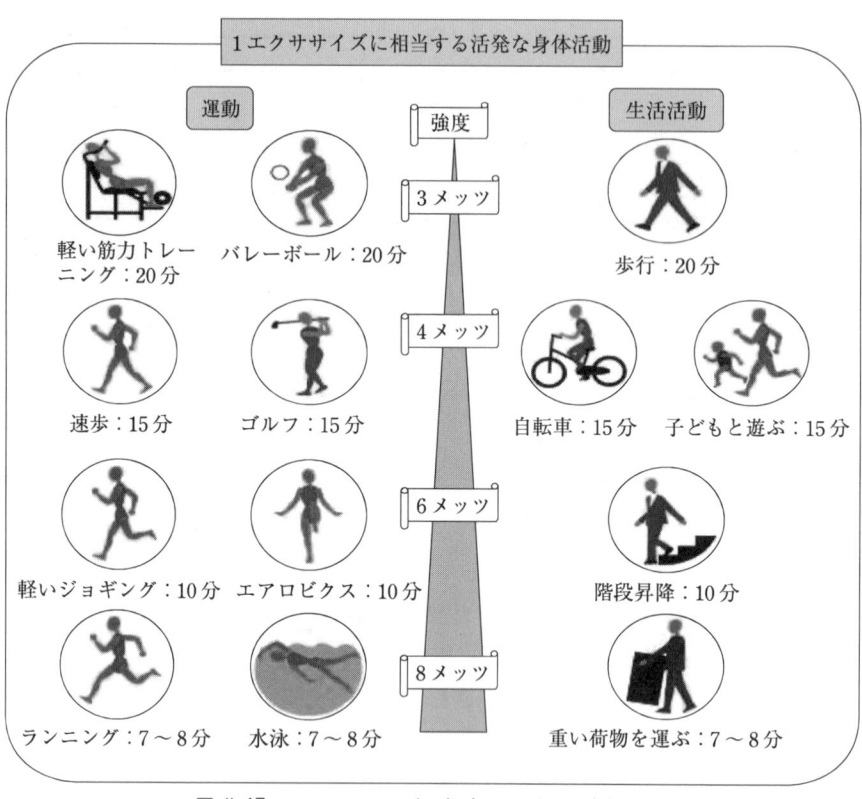

運動
- 軽い筋力トレーニング：20分（3メッツ）
- バレーボール：20分（3メッツ）
- 速歩：15分（4メッツ）
- ゴルフ：15分（4メッツ）
- 軽いジョギング：10分（6メッツ）
- エアロビクス：10分（6メッツ）
- ランニング：7〜8分（8メッツ）
- 水泳：7〜8分（8メッツ）

生活活動
- 歩行：20分（3メッツ）
- 自転車：15分（4メッツ）
- 子どもと遊ぶ：15分（4メッツ）
- 階段昇降：10分（6メッツ）
- 重い荷物を運ぶ：7〜8分（8メッツ）

図 II-17　1エクササイズに相当する活発な身体活動
［資料：厚生労働省，健康づくりのための運動指針 2006，平成 18（2006）年 7 月］

表 II-11　健康づくりのため最大酸素摂取量の基準値（ml・kg^{-1}・分$^{-1}$）

	20歳代	30歳代	40歳代	50歳代	60歳代
男性	40	38	37	34	33
女性	33	32	31	29	28

［資料：厚生労働省，健康づくりのための運動基準 2006，平成 18（2006）年 7 月］

　持久力を高めるためには，速歩，ジョギング，自転車，エアロビクス，水中運動などが適している．運動を安全に行うにあたっては，個々人の体力に応じた運動内容を選択することが重要である．

［清野富久江］

III 子どもの食育から大人の食育への伝達事項

1 子どもの食育指導

① 子供の食事パターン（欠食・個食・孤食・間食）

食事と脳のエネルギー

　私たちは，毎日，何の疑いももたずに朝食，昼食，夕食の1日3度の食事をとっている．このとき適切な食事をとることによって，私たちは1日に必要な栄養素を体内に取り入れ，脳の働き，生活のリズムを円滑に進めている．

　私たちの日常生活の営みは，すべて脳からの指令に従っている．その脳が働くためのエネルギーは，食事からとる栄養素のうち，糖質中のブドウ糖（グルコース）のみの利用によって生じる．ブドウ糖は，コメのご飯，小麦粉を原料とするめん類やパン類，イモの主な成分のデンプンを構成する分子である．デンプンは口腔内に入り，咀嚼される．このときにだ液中のアミラーゼにより，デンプンは大まかに切断され，デキストリンや少糖類（オリゴ糖）に分解される．これらの分解された糖は胃を通過し，十二指腸に至ると，そこで膵液アミラーゼの作用を受け，さらに小さな分子に分解される．さらに小腸に進み，移動中にマルターゼなど二糖類を分解する酵素によりブドウ糖に変わり，腸壁から吸収される．吸収されたブドウ糖が血液に入り，血糖となり肝臓や筋肉に運ばれる．ここでいったん，貯蔵形のグリコーゲンとなってから，再び血糖となり糖代謝経路に入り込む．

　細胞のエネルギー代謝に用いられるのは糖質，たんぱく質，脂質であるが，生活の指令となる脳のエネルギーはデンプン由来のブドウ糖のみである．脳に存在するブドウ糖は0.1％に満たないから，すぐに使い切ってしまう．そのために，肝臓に貯蔵されたグリコーゲンは分解され，再び血糖となって脳へブドウ糖を供給しなければ，脳は活発に働かなくなり，思考力も鈍くなる．ブドウ糖の脳への供給が3分間止まると，脳神経細胞は変性し，もとの状態には戻らなくなる．脳

の正常な働きを絶やさないためには，ブドウ糖を絶えず脳へ供給しなければならない．すなわち，肝臓に貯えられているグリコーゲンだけが頼りとなる．グリコーゲンのルーツである食物中のデンプンである．1日3度の食事に必ずコメのご飯やめん類，パン類を利用するのは，このデンプンを摂取するためである．

私たちの脳や赤血球は，1日に約140gのブドウ糖を必要とする．私たちの肝臓に貯えられるグリコーゲンの量は最大で50〜60gである．脳が1日に消費するエネルギーは約500kcalである．そのエネルギーをブドウ糖に換算すると125gとなる（ブドウ糖1gは4kcalのエネルギーをもつから，500÷4＝125gのブドウ糖となる）．したがって，脳は1日に120g以上のブドウ糖が必要となる．1回の食事で60gのグリコーゲンを肝臓に貯えられるとしても，このグリコーゲンは脳へのブドウ糖供給のほかにも使われるため，すべてを脳に送ることはできない．肝臓中のグリコーゲン50〜60gのうち，一度に脳へ供給する量は40〜50gと考えられている．脳の1日に必要なブドウ糖の量120gを40gで割れば3となる．または，1日に必要なブドウ糖140gを，1回の食事で肝臓に貯えられるグリコーゲンの量（50gとする）で割ると，140÷50はおよそ3となる．このことから，1日3回の食事が不可欠となる．

すなわち，1日3度の食事のうち，一度でも欠ければ，脳のエネルギーとなるブドウ糖の供給が不足するので，思考力をはじめ，その他の活力も不足する．特に，

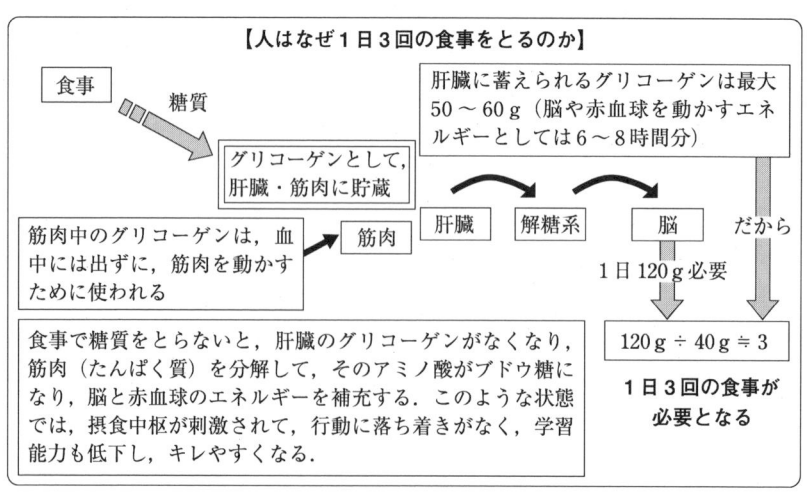

図Ⅲ-1　エネルギー補給としての糖質の役割
［村田光範，なぜ，朝食は大切か，月刊学校給食，2月号，2006］

朝食でご飯やパンを食べないと，午前中の脳へのエネルギーの補給が難しくなり，仕事や勉強の能率があがらない．肝臓のグリコーゲンがなくなると，脳や赤血球は活性化されないので，筋肉中のたんぱく質が分解してできたアミノ酸をもとにブドウ糖ができ，これが脳や赤血球のエネルギー源になる．このような状態が続くと，血糖も少なくなり，脳の食欲（摂食）中枢が刺激され，不安感を招き，攻撃的にもなる（図Ⅲ-1）．

朝食を食べない子どもが落ち着きがなく，学習態度に真剣さが見られず，学業成績は低下し，キレやすい子どもになりかねないといわれている．

子どもの生活状況と朝食欠食

最近の子どもたちの生活には，身体活動量の減少が目立つようになった．学校における身体活動も減少し，小学校では高学年は低学年より少なく，さらに中学校，高等学校と年齢が上になるほど少なくなっている．この原因は進学のための塾通い，家庭内でのテレビ，ゲーム，パソコンなどについやしている時間が増えるためといわれる．

大人と同じ時間帯で過ごす子どもが増えていることも，大きな原因である．本来，子どもは夜の9～10時頃までに就寝し，8～9時間の睡眠時間をとるのが生活のリズムとしては理想的であるのに対し，大人と同じ時間に就寝し，学校へ行く時間ぎりぎりまで寝ているという夜型生活が広がり，そのために朝食を食べずに学校へ行くという子どももいる．そのために，日中に「眠たい」と訴える子ども

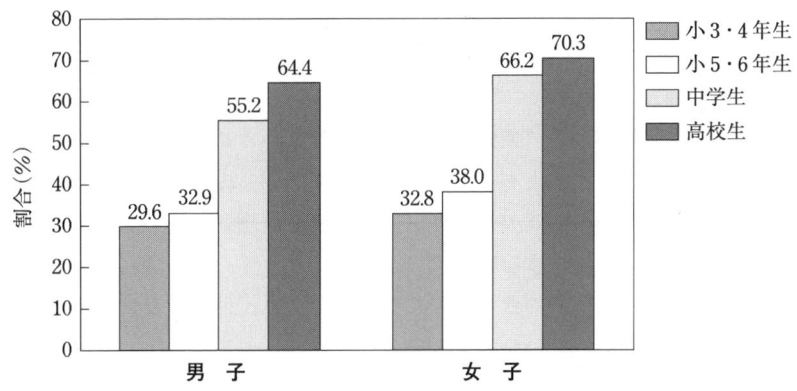

図Ⅲ-2　睡眠不足を感じているものの比率

［資料：日本学校保健会，平成16年度 児童生徒の健康状態サーベイランス事業報告書，2006より作成］

も増え，訴えなくとも眠い状態で授業を受けている子どもは増えているといわれている（図Ⅲ-2）．

　図Ⅲ-3 は 1962〜1996 年の小・中・高校生の起床時刻と就寝時刻の年次推移である．この図から明らかなように，ここ 30 年ほどの間に，起床時刻は 30 分ほど遅くなっているのに対して，就寝時刻は小学校で 1 時間 10 分ほど，中・高校生では 2 時間近く遅くなっている．高校生の約半数は，翌日（すなわち，深夜 0 時過ぎ）になって就寝している状態である．

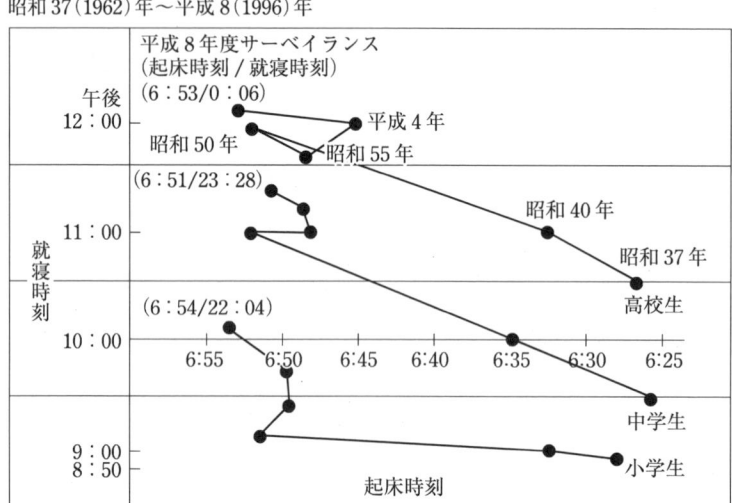

昭和 37（1962）年〜平成 8（1996）年

図Ⅲ-3　小・中・高校生に見られる起床時刻と就寝時刻の年次推移
［村田光範，なぜ，朝食は大切か，月刊学校給食，2 月号，2006（大妻女子大学　大澤清二氏作図）］

　このような生活状態から，朝食を食べる時間がないために，朝食欠食という子どもたちが増えている．大人も夜型の生活なため，朝食の支度ができない親も増えている．子どもたちの朝食欠食の理由に，朝食が用意されていないという理由もある．おそらく，このような家庭では子どもばかりでなく，両親も朝食を食べないのではないのかと推測できる．どんなことがあれ，何かしら食べ物を食べる習慣をつけるべきであるという考えもある．

　日本学校保健会がまとめた『平成 16 年度　児童生徒の健康状態サーベイランス事業報告書』によると，朝食を「食べないほうが多い」と「ほとんど食べない」者が中学生で約 7％，高校生で約 9％である．食べない理由は「朝，起きるのが遅

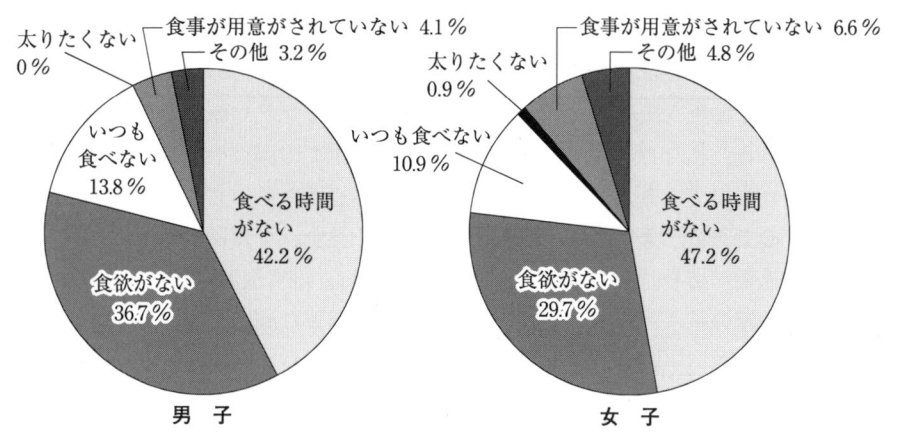

図 III-4 朝食を食べない理由（小学生・中学生・高校生合計）

［資料：日本学校保健会，平成16年度 児童生徒の健康状態サーベイランス事業報告書，2006より作成］

いので食べる時間がない」が男子で42.2％，女子で47.2％を示している．「食欲がない」が男子で36.7％，女子で29.7％を示し，「ふだんから朝は食事をしない」が男子で13.8％，女子で10.9％，「食事が用意されていない」が男子で4.1％，女子で6.6％を示している（図III-4）．

小松啓子氏が行った4000人の小学生に対する朝食に関する調査では，起床後5分以内に朝食を食べている者が，男子では33.2％，女子では29.4％で，起床後6〜10分以内に朝食を食べる者が男子では26.4％，女子では27.1％であることを明らかにしている．このことから，性別にかかわらず夜型の生活習慣が強く影響しており，現在の子どもたちの多くが，朝起きるとパジャマのまま，すぐに食卓に向かうというレールにのっているようである．小松氏は，このレールを敷いたのは母親である，すなわち，母親の行動にも朝食欠食問題を引き起こしている原因があると推測している．この原因は親ともども生活習慣の見直しが必要であることを示唆し，少なくとも1日一度は家族揃って食事をとることを積極的に取り入れるべきであると強調している保護者も多い．家族一緒に食事をとることは，現在問題となっている子どもの非行・暴力・いじめをはじめ，自殺・学習態度の改善に少しずつ効果があがるのではないかとも考えられている．

また，最近では小学生の女子から見られる やせの体形に対する憧れ，過度の肥満防止の傾向が適切な栄養素の摂取不足，朝食欠食にも結びついている[1]．

私たちが食事をする大きな目的の1つは，体の各器官が正常に機能するためのエ

ネルギー補給にあり，このエネルギー補給の主役がデンプンを含めた糖質である．特に，子どもの日常生活の行動や，健全な脳の働きのためにも朝食からのデンプンを含む糖質を摂取し，脳のエネルギー源であるブドウ糖を朝食から供給する必要がある．私たちの体内の脳，血液を含むすべての器官や細胞は休むことなく働いているので，そのエネルギーの基本となる適切な量のブドウ糖の摂取が必要となるのである．すなわち，朝食ばかりでなく昼食，夕食は規則正しく摂取することが重要である．1日3度の規則正しい食事は，日常生活のリズムを形成し，心と体の健康の基本となる．そのために，欠食が重要な問題となるのである．

朝食を食べない子どもが増えているのは，特定の地域の問題ではなく全国的に広がっており，全国的に朝食欠食の改善に向けて努力が実施されている．どうしたら朝食を食べることができるのか，あるいは食べないのはどうしてかを把握し，朝食欠食問題を解決しなければならない．

朝食欠食解決の一例…朝食ノート

毎日の食事を記録することは，比較的長続きしないものである．ある中学校では，学校栄養職員が「朝食ノート」の実践を考案し，朝食欠食の解決の効果をあげている．朝食ノートへの生徒の記入項目は，① メニュー，② メニューの中で体をつくる食品，③ 体の調子を整える食品，④ エネルギーとなる食品，⑤ 生徒から先生へのメッセージ，⑥ ノートの記録からの自分の反省などである．

この方法は学級活動として，学級担任とT・T（ティーム・ティーチング）で食に関する指導として行われている．

・学習活動
 ① 朝食アンケート結果を知る．
 ② 朝食を食べるとどんなよいことがあるかを考える．
 ③ 朝食の大切さを知る．
 ④ 栄養バランスのよい食事を知る．
 ⑤ 栄養バランスのよい食事を考え，発表する．
 ⑥ 朝食について考えたことを書き，発表する．

・授業実践の成果
 ① 朝食ノートの実践により，自分の朝食や食事内容を改善する意見がみられた．
 ② 学年当初に学級担任とのT・T授業により，生徒は栄養職員の授業を受け入れる姿勢ができ，担任による年間の給食指導が充実した．

③ 給食の残量が少なくなり，学級担任にも，食事の重要性を認識してもらう機会となる．
④ 朝食の栄養素の働きを考える意欲が高まった．
⑤ 朝食の大切さに気づき，毎日朝食を食べる習慣がついた．
⑥ 具体的に食事内容を考えることで，生徒自身が朝食を考え，準備することが難しくないことに気づいた．

「こ食」の問題

　「子どものひとり食べ」が問題として取り上げられるようになったのは，足立氏らが，1982年12月にNHK特集『こどもたちの食卓—なぜひとりで食べるの』で報道したのに反響があってからである．
　「こ食」には，

- 「孤食」＝ひとりで食べること（「ひとり食べ」）．
- 「小食」＝食べる量が少ないこと．
- 「個食」＝自分（個人）の好きなものをおのおのが食べること．
- 「粉食」＝めん類やパン類など，粉を主原料とした主食となる食品を，好んで食べる現象のこと．
- 「固食」＝固定したもの，すなわち自分の好きな決まった食品しか食べないこと．

の5つがある．なお，近年では，「濃食（味の濃い食べ物を好んで食べること）」を加えて6つとする考えもある．
　足立氏らは日本，アメリカおよび韓国の小学校5・6年生の協力を得て，1人ひとりに朝・夕の食事風景をスケッチしてもらい，さらに食に関するアンケートにも答えてもらうという手法で調査した．このような調査から，日本の小学生には，次のような深刻な問題があること浮きぼりになった．

- ひとりぼっちの食卓
- 小食の子ども
- 間食の多い子ども
- からだの不調を訴える子ども
- 広がる子どもの生活習慣病[2)-4)]

- 精神の孤立化を深める子どもたち
- 食事の重要性に気づいていない親

　このような問題は「ひとり食べ」と深くかかわり，食生活のリズムの乱れをはじめ，食事内容の単純さ，心身の不健康状態が，不定愁訴などの精神の不安定や，常に体質が弱く風邪の症状をもっているなどの状況を子どもたちにもたらしている．
　1982年の調査から10年後の1991年の追跡調査では，「ひとり食べ」の比率が1982年の調査に比べて増加していることが明らかになった．特に，「ひとり食べ」が日常化している子どもの場合は，食事を家族と一緒にすることの思いや考え方，すなわち「共食」観が貧困であり，両親の共食観も貧困であることを明らかにしている．
　現在の大きな社会問題となっている子どもの非行，暴力，いじめなどの非社会的行動をもつ子どもたちが目立つのは，家庭での食卓にも原因があると推測できる．さらに，親と子どもの間のトラブル，虐待，殺人なども，本来の食卓の姿を経験しない親子の間のコミュニケーション不足が一因になっていると考えられる．
　1985年に厚生省（現在の厚生労働省）と農林水産省は『健康づくりのための食生活指針』を策定し，さらに1990年には『健康づくりのための食生活指針（対象特性別）』を策定した．特に，前者においては「一家団らんの食生活」をすすめ，「食事を家族の触れ合いに」とすることを示唆している．農林水産省は「新たな食文化の形成にむけて；90年代の食卓への提案」で，「家族や仲間が協力し合い，豊かで楽しい食卓づくりを心がけること」をよびかけている．これが，子どもたちへの食育の手法の1つであり，新しい時代を拓く心を育てるために必要な食育のねらいと考える．
　「ひとり食べ」の子どもがかかえる問題は大きく，次のようなことがあげられている．

- 家族との共食が少ない．
- 食欲が弱い．
- 献立の数が少ない（食卓には主菜や副菜の料理の数が少ない）．
- 朝食欠食が多い．
- 不定愁訴を訴える数が多い．
- 食事のマナーが身につかない．

子どもたちの「ひとり食べ」からは，「人権」が守られていない子どもが多いということをも推察されている．子どもの食べる権利を守るのは大人の責任である．共食の重要性は子どもだけの問題ではなく，青年，残業や単身赴任の中高年，一人暮らしの高齢者にもいえるが，核家族という第二次世界大戦後に広まった家族構成，集合住宅での生活にも問題があるといえよう．

　共食を進め，「人間らしい食」を確立しなければならない．人間の食事は，本来一人だけで食べるのでなく，他の人々と一緒に食べるのが基本なのである．次の時代を担う子どもたちは，健康はもちろんのこと，限りある資源の地球に生きる上で，「ひとり食べ」でなく，共食を通して，人と大切なものを分かち合う心の涵養こそが求められている．

　「いただきます」「ごちそうさま」をほとんど毎食いう子どもの家庭では，「食事をとても楽しみにしている」子どもの出現率が高いという日本栄養士会の調査がある．

間　食

　幼児期の身体活動や成長曲線を考えると，体重当たりのエネルギー必要量が多いにもかかわらず，消化吸収能力は未熟であるので，成人と同じように1日3食では必要量を供給できない．したがって，個人差はあるが，午前中と午後に間食を取り入れて，エネルギーやその他の重要な栄養素を補う必要がある．保育園児や幼稚園児には適切な間食が補われている．

　間食の回数には個人差があり，食欲，運動量などによって異なるが，1～2歳児は1日に2回，3歳児以上は1回，エネルギー量は1～2歳児で1日に必要な総エネルギー量の20％，3歳児以上では30％を目安とする．食品としては消化しやすく，胃内の滞留時間の短いものにし，水分，ビタミン類，ミネラル類の補給も忘れないようにする．東洋医学では，アレルギー体質の子どもにはなるべく菓子，果物などの甘いものを食べさせないようにするのがよいといわれているので，糖質としてはめん類やご飯ものがよい．水分は十分に供給すべきである．

　間食の時間は食事との間に2時間ほどの間隔をとり，幼児の胃の中に間食で食べたものはいつまでも滞留しない食品がよい．したがって，食物繊維の多いもの，バターを使ったクッキーやチョコレートのように脂肪の多いものは適当ではない．

　さらに，間食により食事のリズムを崩し，虫歯や肥満の原因とならない食品の

種類を選び，食べる量も考慮する．間食に際しては，落ち着いた楽しい雰囲気と精神的な充実感が必要である．

なお，幼児期の食品の供給量と食品構成の目安は表III-1, 2 のとおりである．

［成瀬宇平・中丸ちづ子］

表III-1 幼児期の給与目標栄養素量と食品構成

区分	エネルギー (kcal)	たんぱく質 (g)	カルシウム (mg)	鉄 (mg)	ビタミンA (IU)	レチノール (mg)	ビタミンB₁ (mg)	ビタミンB₂ (mg)	ビタミンC (mg)	動物性たんぱく質比	脂肪エネルギー比
幼児 (1～2歳)	1 200	35	500	7	1 000	300	0.5	0.6	45	40～50%	25～30%
幼児 (3～5歳)	1 500	45	500	8	1 000	300	0.6	0.8	50	40～50%	25～30%

区分	食品群 (g)														
	穀物	種実類	イモ類	砂糖類	菓子類	油脂類	豆類	果実類	緑黄色野菜	その他の野菜	きのこ類	海草類	調味嗜好品	魚介類	肉類	卵類	乳類	その他の食品
1	150	5	40	5	20	10	30	150	90	120	5	5	50	30	40	30	200	5
2	180	5	60	5	30	15	40	150	90	150	5	5	50	40	40	30	200	5

［健康・栄養情報研究会 編，第六次改定日本人の栄養所要量―食事摂取基準の活用，第一出版，2000］

表III-2 体重1kg当たりのエネルギーとたんぱく質量

年齢	エネルギー (kcal/kg/日)				たんぱく値 (g/kg/日)	
	生活活動強度					
	II(やや低い)		III(適度)			
	男	女	男	女	男	女
1～2歳	91.3	91.3	104.5	104.3	3.0	
3～5	82.3	79.3	94.5	91.5	2.7	
18～29	35.5	35.2	41.0	40.0	1.1	1.1

［健康・栄養情報研究会 編，第六次改定日本人の栄養所要量―食事摂取基準の活用，第一出版，2000］

文　献

1) 文部科学省（旧文部省），「学校保健統計調査報告書」
2) 坂本元子,「小児の生活習慣病の背景　食事」, 小児看護, **23**, pp. 295-299, 2000
3) 坂本元子,「子どもの成人病危険因子と食物摂取の動向」, 臨床栄養, **87**, pp. 32-38, 1995
4) 村田光範,「小児：小児の生活習慣病」, 最新医学, **57**, pp. 1369-1378, 2002
5) 中川八郎,『頭がよくなる栄養学』, 講談社, 1989
6) 成瀬宇平,『サイエンス食生活考』, 丸善, 1995
7) 足立巳幸,「食育と家族」(「楽園」抄録), 8-17, 2006, MOA 商事

②　偏食と軟食（柔食）

　偏食の定義ははっきりしていないが，一般には「一定の食べ物を嫌がって食べなく，ある特定の食べ物ばかりを食べる」ことと考えられている．平成7（1995）年度の母親を対象とした乳幼児の栄養調査によると，偏食のある幼児は24.9％で，約4人に1人が偏食の傾向があると考えられる．この場合，親が食べるべきと思っているものを食べないことや，親が食卓に用意したものを食べないことなどを，親が「偏食」ととらえているように思える．

　子どもばかりでなく，大人にも見られる現象であるが，本能や成長以外に経験，環境，その他の多くの要素によって食べ物を選ぶ好みや判断がついてくる．一般には，長期にわたって特定の食品や料理を食べ続けていると，健康障害を招くおそれがある．子どもの食べ物の好き嫌いは，「自我」の発達が関係しているといわれる．幼児の自我意識の発達は，食物についても好き嫌いの感情が出現する．自我意識の経験したことのない食品や好みに合わない食品に対する自己防衛の表現の1つでもある．これを偏食であるかどうかを判断するのは容易でない．特に最近問題になっている魚離れ，ハンバーガーのようなファーストフードを好む傾向に対しては適切な対処が必要となる．偏食を直すためには，食事中に厳しく叱りすぎて，食卓での食べる楽しみを失わせないように配慮すべきである．一方，子どもの好みを優先し，好きなものしか食卓に出さなかったり，おやつばかり食べさせて，食事の時間に食欲がなかったりするのは偏食を助長するものとなる．

　心理的発達過程で好奇心が芽生えたり，自立していく家庭での反抗心や自尊心が芽生えると，これらの要因は食生活にも影響を及ぼす．離乳期から幼児期に，心や舌（味覚器官）に学習された食生活のあり方や味覚形成などの刷り込みは，一生消えることがないので，幼児期の食生活や経験は子どもの食生活のあり方に影響を及ぼす．

軟食（柔食）

　昨今，子どもの咀嚼力の低下が指摘されている．厚生労働省では，80歳までは20本の健康な歯を保つことを目指している．近年は，歯の健康にはマイナス1歳からの教育ともいわれている．すなわち，胎児の時期から母親は子どもの健康に考慮した食事をすべきであるということである．

　ところが，咀嚼時の筋力が低く，咬合力も低い傾向が見られる，嚙めない子ども，嚙まない子どもが増えている．そして，このような咀嚼力の低下している子どもは軟らかい食品や料理（軟食，あるいは柔食）を好んで食べる．さらに，嚙めない子どもは，食行動にも問題が見られている．食べようとするが，弁当を見たままで食事をすることもなく，食物を口に入れるたびに箸を置くなど，食事に対する積極性に欠けるなどの行動が見られる．また，日常生活にも問題があり，空腹感が欠けている，食事中にため息をつく，箸で食物をいじってしまうなどの行動も見られている．さらに，食事に対する意欲も欠け，食物を入れても嚙めず，飲み込むまで長時間を要する傾向が強いため，どうしても軟らかい食品を好むようになってしまう．

　咀嚼力の低下は，嚙むことによる唾液の健康効果，脳神経の活性化にも悪影響を及ぼす．このような軟食への嗜好，咀嚼力の低下を是正するためには，ジュース，スープなどの利用をやめ，できるだけ固形食品へ切り替える，野菜類などの食物繊維の多い食品の利用を多くするなど，積極的に咀嚼させるように努める．

　特にジュースなど清涼飲料水を飲み続けると，糖分のとり過ぎにより血糖値が高まり，空腹感のないことが続く．一方，繊維の多い野菜を嚙むことにより，顎の発達を助け，唾液の分泌を促進し，唾液のもつ健康効果も期待でき，嚙む能力も高まり，次第に食品のおいしさも判断でき，軟食の嗜好も解消できる．嚙むことは知的発達に重要な要素である．

　　　　　　　　　　　　　　　　　　　　　　　　　　［成瀬宇平・中丸ちづ子］

文　献
1) 平野直美・西川貴子・長瀬荘一，『子どもの「生きる力」を育てる食育ガイド』，明治図書，2006

③　理想的な食生活のパターンと心身の育成

健全な食生活

　食育基本法においては，日ごろ「健全な食生活」で過ごすことを示唆している．ここでいう「健全な食生活」とは，生活のリズムとして規則正しく食事をとるこ

と（すなわち，朝・昼・夕の食事を，1日のリズムとしてそれぞれに適した時間にきちんととること），栄養面（栄養素の種類・質・量）でのバランスがとれていること，安全・安心な食生活に配慮すること，無駄な食べ残しや廃棄量を少なくし環境やリサイクルにも配慮すること，食卓を囲んで家族が一緒に食事をすること（あるいは，友人，親戚などとも家庭で）などが望ましい食生活であり，健全な食生活に結びつくことを示唆している．

食生活指針

まず，昭和60（1985）年に，『健康づくりのための食生活指針』が国民の健康と温かい家庭での食生活を奨励するために提唱された．この指針が提唱された直後は，個人個人で食生活を見直すようすも見られ，塩分の摂取を控えること，肉の利用を控え，その代わりに動物性たんぱく質として魚を利用する傾向が見られたが，時間がたつにつれて忘れられてしまった．そこで，平成12（2000）年3月，新しい『食生活指針』が提唱された（表Ⅲ-3）．

表 Ⅲ-3 食生活指針（2000年3月）

食生活指針	食生活指針の実践
食事を楽しみましょう	・心とからだにおいしい食事を，味わって食べましょう． ・毎日の食事で，健康寿命をのばしましょう． ・家族の団らんや人との交流を大切に，また，食事づくりに参加しましょう．
1日の食事のリズムから健やかな生活リズムを	・朝食でいきいきした1日を始めましょう． ・夜食や間食はとりすぎないようにしましょう． ・飲酒はほどほどにしましょう．
主食，主菜，副菜を基本に，食事のバランスを	・多様な食品を組み合わせましょう． ・調理方法が偏らないようにしましょう． ・手づくりと外食や加工食品・調理食品を上手に組み合わせましょう．
ごはんなどの穀類をしっかりと	・穀類を毎食とって，糖質からのエネルギー摂取を適正に保ちましょう． ・日本の気候・風土に適している米などの穀類を利用しましょう．
野菜・果物，牛乳・乳製品，豆類，魚なども組み合わせて	・たっぷり野菜と毎日の果物で，ビタミン，ミネラル，食物繊維をとりましょう． ・牛乳・乳製品，緑黄色野菜，豆類，小魚などで，カルシウムを十分にとりましょう．
食塩や脂肪は控えめに	・塩辛い食品を控えめに，食塩は1日10g未満にしましょう． ・脂肪のとりすぎをやめ，動物，植物，魚由来の脂肪をバランスよくとりましょう． ・栄養成分表示を見て，食品や外食を選ぶ習慣を身につけましょう．

表 III-3　食生活指針（2000年3月）（つづき）

食生活指針	食生活指針の実践
適正体重を知り，日々の活動に見合った食事量を	・太ってきたかなと感じたら，体重を量りましょう。 ・普段から意識して身体を動かすようにしましょう。 ・美しさは健康から．無理な減量はやめましょう。 ・しっかり噛んで，ゆっくりたべましょう。
食文化や地域の産物を活かし，ときには新しい料理も	・地域の産物や旬の素材を使うとともに，行事食を取り入れながら，自然の恵みや四季の変化を楽しみましょう。 ・食文化を大切にして，日々の食生活に活かしましょう。 ・食材に関する知識や料理技術を身につけましょう。 ・ときには新しい料理をつくってみましょう。
調理や保存を上手にして無駄や廃棄を少なく	・買いすぎ，つくりすぎに注意して，食べ残しのない適量を心がけましょう。 ・賞味期限や消費期限を考えて利用しましょう。 ・定期的に冷蔵庫の中身や家庭内の食材を点検し，献立を工夫して食べましょう。
自分の食生活を見直してみましょう	・自分の健康目標をつくり，食生活を点検する習慣をもちましょう。 ・家族や仲間と，食生活を考えたり，話し合ったりしてみましょう。 ・学校や家庭で食生活の正しい理解や望ましい習慣を身につけましょう。 ・子どものころから，食生活を大切にしましょう。

［厚生労働省・農林水産省・文部科学省，食生活指針，2000］

　これは，最近の食生活の乱れが，国民の心身の健康に悪い影響を与え，また食物の扱い方や無駄の多さが国の食料問題にも影響していることから，文部科学省，厚生労働省，農林水産省の3省合同で検討し提唱したものである。この概略は幅広く現代の食に関する諸問題をとらえ，適切な食生活を営むようにさまざまな視点から問題を提起し，「自分の食生活を見つめ直す」という提案である。この指針策定の視点は，食生活の自立のための基本的知識の理解，健康を維持するための食物や栄養素の適正な摂取，資源の有効利用と無駄の削減，日本の健康的な食文化の新しい創造を含めた継承にある．

　特に，指針の最初に「食事を楽しむ」ことに視点がおかれているのは，家族が食事の団らんの場所とし，食事を楽しみ，家族間のコミュニケーションを密にすることを訴えている。現在，ほとんどの学校で「食育」の目標としている「朝食の重要性」は，1日の生活リズムの動機とするのに重要で，さらに生活の質を高め，学習意欲を向上させるのにも重要であることも提唱している。

栄養のバランスと食事摂取基準

　私たちの体は，生理的に毎日朝，昼，夕と3回の食事をとって身体を維持し，思考も正常に維持される．その中で各栄養素を過不足なく摂取し，体をつくり，健康を維持・増進し，生活習慣病を予防するために必要な分量が，『日本人の食事摂取基準』として厚生労働省から示されている．年齢別食事基準，ライフステージ別食事基準，栄養素摂取の評価（アセスメント）を目的とした食事基準，栄養計画（プランニング）を目的とした食事摂取基準の作成の参考とされている．栄養のバランスについての考え方として，「1日3回（朝，昼，夕の各食）とること」「バランスは1週間単位で考える」「いろいろなものを食べる」などがある．その進め方として，各食品の特徴を理解することがよく，そのために「3色食品群」「4つの基礎食品群」「6つの基礎食品」が提案されている（表Ⅲ-4①～③）．

表 Ⅲ-4①　3色食品群

赤	体をつくるたんぱく質の多い食品群	魚介類，肉類，卵類，牛乳，乳製品，大豆・大豆製品
緑	体の調子を整えるビタミン・ミネラルの多い食品群	野菜類，きのこ類，果物類
黄	体を動かすエネルギーの多い食品群	穀類，イモ類，油脂類

［平野直美・西川貴子・長瀬荘一，子どもの「生きる力」を育てる食育ガイド，明治図書，2006］

表 Ⅲ-4②　「4つの食品群」と主な特徴

	食品群	特徴
第1群	乳・乳製品，卵	乳類は哺乳類の仔の唯一の栄養源．卵はひなの完全な材料
♠	完全な栄養の揃った食品の意味で♠切り札のスペード	
第2群	魚介，肉，豆・豆製品	基本的な体成分である良質のたんぱく質源になる食品
♥	体をつくる良質たんぱく質の意味で♥ハート	
第3群	野菜（きのこ・海藻類を含む），イモ，果物	植物体でビタミンC，カロテン，食物繊維などが多い食品
♣	植物の意味で♣クローバ	
第4群	穀類，砂糖，油脂	主としてエネルギー源になる食品，分類できない食品
♦	大切なエネルギー源で余分は非常時用に貯える財産♦ダイヤ	

［香川芳子監修，五訂増補 食品成分表・2007，女子栄養大学出版部，2007］

III　子どもの食育から大人の食育への伝達事項

表 III-4③　6つの基礎食品

第1群	たんぱく質の多い食品群	魚介類，肉類，卵，大豆，豆腐，納豆など
第2群	カルシウムの多い食品群	牛乳，ヨーグルト，チーズ，小魚，海草など
第3群	緑黄色野菜類	ほうれん草，小松菜，春菊，ピーマン，ブロッコリー，人参，かぼちゃ，トマト，サヤインゲンなど
第4群	その他の野菜，きのこ類，果物	大根，玉ねぎ，白菜，キャベツ，きゅうり，レタス，なす，かぶ，しいたけ，しめじ，まいたけ，エリンギ，りんご，みかん，いちごなど
第5群	炭水化物の多い食品群	米，小麦粉，パン，うどん，そば，スパゲティ，イモ，砂糖など
第6群	脂質の多い食品群	サラダ油，バター，マーガリン，マヨネーズなど

［平野直美・西川貴子・長瀬荘一，子どもの「生きる力」を育てる食育ガイド，明治図書，2006］

食事バランスガイド

　厚生労働省と農林水産省は，「何を」「どれだけ」食べたらよいかの「バランスのとれた食生活の実現」のために，平成17（2005）年6月に，『食事バランスガイド』を公表した．すなわち，主食，主菜，副菜を組み合わせ，バランスのよい食事をとるというねらいで，コマの形をした食事バランスガイド（図III-5）を提案した．バランスが悪いとコマはスムーズに回転しなく，倒れてしまうということ

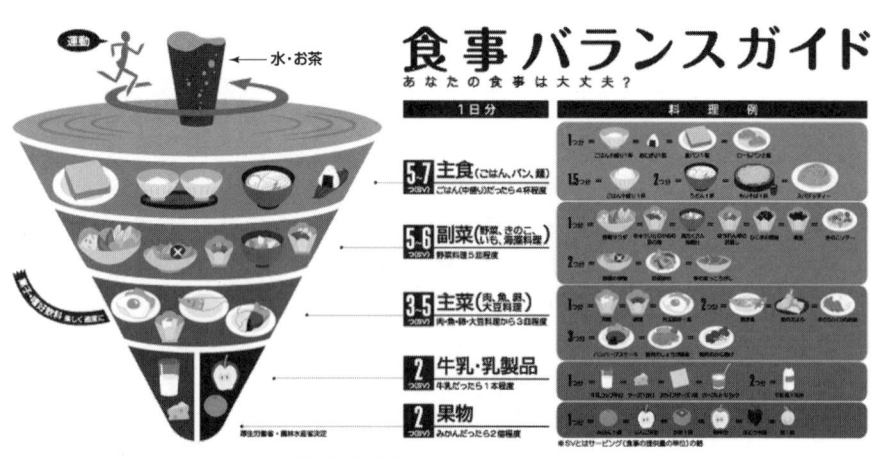

図 III-5　「食事バランスガイド」

［厚生労働省・農林水産省，2005］

を示している．具体的には，料理を「主食」「主菜」「副菜」「牛乳・乳製品」「果物」の5つに区分し，各料理区分から，1日「どれだけ」食べるかを1つ，2つ，あるいは1SV（サービング），2SVという単位で示している（表Ⅲ-5，図Ⅲ-6）．

[成瀬宇平・中丸ちづ子]

文　献

1) 坂本元子，「食育と家族」（「楽園」抄録），8-17，MOA商事
2) 西川貴子，『子どもの「生きる力」を育てる食育ガイド』，明治図書，2006

表Ⅲ-5　5つの料理区分における量的な基準考え方

料理区分名称	主材料(例)	主材料の量的な基準	1つ(SV)の例	1日にとる量 (つ(SV))[*1]	1日にとる量 日常的な表現	栄養学的な位置づけ
主食	ご飯，パン，めんなど	「ご飯100g」に相当する量の"物さし"として，炭水化物約40gに相当すること	市販のおにぎり1個分	5～7つ(SV)	ごはん中盛り（＝約1.5つ分）だったら4杯程度	炭水化物の供給源
副菜	野菜，きのこ，イモ，海藻	主材料の重量が約70gであること	野菜サラダや野菜の小鉢	5～6つ(SV)	野菜料理5皿程度	各種ビタミン，ミネラルおよび食物繊維の供給源
主菜	肉，魚，卵，大豆など	「鶏卵1個」に相当する量の"物さし"として，たんぱく質約6gに相当すること	目玉焼き(鶏卵1個)，納豆1カップ，冷や奴1皿(豆腐1/2丁)	3～6つ(SV)[*2]	肉・魚・卵・大豆料理から3皿程度	たんぱく質の供給源
牛乳・乳製品	牛乳・乳製品	「牛乳100mℓ」に相当する量の"物さし"として，カルシウム約100gに相当すること	牛乳コップ半分，ヨーグルト1カップ	2つ(SV)	牛乳だったら1本程度	カルシウムの供給源
果物	果物	主材料の重量が約100gであること	みかん1個	2つ(SV)	みかんだったら2個程度	ビタミンCやカリウムの供給源

[*1] 原則的に，主材料の量的基準の2/3以上から1.5未満を1つ（SV）とし，2つ（SV）以上は四捨五入で処理（1.5以上2.5未満→2つ（SV），2.5以上3.5未満→3つ（SV））する．
[*2] 主菜として脂質を多く含む料理を選択する場合は，脂質やエネルギーの過剰摂取を避ける意味から，上記の目安よりも少なめに選択する必要がある．

[吉池信男・林 芙美，日米における新しいフードガイド，栄養学雑誌，**64**-1，2006]

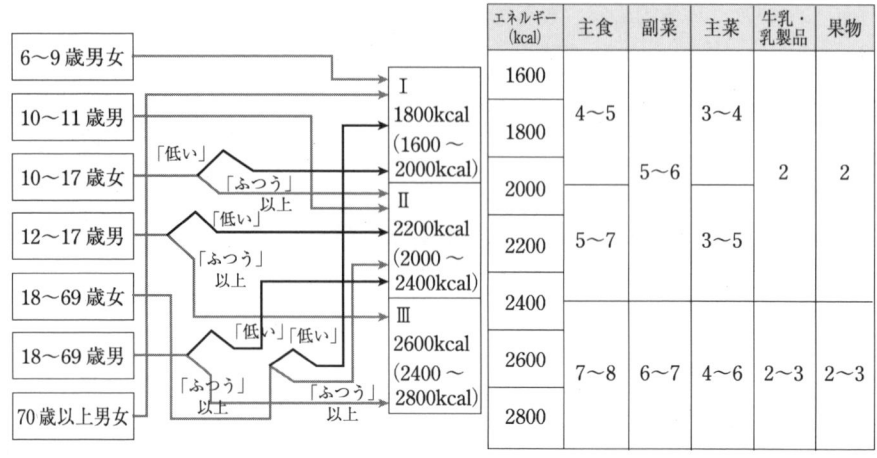

エネルギー(kcal)	主食	副菜	主菜	牛乳・乳製品	果物
1600	4～5	5～6	3～4	2	2
1800	4～5	5～6	3～4	2	2
2000	4～5	5～6	3～4	2	2
2200	5～7	5～6	3～5	2	2
2400	5～7	5～6	3～5	2	2
2600	7～8	6～7	4～6	2～3	2～3
2800	7～8	6～7	4～6	2～3	2～3

単位；つ(SV)

対象別区分：
- 6～9歳男女 → Ⅰ 1800kcal (1600～2000kcal)
- 10～11歳男 → Ⅰ 1800kcal (1600～2000kcal)
- 10～17歳女「低い」→ Ⅰ、「ふつう」以上 → Ⅱ
- 12～17歳男「低い」→ Ⅱ、「ふつう」以上 → Ⅲ
- 18～69歳女「低い」→ Ⅰ、「ふつう」以上 → Ⅱ
- 18～69歳男「低い」→ Ⅱ、「ふつう」以上 → Ⅲ
- 70歳以上男女

Ⅱ 2200kcal (2000～2400kcal)
Ⅲ 2600kcal (2400～2800kcal)

<身体活動レベルの見方>
「低い」＝1日のうち座っていることがほとんど，「ふつう」＝座り仕事が中心だが，歩行・軽いスポーツなどを5時間程度は行う．
さらに強い運動や労働を行っている人については，その内容や時間に応じて適宜調整が必要．

<肥満者の場合>
肥満（成人でBMI≧25）の場合には，体重変化を見ながら適宜，エネルギーの量を「1ランク(200kcal)」下げるなどの工夫が必要となる．

図Ⅲ-6 食事バランスガイドの基本形（2000～2400 kcal）と対象者に応じた「つ(SV)」の調整
[吉池信男・林 芙美，日米における新しいフードガイド，栄養学雑誌，64-1，2006]

④ 日常生活と学校生活との関係

　子どもの日常生活を食事を中心に考えると，朝起きて準備が終われば，朝食をとり，学校では昼食に給食または弁当を食べる．小学校では給食があり，この給食での食事は学年の年齢に応じて量や栄養的にバランスが考えられている．夕食は家庭で家族揃ってとることが理想的であるが，放課後にクラブ活動，学習塾やピアノ，スポーツなどの習い事のために，家族揃っての食事は難しいのが，家庭も学校も悩みの1つである．帰宅後の食事時間や食事内容の設定には各家庭で工夫はしているものの，既製の弁当などですませ，親がつくったいわゆる「手づくり料理」を省略してしまうこともある．さらに，家庭生活で問題なのは，親と同じ時間帯まで起きているため，朝寝坊し，朝食をとらないまま，学校へ向かう子どもたちも多いことである．そこで，学校では「朝食運動」をスローガンにかかげている．

朝食の必要性

　学校での「朝礼時に倒れる」か「気持ち悪くなる」，「不定愁訴が多く見られる」などが問題として大きく取り上げられた1980年代には，朝食欠食が原因であると考えられ，研究も行われた．原因の1つは，朝食欠食による「低体温」であるとわかり，「朝食しっかり運動」が広く展開されたことがあった．この展開も家庭生活の変化か，親の考え方に変化があったのか時間が経つにつれて，薄らいできた．しかし，「食教育」「食育」ということが重要であるということが，子どもたちの「心と体」の健康づくり，あるいは肥満をはじめとする生活習慣病の予防に必要であることが理解されてから，「早寝早起き朝ごはん」の運動が各学校で展開され，総合学習の時間に食育をテーマとした授業展開が進められるようになった．

家庭の協力

　現在の社会問題の1つである「いじめ」問題，家庭暴力の問題を解決するにも，食事の大切さが取り上げられるようになった．特に，家族揃っての食事は精神的・身体的健康の正常化，家族のコミュニケーションの正常化に寄与することが，生理的，心理的にも明らかにされてきている．特に，食事から摂取する各栄養素は身体の機能を正常化するばかりでなく，脳の働き，学習効果，精神的安定に大きく関与していることや，「なぜ1日3度の食事をとるのか」の意味も明らかになっている．

　このようなことから，1年の食事回数のほとんどを家庭でまかなう家庭の手づくり食事は，子どもの心と体の健康に重要なのである．ところが，朝食をとろうと子どもが食卓に向かっても，食事の準備がまったく行われていなく，結局，朝食抜きで学校へ向かう子どもも増えている．朝食の重要性は学校で発信しても，家庭での協力がなければ解決できない．学校・家庭・地域の連携は，「食育基本法」でも提案されている．これらの密接な関係は食事の問題の解決だけでなく，子どもに両親への感謝，地域への貢献，社会性，マナー教育にも関係してくるのである．

学校と家庭で取り上げたい「食育」

　手早く合理的に食事をすましてしまうことが，現代社会の食生活の傾向であるためか，ファーストフードやコンビニエンスストアの弁当類，調理ずみ惣菜，レトルト食品，加工食品の充実は，現在の食事情の象徴であるかのように見える．

しかし，便利さが重宝されている一方で，エネルギーの過剰摂取，脂質摂取量，食塩摂取量の増加が目立ち，その結果として，肥満をはじめとする生活習慣病患者が増加しており，さらには内臓脂肪型肥満にともなうメタボリックシンドロームの発症が警告されている．このようなことを考慮しながら，学校と家庭では次の点について食育のあり方を考えていく必要がある．

- 栄養素や栄養バランスを含めた食事の基本について
- 食材や食品の選択について（基礎食品群の特性や食事バランスガイドを参考に）
- 好ましい食習慣について（食事時間と生活のリズム，摂食障害，ダイエット志向による食事制限，過食による生活習慣病発症への注意）
- 一家団らんの食生活と楽しい食環境づくり
- 食事マナーと食べ方（「ばっかり食べ」「遊び食べ」「早食べ」「ゆっくり食べ」「おしゃべり食べ」など）の教育
- 行事，食文化，伝統文化などの伝承と地域への貢献
- 食経験と味覚の育成（家庭での料理への参加，手伝いの意味）
- 食生活と生活習慣病との関係
- 食事や食品と学習効果，情操の醸成について
- 食品の安全・安心（残留農薬，食品添加物，食品衛生，食品表示，異物や牛海綿状脳症（BSE）などの正しい知識）
- 日本の食糧資源と地産地消（食品ばかりでなく，電気・水・紙などにも無駄や浪費をなくす教育）
- 学校と家庭・地域の連携（子どもの教育は学校に押し付ける考えをただし，学校・家庭・地域で健全な子どもの育成に努力する）

和食としつけ

日本料理のマナーで「箸の持ち方，惣菜などの食べる順序，口への運び方」がうるさくいわれるのは，日本の食事は箸なしでは成立しないし，その人が美しく，上品に表現できるからである．昔は，家庭で，箸の持ち方，箸のあげおろしが厳しくしつけられたものであるが，家庭での和食の位置づけや箸の文化が薄らいでいるように見える．現在でも箸の使い方に関心があり，箸の使い方を注意している人は多いが，その一方，コンビニエンスストアやファーストフード店で，箸を使わなくても食べられるおにぎり，パン，スナックなどを，手にもって歩きなが

ら食べる人々も多く見られるようになった．

　箸の持ち方，使い方は，家庭での大切なしつけである．家では和食は利用していないといっても，社会においては，箸を使うことに頻繁に出会うから，基本の持ち方と使い方，そして美しく食べることを習得しておくべきである．5本の指で箸を持ち，食べ物を食べるという日常の行動は，脳の活性化にもつながることが注目されている．脂肪分の多い洋食や，彩りの単純な丼ものを食べるよりも，和食（それが一汁一菜でも）は主食，主菜，副菜のバランスがとれているから，マナーにもよく健康にもよいのである．

　食糧不足の原始時代や，古くからの宗教のうえでは食べ物は守護神からの贈りものであるとされ，それを食べるには秩序を守らなければならなかった．そこで，獲得した食べ物を集団のみんなにいきわたらせ，不平不満のないように分配するルールが必要であった．宗教上では神の贈り物であるから，平等に分配するためのルールとマナーを確立しなければならなかった．時間の経過とともに，食物のルールができ，食卓のルールとなったと考えられる． 　　　　［成瀬宇平・中丸ちづ子］

⑤　ファーストフードと健康

ファーストフードとは

　ファーストフード（fast food）とは，素早い調理とサーブ（serve；対応や給仕のできること）ができる食べ物と定義づけられよう．ファースト・サービス・フード，フィンガー・フードともいわれている．直訳すれば「早食い可能な食べ物」のことで，アメリカでつくられた食習慣である．スナックやコンビニエンスも同義語である．世界の若者に受け入れられ，外食産業の形をとるようになったが，食事の支度をするのを苦手とする一部の高齢者にも受け入れられ，さらにその味付けや気楽に食べられることから，子どもたちにも受け入れられている．この理由は，①　食生活の簡素化，②　両親が共働きの世帯の増加，③　女性の社会進出，④　生活の多忙化，⑤　旅行などレジャーの時間の増加，⑥　手軽に安く早く食べる習慣の増加，⑦　外食産業の多様化と増加などが考えられる．

　実は，日本でも古くから，ファーストフードに似たような形態の食文化は存在した．江戸時代には，ファーストフードの形として鮨，そば，天ぷらなどの立ち食い店や屋台があり，庶民の人気を集めていた．また，1960年代から1970年代にかけては，日本料理の立ち食いそば・うどん店，天丼の店，牛丼の店，回転寿司などが展開するに至った．

ただし，日本でこれほどまでにファーストフードが普及したきっかけをつくったのは，マクドナルド社（日本には 1971 年に進出）であろう．ハンバーガー，フライドポテトをはじめ油を使った手軽な食品は，油の味になれた日本の子どもや若者に，何の抵抗もなく受け入れられてしまった．その後，マクドナルド社以外のハンバーガーの店，ドーナツ専門店，フライドチキン専門店，ピザ専門店やデリバリーサービスまで展開した．

現在では，弁当類，TV ディナー，調理ずみ食品，惣菜など，もはや家庭にはまな板も包丁もなくても，食事の支度ができるのではないかといわれるようになった．この現象がなぜ，健康上あるいは家庭生活上，問題になっているかは，① 脂質の摂取量が増える，② 塩分の摂取過剰となりがちである，③ 野菜類の摂取が不足がちとなる，④ 食事を準備するに際し，家庭そのものが成り立っていないなどといった理由にまとめられよう．

ファーストフードの健康への悪影響

代表的なファーストフードとして，子どもたちの好きなハンバーガー，フライドチキン，カレーライス，スパゲティ，ピザがある．これらの食品には食肉，チーズ由来の脂質が含まれるうえに，調理時に植物油を使うなど，脂質含有量の多い食べ物である（図 III-7）．そのため脂質摂取量は多くなり，肥満，高脂血症，内臓

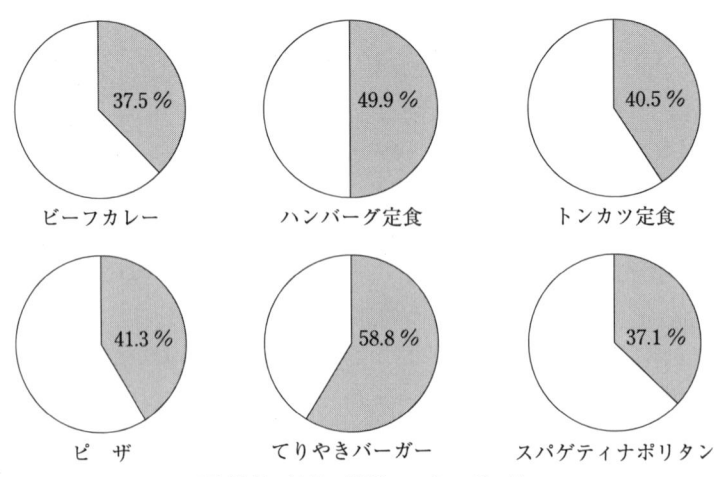

| ビーフカレー 37.5 % | ハンバーグ定食 49.9 % | トンカツ定食 40.5 % |
| ピザ 41.3 % | てりやきバーガー 58.8 % | スパゲティナポリタン 37.1 % |

図 III-7 料理の脂質のエネルギー比

［平野直美・西川貴子・長瀬荘一，子どもの「生きる力」を育てる食育ガイド，明治図書，2006］

脂肪の増加によるメタボリックシンドロームなどの要因となる．脂質の摂取量はファーストフードが展開され始めた1965年頃から急増し，1970年頃から1日1人当たり摂取量は55〜57g（油脂として15〜16g）となり，1950年の1日1人当たりの脂質摂取量（18g，油脂として2.6g）の3〜5倍近くに増えている（図Ⅲ-8）．

理想的食事のパターンとしての日本型食事では，エネルギー摂取源として穀物を主体にするのがよいといわれている．日本人の食事において，エネルギー摂取源が脂質主体になってきていることが，生活習慣病の要因の1つとなっていると指摘されていることを考慮すれば，ファーストフードの摂取は健康に悪影響を及ぼすことは明らかである．

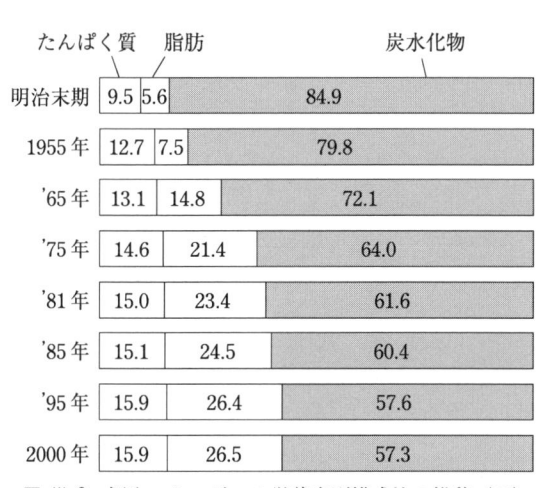

年	たんぱく質	脂肪	炭水化物
明治末期	9.5	5.6	84.9
1955年	12.7	7.5	79.8
'65年	13.1	14.8	72.1
'75年	14.6	21.4	64.0
'81年	15.0	23.4	61.6
'85年	15.1	24.5	60.4
'95年	15.9	26.4	57.6
2000年	15.9	26.5	57.3

図Ⅲ-8　摂取エネルギーの栄養素別構成比の推移（%）

［平野直美・西川貴子・長瀬荘一，子どもの「生きる力」を育てる食育ガイド，明治図書，2006］

第二次世界大戦後，欧米の食生活が日本人に浸透してからは，油脂の滑らかな食感を好む傾向が強くなった．その例としてあげられるのが，最近の若者に見られるマヨネーズ好きの「マヨラー」である．ご飯，おにぎり，焼きそば，お好み焼きばかりでなく，何にでもマヨネーズをかけて食べる人々が増えている．マヨネーズ100g当たりの成分を見ると，脂質含有量75.3g，エネルギー703kcalと高いので，マヨネーズを利用すれば脂質由来の摂取エネルギーは高くなるのは当然で，その結果，生活習慣病の発症と関連することは推察できる．小児の高コレステロール症は脂質の過剰摂取によるといわれる．特に，飽和脂肪酸の過剰摂取

はLDL-コレステロール血症を引き起こし，成人になってからの動脈硬化症，心筋梗塞，脳梗塞の発症へと結びつくことになる．

さらに，ファーストフードは，使われている食材の種類が少ない．特に，野菜類の使用量が少ないから，食物繊維，野菜由来のビタミン類やミネラル類の摂取量が少ないことも健康障害に関連する理由である．　　　　　〔成瀬宇平・中丸ちづ子〕

⑥　スローフードと健康

スローフードとは

　ファーストフードや調理ずみ食品などの，便利ですぐ食べられる状態になっており，また，手早く手に入る食品や料理に対して，家庭料理や伝統料理のように，時間をかけ手をかけてつくる食べ物のことをスローフードとよぶ．ただし，この「スロー」とは「速い」という意味の英語のfastに対する「遅い」という意味の英語のslowではない．

　スローフードとは，もともとはイタリアのピエモンテ州にあるNPO（Non-Profit Organization：非営利法人）スローフード協会の名称で，彼らが進めてきた運動である．その中身は，地域と地方の食文化と食の多様性を守り，それらに経済性と永続性をもたせることで，ファーストフードの画一化に対抗するものである．

　日本でスローフードという言葉が普及した背景には，バブル崩壊後，自分の周辺をゆっくり見直してみるというスローフードのコンセプトが，新しいライフスタイルとして提案されたことがある．ほかに，伝統的な食文化の危機を守ろうとしたこと，外食産業の発展により食の構造が変化し，食の便利性，味や栄養価，安全というよりも大量流通が盛んになり，画一化されてしまったことへの反省，食料自給率が低下し，輸入食品への依頼が多くなったこと，「食育」の提唱（バランスのとれた食事と生活習慣病の発症の予防），食品の安全・安心が求められていること，「地産地消」「身土不二（しんどふじ）」「環境保全型農業」「有機農産物」という言葉が盛んに使われることになったことなどがあげられる．

〔成瀬宇平・中丸ちづ子〕

地産地消，身土不二とは

　「地産地消」とは地場の産物を地場で消費することで，農林水産省が進めている政策である．これまで，各学校（保育園，幼稚園，小学校，中学校）では，実際

に地元の農家や酪農家，漁業組合などを訪問し，見学・体験学習などを行って，成果を収めているし，学校給食の材料として納品している農家や組合もあり，学校と地域の連携を保つ媒体ともなっている．また，農家，酪農家，漁業に携わっている人が，ゲスト・ティーチャー（GT）として子どもたちの教育に協力をしている地域もある．

「身土不二」とは，食べ物と体の健康とは切り離せないということで，韓国では流行語になっている．これに似た言葉が中国から来ている「医食同源」であろう．食べ方が正しければ，食物は健康によいということは昔からいわれているが，現代の食品の豊富さ，便利さは，かえって健康を害するものとなる場合もあるから，もう一度昔からの食物の価値を見直すということは，「食育」では非常に重要なことである．

スローフード運動の強調点

スローフード運動では，次のことが強調されている．

・伝統的な料理，質の高い人工的な手を加えない食品を守る
・安全・安心が認められる食材やそれらの生産者を守る
・消費者に，本当の美味しさや新鮮さを教える
・食品や食事，生産者に感謝の念をもつようにする　　　　［成瀬宇平・中丸ちづ子］

文　献
1) 金丸弘美,『本物を伝える日本のスローフード』, 岩波新書, 2003
2) 筑紫哲也,『スローライフ―緩急自在のすすめ』, 岩波新書, 2006

⑦　サプリメントと健康

サプリメントとは

サプリメント（supplement）とは，食事を補うもの，補助食品という意味に由来するもので，dietary supplement ともいわれる．1994年にアメリカで成立したDSHEA法の定義によると，サプリメントとは，ハーブ，ビタミン，ミネラル，アミノ酸などの栄養成分を1種以上含む栄養補助のための製品で，錠剤，カプセル，粉末，ソフトジェル，ジェルカプセル，液体などの通常食べ物以外のものとされている．日本では，サプリメントのほか，栄養補助食品，健康食品ともいわれ，医薬品以外で何らかの栄養素を補うもので，明確な食品の形状以外のものを

さしている．

　厚生労働省は平成13（2001）年にスタートした保健機能食品制度により，サプリメントを表示可能な内容に応じて個別に審査し許可する「特定保健用食品」，ならびに，ある一定の規格基準を定めて許可する「栄養機能食品」（1日に摂取が基準値以内にあるもの）に分けた．2001年4月以降，「栄養機能食品」と表示されているものは，成分自体の中身や品質が変わったわけではなく，1日の摂取量を定められた基準値以内に収めたため，名称が「栄養機能食品」となっただけである．保健機能食品制度により，市場に出回っているいわゆる「健康食品」のとり過ぎによる害を未然に防ぐために，政府はビタミン12種類とミネラル12種類に限り，1日の上限値と下限値を設け，その基準値以内におさまる製品を「栄養機能食品」とした（表Ⅲ-6 ①，②）．

表 Ⅲ-6 ① 栄養機能食品の栄養素の配合限度量（上限値・下限値）

	ビタミンA	ビタミンD	ビタミンE	ビタミンB₁	ビタミンB₂	ナイアシン
上限値	2000 IU	200 IU	150 mg	25 mg	12 mg	15 mg
下限値	600 IU	35 IU	3 mg	0.3 mg	0.4 mg	5 mg

	ビタミンB₆	葉酸	ビタミンB₁₂	ビオチン	パントテン酸	ビタミンC	カルシウム	鉄
上限値	10 mg	200 μg	60 μg	500 μg	30 mg	1000 mg	600 mg	10 mg
下限値	0.5 mg	70 μg	0.8 μg	10 μg	2 mg	35 mg	250 mg	4 mg

［厚生労働省告示第97号，2001］

表 Ⅲ-6 ② 栄養機能表示と注意喚起表示

名　称	栄養機能表示として認められる表示	注意喚起表示
ビタミンA（βカロチン）	ビタミンAは，夜間の視力の維持を助ける栄養素です．ビタミンAは，皮膚や粘膜の健康維持を助ける栄養素です．	●本品は，多量摂取により疾病が治癒したり，より健康が増進するものではありません．1日の摂取目安量を守ってください． ●妊娠3カ以内または妊娠を希望する女性は過剰摂取にならないよう注意してください．（ビタミンAのみ）
ビタミンD	ビタミンDは，腸管でのカルシウムの吸収を促進し，骨の形成を助ける栄養素です．	●本品は，多量摂取により疾病が治癒したり，より健康が増進するものではありません．1日の摂取目安量を守ってください．
ビタミンE	ビタミンEは，抗酸化作用により，体内の脂質を酸化から守り，細胞の健康維持を助ける栄養素です．	●本品は，多量摂取により疾病が治癒したり，より健康が増進するものではありません．1日の摂取目安量を守ってください．

表 III-6 ② 栄養機能表示と注意喚起表示（つづき）

名　称	栄養機能表示として認められる表示	注意喚起表示
ビタミンB_1	ビタミンB_1は，炭水化物からのエネルギーの産生と皮膚や粘膜の健康維持を助ける栄養素です．	●本品は，多量摂取により疾病が治癒したり，より健康が増進するものではありません．1日の摂取目安量を守ってください．
ビタミンB_2	ビタミンB_2は，皮膚や粘膜の健康維持を助ける栄養素です．	●本品は，多量摂取により疾病が治癒したり，より健康が増進するものではありません．1日の摂取目安量を守ってください．
ナイアシン	ナイアシンは，皮膚や粘膜の健康維持を助ける栄養素です．	●本品は，多量摂取により疾病が治癒したり，より健康が増進するものではありません．1日の摂取目安量を守ってください．
ビタミンB_6	ビタミンB_6は，たんぱく質からのエネルギーの産生と皮膚や粘膜の健康維持を助ける栄養素です．	●本品は，多量摂取により疾病が治癒したり，より健康が増進するものではありません．1日の摂取目安量を守ってください．
葉　酸	葉酸は，赤血球の形成を助ける栄養素です． 葉酸は，胎児の正常な発育に寄与する栄養素です．	●本品は，多量摂取により疾病が治癒したり，より健康が増進するものではありません．1日の摂取目安量を守ってください． ●本品は，胎児の正常な発育に寄与する栄養素ですが，多量摂取により胎児の発育がよくなるものではありません．
ビタミンB_{12}	ビタミンB_{12}は，赤血球の形成を助ける栄養素です．	●本品は，多量摂取により疾病が治癒したり，より健康が増進するものではありません．1日の摂取目安量を守ってください．
ビオチン	ビオチンは，皮膚や粘膜の健康維持を助ける栄養素です．	●本品は，多量摂取により疾病が治癒したり，より健康が増進するものではありません．1日の摂取目安量を守ってください．
パントテン酸	パントテン酸は，皮膚や粘膜の健康維持を助ける栄養素です．	●本品は，多量摂取により疾病が治癒したり，より健康が増進するものではありません．1日の摂取目安量を守ってください．
ビタミンC	ビタミンCは，皮膚や粘膜の健康維持を助けるとともに，抗酸化作用をもつ栄養素です．	●本品は，多量摂取により疾病が治癒したり，より健康が増進するものではありません．1日の摂取目安量を守ってください．
カルシウム	カルシウムは，骨や歯の形成に必要な栄養素です．	●本品は，多量摂取により疾病が治癒したり，より健康が増進するものではありません．1日の摂取目安量を守ってください．
鉄	鉄は赤血球をつくるのに必要な栄養素です．	●本品は，多量摂取により疾病が治癒したり，より健康が増進するものではありません．1日の摂取目安量を守ってください．

［厚生労働省告示第97号，2001］

特定保健用食品

通称「トクホ」といわれるものである．1991年に旧厚生省は，特定保健用食品制度をスタートした．2001年4月からは，前掲の保健機能食品制度が創設され，「トクホ」は「栄養機能食品」とともに「保健機能食品」の仲間入りをした．「トクホ」は単に食品の表示に関する制度で，食品そのものに対する許可ではない．ある食品を摂取することで特定の保健効果が期待できると認められる場合に，その食品に，たとえば「血清コレステロールを調節する」「おなかの調子を整える」などの表示ができることである．

サプリメントは必要か

毎日の食事で活動に必要なものを食べている人にとっては，サプリメントは必要なものではない．不規則な生活，ファーストフードや菓子などに頼っている人は，栄養のバランスのとれた食事をとっていないから，ある程度必要なサプリメントをとる必要がある．また，人間関係や環境のストレスにより体内の代謝が円滑に進行していない場合，特定な病気で，食事から必要な栄養素をとることのできない場合には，特にサプリメントが必要となる．健康で，通常の食生活を営んでいればサプリメントは必要でなく，むしろ規則正しく栄養のバランスのとれた食事をとることが重要である．

[成瀬宇平]

⑧ 子どものアレルギーと食物アレルギーへの対応

アレルギーとは

生体に危害を及ぼす異物，あるいは炎症刺激に対してしばしば過剰な免疫反応を起こし，その反応が組織の破壊や機能障害を起こすような場合をアレルギー（allergy）という．アレルギー反応にはアナフィラキシー型，細胞障害型，免疫複合型，細胞免疫型があり，急速な反応を示す場合と，ゆっくりと反応が進む場合がある．

環境がアレルギー疾患を左右することはよく知られている．日本の国全体の環境条件は，海に囲まれ湿気の多い国で，昔は木造建築が一般的であったが，第二次世界大戦後，日本の建築様式は欧米の建築様式を取り入れたため，湿気が逃げにくくなっている．また，食生活においても，魚介類やコメが中心であった食生活が崩れ，肉・バターなどを取り入れた欧米型の食生活になり，子どもたちも好むようになった．社会構造も変化し複雑になり，昼夜を問わず活動している社会

は，精神的にも肉体的にもストレスが多くなった．その結果，戦前にはなかったアレルギー疾患が増加し，肥満や生活習慣病などが問題となっている．私たちは，常に過酷な環境の中で生活をしており，この環境の中で健康を維持していかなければならない．

免疫とアレルギー

　私たちのまわりには，無数の細菌やウイルスなどの微生物が存在している．そのために，体の免疫力が低下すると，これらの微生物は次々と体内に侵入して，感染症を繰り返し，ついには生命が危険にさらされることもある．生体は，本来，細菌やウイルスなどの外部からの攻撃に対して身を守る防御機能をもっている．しかし，免疫反応は，外部の敵に対しての戦いになるため，戦場となる生体に何らかの損傷が生ずることがあり，その損傷が著しく大きく，生体に不都合が生じることになった場合をアレルギーとよんでいる．

　免疫反応は，生体に進入する抗原に対して抗体が反応して，生体防御機能を果たしているが，アレルギーにおいては，微生物などに対して防御機能を発する場合とは異なる抗体をつくる．このような場合の抗原となるものを，アレルゲン（アレルギー源）という．抗体は主としてたんぱく質から構成され，免疫グロブリンとよばれている．これにはいくつかの種類があり，特に，アレルギー源によって産生される抗体は，IgE抗体といわれる．IgE抗体は，特殊な細胞（マスト細胞）と結合している．この特殊な細胞は，アレルギー反応を起こしやすい皮膚や粘膜に数多く分布している．この特殊な細胞内には，アレルギー反応を起こすヒスタミンやロイコトリエンなどの物質が多く含まれている．これらの物質は神経伝達物質でもあり，血管，気管支，粘膜，神経，皮膚，消化管に作用し，さまざまなアレルギー症状を起こす．

さまざまなアレルギー疾患

　子どもの代表的アレルギー疾患にはアトピー性皮膚炎，アレルギー性鼻炎，気管支ぜんそくなどがある．

　アトピー性皮膚炎は，生後まもなく発症し，悪化したり，軽快したりを繰り返しながら慢性に経過するかゆみの強い湿疹病変で，アトピー性素因をもつ人に多く発症する皮膚疾患である．アトピー性皮膚炎には，皮膚がアレルギー反応の現場になり，アレルギーの原因物質のアレルゲンはダニ類が多い．また，外界から

の刺激から皮膚を守っているバリアの機能低下が原因となる場合もある．通常，皮膚から分泌される脂でできている薄い膜が，バリアとして働いている．正常に機能していないと，軽い刺激であっても，強い反応として現れる．

　ほこり，カビ・細菌，花粉などが原因となって起こるアレルギー反応の代表例が，アレルギー性鼻炎である．花粉が原因の花粉症がもっとも起こりやすい．花粉症は，花粉が飛散する季節に一致して症状が出るので，「季節性アレルギー性鼻炎」といわれている．気管支ぜんそくは，呼吸がしにくい状態が発作的に起こる病気で，ヒューヒュー，ゼーゼーというぜん鳴をともなう．気管支ぜんそくには，そのもととなる主なアレルゲンであるハウスダスト（家のほこり），ダニ，カビに接することにより起こる「アトピー型」と，空気の通り道である気道がウイルスに感染することが原因となる「感染型」，その両者の「混合型」などがある．

食物アレルギー

　食物の摂取により引き起こされる異常な免疫反応が食物アレルギーである．即時型反応（Ⅰ型アレルギー反応）によるものから，数時間あるいは1～2日してから症状の出る遅延，遅発型反応によるものまである．

　人間は，自然界に存在する動植物のうち，飲食に適するものを食物として経験的に選択してきた．これを調理，加工，摂食，消化することにより，生命活動に必要な成分，すなわち栄養素を摂取してきた．ここで，飲食に適した動植物とは，それを食べたとき，嗜好的に満足感が得られ，摂食し，消化，吸収が可能で，摂食後，急性的な消化器症状や神経症状を起こさないものである．

　食物とした動植物は，人間にとっては異種のたんぱく質から構成されているために，消化によりペプチドやアミノ酸のような小さな分子まで分解し，種としての固体性がなくなったレベルで吸収し，自分に必要な人体のたんぱく質へと再合成する．

　幼児期においては，消化機能が未発達である場合，あるいは何らかの原因で消化機能が低下していた場合，消化，吸収が不十分で，一部のたんぱく質が高分子のまま吸収されることがある．このような場合，生体はそれを異物として認識し，排除するための戦いが行われる．つまり，抗原に対して抗体をつくり，この反応により生体に損傷が起きた場合が，食物アレルギーとして現れる．このときの抗原，すなわちアレルギーの原因となった物質を，食餌性アレルゲンという．

食餌性アレルゲンとなりやすい食物

アレルゲンとなりやすい食物を連続的にとり続けると，多数の抗体ができ，アレルゲンとなる食物を再び摂取した場合に，アレルギー症状が出やすい状態となる．

幼児における代表的なアレルゲンは「卵・牛乳・小麦・大豆」である．これらの食品を使った加工品，嗜好品もアレルゲンとなる．すなわち，卵を使った料理，菓子類，マヨネーズなど，牛乳を原料としたバター，チーズ，ヨーグルト，乳酸飲料など，小麦が原料のめん類，パン，餃子やシュウマイの皮など，大豆を使った豆腐，納豆，湯葉，油揚げ，大豆油を使った揚げ物，いため物も対象となる．

「卵・牛乳・小麦・大豆」以外のアレルゲンとなる食物には，魚介類（マグロ・サバ・カツオ・ニシン・イカ・タコ・エビ・カキ・アサリなど），肉類（牛肉・豚肉・ハム・ソーセージなど），野菜類（タマネギ・ほうれん草・セロリ・レタス・ナス・タケノコ・ゴボウ・ヤマイモ・サトイモ・フキなど），果物（かんきつ類・イチゴ・リンゴ・メロン・桃・バナナ・プラムなど），ナッツ類（ピーナッツ・クルミ・ココナッツなど），穀類（ソバ・ライ麦・トウモロコシ・えん麦・大麦など），香辛料（コショウ・辛子・はっかなど）がある．

食物アレルギーの治療法

(1) 治療の基本は除去食

食物アレルギーの治療の基本は，アレルゲンを的確に診断したうえで，それを含まない料理・献立をつくる除去食物治療法，いわゆる「除去食」を行うことである．除去食を行う場合は，栄養学的・医学的な配慮ばかりでなく，患者や家族の理解度，社会的な受入れ態勢も考慮に入れることが重要である．

(2) 除去食を行うときの注意

小児期に食物アレルギーを起こしやすい食物は，乳幼児期から除去食を行うことが必要であるが，医師のアドバイスだけではなく，母親も除去食の必要性，離乳食の進め方や代替食についてなど，日誌をつけて，育児に注意をすることが大切である．

学校における食物アレルギーへの対応

日本における乳児期から学童期にかけてのアレルギー疾患の子どもたちは，約10％もいるとの報告がある．最近では，成人になってから食物アレルギーを発症する人もいる．

したがって，学校においても食物アレルギーの児童・生徒に向けた対応を図る必要がある．学校における食物アレルギーへの対応としては，以下のようなものがあげられる．

① 食物アレルギーの対応は，学校長を全体責任者とし，学級担任，養護教諭，栄養教諭（学校栄養職員），主治医，調理員，児童・保護者との綿密な関連がとれる組織をつくり，それぞれの役割分担を決めておく．
② 食材（原因食品）の管理，処理が誰でもわかるようにし，アレルギー対応としての除去食品，代替食品の調理をする人を決めておく．
③ 対応までの手順をきちんと決め，校長・学級担任・養護教諭・栄養教諭（学校栄養職員）での検討会は密に行う．さらに，調理員との連携は欠かさない．
④ 保護者との連絡帳に，必要なら児童の健康状態，献立の依頼なども記入してもらい，健康状態や，給食の内容についても個人対応が必要であれば行う．健康状態は個人によって，また，日によって異なるので，栄養教諭（学校栄養職員）は児童の健康状態や食欲などに気がついたら，校長・学級担任・養護教諭とも積極的に相談し，個人個人に見合った指導が必要である．[中村丁次]

文　献
1) 中村丁次,「子どもの食物アレルギー」, 月刊 学校給食, 12月号, 2006

2　学校での食育の家庭への伝達

小学校では主に給食の時間を中心に，学校栄養職員が担任教諭と連携・協力し，児童・生徒に対して，健康づくりや元気な1日を過ごすための食の大切さを指導するとともに，体育科（保健），家庭科において食品や健康などと関連する単元で指導したり，実習したりしている．また，総合的な学習の時間（総合学習）では社会科，道徳，理科，その他の教科と関連し，文化・伝統，郷土，産業などという視点から食と健康の授業も行われている．さらに，食と健康についての家庭との連絡は，授業を通した児童・生徒からの連絡と，「給食だより」「保健だより」を通して行い，学校での健康づくりの取組みについて理解してもらうための情報を提供している．また，家庭でも役に立つような食品や健康に関する情報も提供していた．

栄養教諭制度は平成16（2004）年にスタート，各校への配置は翌17年4月から

始まった．栄養教諭の職務は，食に関する指導と学校給食の管理に位置づけられた．

栄養教諭は，学級活動など学級担任と連携して行う指導や，教職員や家庭・地域と連携して行う指導の調整役，すなわち，食と健康に関する教育のコーディネーターとしての職務がある．学校給食の管理としては，献立作成などの栄養管理，調理作業における衛生管理，給食用の物資の調達・管理などがある．すなわち，児童・生徒が現在または将来成人になっても健康な生活ができるように，「食の自己管理能力」「望ましい食習慣」を身につけさせるように支援する職務がある．

食や健康の学習を進めるにあたっては，家庭と地域の連携が重要である．そのためには，学校長はじめ学級担任にも教科担任にも協力を求め，家庭と地域の連携を密にするための工夫，たとえば，PTAとの協力，地域の行事への参加，保健所など地方行政機関との協力，農業・酪農・漁業などの自営業者との協力を密にする必要がある．

[坂手久子・成瀬宇平]

① 食育に関する家庭と学校の役割

食育基本法では，「父母その他の保護者」と「子どもの教育，保育等を行う者」が子どもの食育において重要な役割を果たしていることを規定している．すなわち，食育基本法では家庭，学校の双方が食育について重要な役割を果たすことを示して認めているわけで，学校だけ，家庭だけという限られたものではなく，学校と家庭との連携を強調しているのである．

主婦の就業や生活様式の多様化にともない，現代の家庭の主婦は忙しく，調理にかける時間も短く，手間もあまりかけられないのが現状であるが，食育は学校だけで満足できるものではなく，家庭が中心になって行われるべきものである．すなわち，学校などで行う食育と呼応した形で家庭における食育を地道に行うことが必要となる．たとえば，学校で習った食事を家庭で家族と一緒につくる機会をもつとか，学校で学んだ栄養や食品の知識を基盤とした食品を家庭の食事にも取り入れるなどの試みも，食育の成果をあげる方法であろう．

[坂手久子・成瀬宇平]

② 健康と家族の役割

成長過程において幼児期は，発育・発達だけでなく，生涯にわたる望ましい生

活習慣，とりわけ食習慣を身につける大切な時期である．この時期の食生活の管理は主として母親にゆだねられており，その影響を大きく受ける．特に母親の意識などが子どもの栄養や食生活の状況に大きくかかわっている．また，食育においてもっとも問題になっている「朝食抜き」は，子ども自身の問題ばかりでなく，両親の問題もあるとみられる．たとえば，両親が夜遅くまで起きているので，朝早く起きることができず，そのために朝食の準備もしないで，床にいる状態で子どもを学校へ送るという親もいる．朝食が1日の活動の原動力となり，学校生活の活力でもあるといわれているのに，親の問題となる生活リズムが原因で，子どもの学校生活に悪影響を及ぼしている例は多い．

また，幼児期の食生活の管理が悪く，幼児期の生活習慣病が深刻化している．とりわけ，思春期以降の肥満の発生に幼児肥満が深く関与している．その発症の要因は多種多様であるが，食事の手伝い体験や食体験の少なさが招く生活習慣の乱れ，食事の不規則さや偏りも要因となる．

大木氏らは，小児の生活習慣病のリスクの背景には食生活が関連しており，さらに子どもの食生活や食行動には，母親の食意識や食行動が関連していることを明らかにしている．その結果，子どもの「早食い」「だらだら食い」「食事が楽しみ」「固いものが苦手」という食行動と，肥満が関連していることを明らかにしている（図Ⅲ-9）．

最近の社会生活の変化にともない，子どもたちの生活習慣の乱れが，子どもたちの健康障害の要因としてあげられている．綾部氏らによると，就寝時刻が22〜

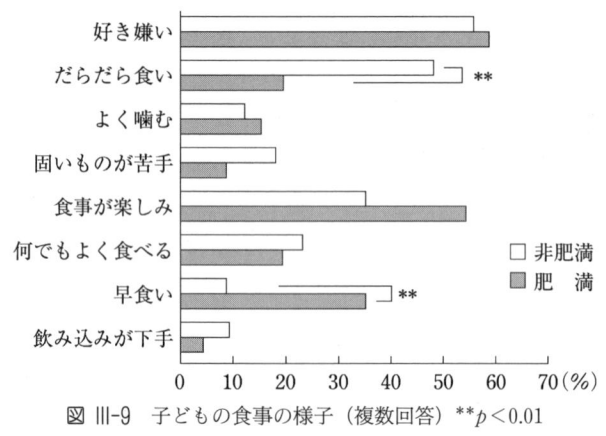

図 Ⅲ-9　子どもの食事の様子（複数回答）**$p<0.01$

［大木　薫・稲山貴代・坂本元子，栄養学雑誌，61巻，p.289-298 (2003)］

23時の幼児が12％，目覚めの悪い幼児が11％いると報告している．幼児期の睡眠時間の確保は，健やかな発育発達のために重要であり，朝の目覚めに影響している．特に，子どもたちの夜ふかしにはさまざまな問題点が指摘されている．その一例として，睡眠時間の不足は朝のインスリン分泌の低下をもたらし，糖尿病や肥満，免疫低下に関連する可能性をもつと指摘されている．また，夜ふかしは，子どもの夜間時における成長に必要なホルモンであるメラトニンの分泌の低下を招き，覚醒や平常心をつかさどるセロトニン神経の活性化にも影響することが指摘されている．睡眠時の自律神経系や内分泌系の作用は，単なる休息ではなく，健やかな心身の発育に不可欠であり，疾病予防にも重要な役割を担っている．

どこの学校でも，食育の基本目的として「早寝早起き朝ごはん」をスローガンとしているのは，基本的な生活習慣が心身の健康，学習意欲の向上と深い関係があるからである． ［坂手久子・成瀬宇平］

③ 一家団らんの食生活と健康

『食生活指針』では「一家団らんの食生活」をすすめている．その理由は，食生活の乱れが，心身の健康に悪影響を及ぼしているからである．子どもたちは手軽に求められ，食べやすく，脂質の多い食品，たとえばハンバーガー，カレーライス，フライドチキン，ピザなどが好きである．新陳代謝が旺盛で，活動量も多い子どもたちにとっては，脂質の多い食べ物はエネルギー源として重要かもしれないが，肥満や高脂血症など生活習慣病の原因となる食事でもある．次世代を担う子どもたちにとっては危険因子の多い食べ物といえる．さらに，甘い菓子類も脳の活性化には必要かもしれないが，過剰にとれば体内で脂肪に変化し肥満の原因となる．

家族揃って食事をするということは，そこに会話が成り立ち，親と子の触れ合いの機会が増える．現在問題となっている「家庭内暴力」の原因は，親と子のコミュニケーションがとれていない場合に多く見られる．社会の仕組みが多様化し，親も子も忙しい時代となっているが，その中で，親子のコミュニケーションがとりやすい時間は朝食か夕食である．p.55で紹介したような孤食，個食といわれる異常な食生活では，親子のコミュニケーションが十分ではなく，子どもの心身の健康な発達・成長に影響する．

家庭での食事は外食やファーストフードとは違い，栄養のバランスが整った食事を通して，食事のマナー，好ましい食習慣も学びとることができる．さらに，

家庭での楽しい環境での食事は，家庭内暴力，キレやすい行動，不登校，悪質なイジメと無縁にしてくれることも指摘されている．

家庭で，家族揃って「食べること」「食事をつくること」に対し，真剣に取り組むことは，生きる力や強い生命力を育む基礎となることを認識すべきである．

[坂手久子・成瀬宇平]

④ 家庭生活への子どもの参画・親の役割

食育のスタートは，家族がそれぞれ，役割分担を担い，家族全員が食事づくりに参加することであると指摘されている．

食事をつくる人（多くは母親）の役割
- 料理は，家族みんなで取り組む雰囲気をつくる
- 食卓に並んでいる料理に関する情報を提供する
- できるだけ子どもの参加を求める
- 料理は楽しく，健康や食品に関する情報を提供・提案しながらつくる

父親の役割
- 外で得た情報を提供し，楽しい食卓の雰囲気をつくる
- できるだけ，食事の手伝いもする（家族に任せきりにしない）
- 食生活の基本，生活習慣病の予防に気をつける

子どもの役割
- 食事づくり，買い物などに積極的に参加する
- 料理や食品についての情報を提供する（学校給食のメニューなどを提供）
- 食品や料理から科学的に疑問となることを調べる

[坂手久子・成瀬宇平]

⑤ 食事のマナーの習得と社会性の習得

食事のマナーは，箸を使う和食のマナー，フォーク・ナイフを使う西洋料理のマナーなど，食事によって違いがある．

特に，食育に関しては和食のマナーが問われている．和食のマナーは「箸に始まり，箸で終わる」といわれるように，日本人の食事は箸なしでは成り立たないといっても過言ではない．ところが，現実には箸の正しい使い方のできない児童・生徒ばかりでなく，成人も増えている．正しい箸の持ち方を覚えるには，子どものときからの親や兄弟からの厳しい教えが必要である．和食を食べるときの

マナーについては，最近，正しい箸の使い方を意識している人が少なくなっていると指摘されている．昔は，箸の使い方は厳しくしつけられたものであるが，厳しくしつける人も少なくなったともいえる．

箸の使い方は，5本の指を動かすことが基本である．5本の指を動かすことは，脳の活性化にもつながると注目されている．このことから，和食は脂肪分が少なく，多種多様な食材を使うため，食物繊維も十分にとれ，健康によい料理であるといわれているが，さらに箸を使うため脳の働きにもよいといえる．

飯椀は左，汁椀は右におくのが，日本の伝統的配膳の形である．これは，飯椀を左に持ち，右手に箸を持って姿勢をまっすぐにしてご飯を食べる形である．そしてご飯を食べる合間に菜（おかず）を食べる．ご飯の食べ方については懐石料理の作法に由来するが，ご飯，汁，おかずを一口ずつ食べ，同じものばかり続けて食べる「ばっかり食べ」は，和食のマナーでは行儀が悪い．洋食や中華ではそのような順序もない．むしろ，洋食のコース料理では「ばっかり食べ」がマナーとなっているので，それぞれの国で食事のマナーは違うといえる．

どのような料理でも，美しく食べるマナーを身につけることと，「いただきます」「ごちそうさま」を言い，食事や食べ物に「感謝」の心をもって食べることができるようにするのは食育の基本方針でもある． ［坂手久子・成瀬宇平］

⑥ 日常生活と学習の習得

私たちの生活のリズムは食事の時間と食事の内容によってつくられている．生活のリズムが整うことにより，心身の健康を維持・増進できるのである．

生活のリズムには，血糖値の働き，ホルモンの働き，神経伝達物質の作用などがかかわっており，さまざまな生理活性物質の働きや，それの源となっている食事や食品についても，基本的な成分やその機能性を理解しなければならない．

また，私たちの生活には行事やしきたりがあり，それにともなって，行事食や郷土料理，あるいは通過儀礼にともなう特別な食事もある．日常の生活ばかりでなく，行事や郷土料理，通過儀礼には昔からの伝統的意味があるのであるから，これらを大切にし，日本の過去，現在，未来について食事の面から学習するのも，食育の意味では重要課題となっている． ［坂手久子・成瀬宇平］

3 バランス食のレシピ例

① ごはん・牛乳・豚キムチ・中華サラダ・かにたま汁

図 III-10 レシピ例①

PFC
たんぱく質
炭水化物　　脂質
（基準値）
たんぱく質：18％　16％
脂　　質：27％　29％
炭水化物：55％　55％

豚キムチ

材料：豚スライス　50g
　　　ショウガ　1g　　いりごま　2g
　　　しょうゆ　1g　　しょうゆ　2g
　　　酒　2g　　　　　酒　1g
　　　豆板醬　0.3g　　ごま油　1g
　　　キャベツ　44g　　ニラ　12g
　　　キムチ　15g

つくり方：① 豚肉はショウガ，酒，しょうゆで下味をつける．
　　　　　② キャベツ，ニラは1cmの長さに切りキムチも同じくらいの大きさに切る．
　　　　　③ 釜にごま油を入れ①をいため②を入れさらにいため豆板醬，しょうゆ，酒を入れ，いりごまで仕上げる．

中華サラダ

材料：海草ミックス　2g
　　　モヤシ　10g
　　　キュウリ　15g
　　　中華ドレッシング　5g

つくり方：① ボールで海草ミックスをもどす．
　　　　　② モヤシはよく洗いさっとゆでる．
　　　　　③ キュウリは小口切りにしてさっとゆでる．
　　　　　④ ①②③をあえる．

かにたま汁

材料：かにかま　15g
　　　エノキタケ　12g
　　　長ネギ　11g
　　　青菜　11g
　　　たまご　22g　塩　0.4g
　　　片栗粉　0.5g　しょうゆ　2g
　　　厚削り　2g

つくり方：① 釜に水を入れ厚削りで出汁をとる．
　　　　　② エノキ，青菜は適当な大きさに切る．
　　　　　③ 長ネギは小口切りにする．
　　　　　④ たまごは，ボールに解きほぐしておく．
　　　　　⑤ 片栗粉をボールに解いておく．
　　　　　⑥ ①にかにかま，②を入れ塩，しょうゆで味をつけ，③④を入れ⑤でとじる．

② パン・牛乳・まぐろの香草焼き・ブロッコリーのニンニクソテー・コーンスープ

PFC
たんぱく質

炭水化物　　　脂質
（基準値）
たんぱく質：17％　16％
脂　　質：28％　29％
炭水化物：55％　55％

図 III-11　レシピ例②

まぐろの香草焼き

材料：まぐろ切り身　60g 　　　酒　1g 　　　塩　適量 　　　こしょう　適量 　　　香草ミックス　10g 　　　オリーブオイル　3g 　　　焼き油　2g	つくり方：① まぐろ切り身に酒をふりかける． 　　　　　② 塩・こしょうで下味をする． 　　　　　③ 香草ミックスにオリーブオイルを入れ撹拌してなじませまぐろにからめる． 　　　　　④ 鉄板に焼き油を薄くのばし③を並べる． 　　　　　⑤ 120度のオーブンで10分焼く．

ブロッコリーのニンニクソテー

材料：ブロッコリー　35g 　　　シメジ　10g　　ベーコン　6g 　　　ニンニク　1g　　オリーブ油　1g 　　　白ワイン　1g　　しょうゆ　1g	つくり方：① ブロッコリーはよく洗い，ゆでる． 　　　　　② シメジは洗い適当な大きさに切る． 　　　　　③ ベーコンは1cmくらいの長さに切る． 　　　　　④ ニンニクをいため①②③を入れ味をつける．

コーンスープ

材料：タマネギ　48g 　　　鶏肉　10g　　小麦粉　11g 　　　ホールコーン　20g 　　　クリームコーン　30g 　　　牛乳　50g　　こしょう　適量 　　　パセリ　0.6g　　バター　2g 　　　ガラスープ　3g　　塩　1g	つくり方：① タマネギはさいころ切りにする． 　　　　　② 鶏肉は小さ目の角切りにする． 　　　　　③ パセリはみじん切りにする． 　　　　　④ 釜にバターを入れ小麦粉，牛乳，ガラスープでルーをつくっておく． 　　　　　⑤ ①②とコーンを別釜で煮込み④に移して，煮込み③を入れ塩で味をととのえる．

③ 手巻き寿司（イカ・厚焼き・キュウリ・たくあん・梅びしお）・牛乳・すまし汁

PFC
たんぱく質

炭水化物　　　　脂質
（基準値）
たんぱく質：15％　16％
脂　　質：28％　29％
炭水化物：57％　55％

図 Ⅲ-12　レシピ例③

手巻き寿司の材料

材料：イカスティック　40g 　　　厚焼きたまご　30g 　　　しょうゆパック　5g 　　　キュウリ　30g 　　　たくあん　20g 　　　梅びしお　10g　手巻きのり　5g 　　　揚げ油　3g	つくり方：① イカスティックを揚げる． 　　　　　② 厚焼きをボイルする． 　　　　　③ キュウリは棒状に切り，さっとゆでる．

すまし汁

材料：はんぺん　15g 　　　ホウレンソウ　12g 　　　長ネギ　11g 　　　生シイタケ　1g 　　　ワカメ　1g 　　　はるさめ　0.1g 　　　厚削り　2g 　　　塩　0.5g 　　　しょうゆ　1g	つくり方：① 釜に水を入れ厚削りで出汁をとる． 　　　　　② ホウレンソウはよく水洗いする．シイタケ，ホウレンソウとも1cmくらいの長さに切る． 　　　　　③ 長ネギは小口切りにする． 　　　　　④ ワカメ，はるさめは，水にもどし5mmくらいの長さに切る． 　　　　　⑤ ①に②③④を入れ，はんぺんを加えて調味する．ひと煮立ちしたらさらに味をととのえる．

④　アップルトースト・牛乳・スパゲティー・ブロッコリーサラダ

PFC
たんぱく質

炭水化物　　　　脂質
（基準値）
たんぱく質：16％　16％
脂　　質：30％　29％
炭水化物：54％　55％

図 III-13　レシピ例④

アップルトースト

材料：食パン　70g	つくり方：① 食パンにマーガリンをぬる．
リンゴ　30g	② リンゴをくし型のスライスに切る．
マーガリン　10g	③ ①にリンゴをのせオーブンに並べて焼く．
粉砂糖　5g	④ 焼きあがったら粉砂糖をふる．

スパゲティー

材料：スパゲティー　40g	つくり方：① 釜でスパゲティーをゆでる．
シーフードミックス　30g	② ベーコンは1cmの長さに切る．
ベーコン　10g　こしょう　少々	③ タマネギ，ニンジン，ピーマン，ニンニクは，スライスにする．
タマネギ　37g　塩　1g	
ニンジン　11g　セロリ　2g	④ セロリは細かく切る．
ピーマン　6g	⑤ 釜にオリーブ油を入れシーフードミックス，トマトを入れ②③④を入れて煮込む．
ニンニク　1g　トマト　10g	
マリナラソース　20g	
オリーブ油　1g	⑥ マリナラソース，ケチャップ，塩，こしょうを入れ味をととのえる．
ケチャップ　5g	

ブロッコリーサラダ

材料：ブロッコリー　40g	つくり方：① ブロッコリーをゆでる．
ホールコーン　10g	② ホールコーンをざるにあけ水気を切る．
ドレッシング　5g	③ ①と②を混ぜ合わせる．

⑤ ごはん・牛乳・麻婆豆腐・蒸しシュウマイ・野菜ソテー

図 III-14 レシピ例⑤

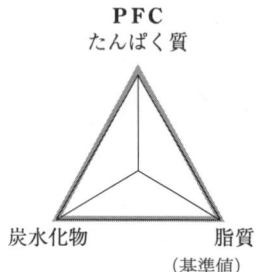

(基準値)
たんぱく質：17％　16％
脂　　質：28％　29％
炭水化物：55％　55％

麻婆豆腐

材料：押し豆腐　90g	つくり方：① 押し豆腐は大きめのさいの目に切る。
豚挽肉　20g	② シイタケは水でもどしさいの目に切る。
タケノコ水煮　10g	③ タケノコ，ニラ，長ネギは細かく刻んでおく。
干しシイタケ　1g	
ニラ　9g　　しょうゆ　4g	④ ショウガ，ニンニクは，みじん切りにする。
ショウガ　1g	⑤ 釜にごま油を入れ，④をいため挽肉をいためる。
ニンニク　0.6g	
長ネギ　10g	⑥ ②③を入れていためしょうゆ，砂糖，豆板醤，テンメンジャン，赤みそを入れ，最後に①を入れ弱火でくずれないように煮込む。
ごま油　1g　豆板醤　1g	
砂糖　1g	
片栗粉　1g	⑦ 水溶きの片栗粉を入れ，とろみをつける。
テンメンジャン　0.1g	
赤みそ　4g	

野菜ソテー

材料：モヤシ　40g	つくり方：① モヤシはよく洗い水切りをしておく。
キクラゲ　1g	② キクラゲをもどす。
ニンジン　5g	③ ニンジン，ハムは，短冊切りにする。
ハム　3g	④ 釜に油を入れ①②③を入れいためる。
塩　0.5g　　油　1g	⑤ 塩，こしょうをして味をととのえる。
こしょう　0.01g	

蒸しシュウマイ

材料：シュウマイ　60g（2個分）	つくり方：① 蒸し器に並べて，15分蒸す。

⑥ ごはん・牛乳・サバごま揚げ・春雨サラダ・豆腐とワカメのみそ汁

図 III-15 レシピ例⑥

PFC
たんぱく質
炭水化物　　脂質
（基準値）
たんぱく質：17％　16％
脂　　質：29％　29％
炭水化物：54％　55％

サバごま揚げ

材料：サバ切り身　60g 　　　酒　1g 　　　みりん　2g 　　　しょうゆ　2g 　　　ショウガ　1g 　　　片栗粉　4g 　　　白ごま　4g 　　　揚げ油　適宜	つくり方：① ショウガはよく洗い，すり下ろしておく． 　　　　② サバ切り身に酒，みりん，しょうゆ，ショウガで下味をする． 　　　　③ ②に片栗粉をまぶす． 　　　　④ 180度の油で③を揚げる． 　　　　⑤ 白ごまをふりかける．

春雨サラダ

材料：緑豆春雨　6g 　　　ロースハム　5g 　　　キクラゲ　1g 　　　ニンジン　3g 　　　中華ドレッシング　5g	つくり方：① 春雨とキクラゲをもどす． 　　　　② ロースハム，ニンジンはせん切りにする． 　　　　③ ①と②を湯に通す． 　　　　④ ③をあえ，ドレッシングを添える．

豆腐とワカメの味噌汁

材料：豆腐　30g 　　　ワカメ　1g 　　　長ネギ　11g 　　　白みそ　11g 　　　厚削り　2g	つくり方：① 釜に水を入れ厚削りで出汁をとる． 　　　　② ワカメをもどす．長ネギは小口切りにする． 　　　　③ 豆腐はさいの目にする． 　　　　④ 釜に①を入れ②③を入れ煮込み，最後にみそを入れる．

⑦ パン・牛乳・豚肉セロリのいため煮・粉ふきいも・キャベツベーコンスープ

図 Ⅲ-16 レシピ例⑦

PFC
たんぱく質
炭水化物　　　脂質
（基準値）
たんぱく質：17％　16％
脂　　質：28％　29％
炭水化物：55％　55％

豚肉とセロリのケチャップいため煮

材料：豚ももスライス　45g	つくり方：① 豚肉は，塩，こしょうで下味をする．
塩　0.5g　　こしょう　0.05g	② タマネギは，スライスにする．
タマネギ　33g	③ セロリは，斜め切りにする．
セロリ　8g	④ 釜にサラダ油を入れ①をいため，ワインを入れ②③を入れいためる．
サラダ油　0.5g	
ケチャップ　12g	⑤ ④に砂糖を入れ，カレー粉，ケチャップを入れ煮込む．
白ワイン　1g	
カレー粉　0.4g	⑥ 最後にバターを入れて味をととのえる．
砂糖　0.6g　　バター　1g	

粉ふきいも

材料：ジャガイモ　66g	つくり方：① ジャガイモは皮をむき四等分に切る．蒸し器でふかし，塩をふる．
塩	

キャベツとベーコンのスープ

材料：キャベツ　22g	つくり方：① キャベツは，短冊切りにする．
タマネギ　22g	② タマネギは，スライスにする．
ベーコン　4g　パセリ　1g	③ ベーコンは，1cmの長さに切る．
あさり水煮　5g	④ パセリは，みじん切りにする．
塩　0.8g　こしょう　0.02g	⑤ 釜に③とあさりを入れ①②ガラスープを入れ煮込む．塩，こしょうで味をととのえる．
ガラスープ　2g	

⑧　ごはん・牛乳・鶏のピーナツがらめ・みそ汁・ホウレンソウのじゃこあえ

PFC
たんぱく質

炭水化物　　　脂質

　　　　　　　　（基準値）
たんぱく質：16％　16％
　脂　　質：27％　29％
　炭水化物：57％　55％

図 Ⅲ-17　レシピ例⑧

鶏のピーナツがらめ

| 材料：鶏もも切り身　60g
　　　酒　2g
　　　片栗粉　6g
　　　揚げ油
　　　砂糖　3g
　　　しょうゆ　4g
　　　酒　1g
　　　刻みピーナツ　2g | つくり方：① 鶏肉を酒につけ下味をする．
　　　　　② ①に片栗粉をつけて揚げる．
　　　　　③ 砂糖，しょうゆ，酒を合わせる．
　　　　　④ ③に刻みピーナツを加え沸騰させ，たれをつくる．
　　　　　⑤ ②を④にからめる． |

ホウレンソウのじゃこあえ

| 材料：ホウレンソウ　45g
　　　ちりめんじゃこ　6g
　　　ぽん酢　5g
　　　刻みのり　1g | つくり方：① ホウレンソウはよく洗い，ゆでる．
　　　　　② ちりめんじゃこは，空いりをする．
　　　　　③ ①と②を混ぜる．
　　　　　④ ぽん酢と刻みのりを添える． |

みそ汁

| 材料：ダイコン　22g
　　　ニンジン　9g
　　　長ネギ　11g
　　　生揚げ　20g
　　　白みそ　11g
　　　厚削り　2g | つくり方：① 釜に水を入れ厚削りで出汁をとる．
　　　　　② ダイコン，ニンジンは，ひょうし切りにし，長ネギは斜め薄切りにする．
　　　　　③ 生揚げは薄めの長方形に切る．
　　　　　④ ①に②③を入れ煮込む．
　　　　　⑤ 最後にみそを入れ火を止める． |

［坂手久子］

IV 食の安全・安心の指導事項

1 食の安全・安心とは

① 食の安全・安心について

　昨今，O-157をはじめとして，BSEや輸入農産物における残留農薬問題，鳥インフルエンザ問題を背景に，「食の安全・安心」という言葉をよく耳にするようになった．「安全・安心」は食品にかかわる関係者が常に留意すべき点であるが，「安全」と「安心」が同列に安易に使用されるべきではない．「食の安全」とは，食品本来の機能以外に，健康に有害か，または，不都合な作用を及ぼさないことを，科学的，客観的な検証結果に基づいて判断することである．一方，「食の安心」とは，食品の使用者が感じる主観的要素により判断されるものである．このことから，食品の製造者など食品関連事業者は食品の安全を確保できるが，食品が安心か否かは食品の使用者が判断する事項であるといえる．
　以上のことから，最初に「食の安全」について，次に「食の安心」について説明する．

② 食の安全

　食育で重要な部分を占めるのは，「食の安全」であり，それを確保するために必要なことは，安全な食品を見分け食べることと，安全な食品により食生活全体の安全を確保し，健康を維持し安全な生活をすることの2つと考えられる．

安全な食品とは

　食品は原料が天然物や加工素材など多様な要素から構成されているため，安全性の観点から問題となっている物質と何らかの関係をもっている場合が多い．健康に悪影響をもたらす原因となる可能性のある食品中の物質，または食品の状態

表 IV-1　食品のハザード

要因	ハザード
生物学的要因	食中毒菌，ウイルス，寄生虫など
化学的要因	残留農薬，アレルギー物質，重金属など
物理的要因	異物，放射線照射など

を，食品のハザード（危害要因）という．ハザードには，食中毒菌，残留農薬，異物や，人の健康に悪影響を与え得る，食品自体に含まれる化学物質など，生物学的，化学的または物理的なものがある（表 IV-1）．

安全な食品とは，その食品中にハザードが存在しないか，またはハザードが存在しても，その結果として生ずる健康への悪影響が起きる可能性が低く，悪影響の程度（リスク）がきわめて低い場合といわれている．

安全な食品を見分けるためには，食品中に存在する可能性のある，食中毒菌やアレルギー物質などのハザードの知識と，ハザードが人体に与える影響の結果のリスクを推測できる知識をもつことが必要である．健康な生活を送るためには，食とそれに関係する知識の取得を食育の中で行うことが必要である．

食生活の安全

昨今の家庭の核家族化により，古くから伝わってきた食生活の知識が伝承されなくなっていることは，食生活の安全上大きな問題である．また，昔は食品が安全であるかどうかは，腐敗など外観で判断するだけでよかったが，近年では，BSEや遺伝子組換え原料など，消費者自身が判断することができないことが増えている．また，テレビなどで食品や健康に関しての情報量も多くなっており，その情報の正否の判断が難しくなっている．これら食生活の安全がわかりにくくなっているからこそ，安全確保のため，科学的知見に基づいた内容による食育が必要である．

③　安心な食品とは

食の安全性の意識

内閣府食品安全委員会が平成 15（2003）年 12 月に実施した食の安全性に関する意識調査で，食の安全性に対する関心について，自然災害，環境問題，犯罪，交通事故などの分野に比べても多く，全体の約 7 割の人が食の安全の分野に高い関心をもっていた（図 IV-1）．

また，食の安全に対する不安感についての調査では，9割の人が食の安全について何らかの不安を感じている（図 IV-2）．
　その不安を感じる理由の主なものは，「規格基準や表示などの規制が守られていないと感じるため」が43.4％ともっとも多く，次いで「規格基準や表示などの規制が不十分と感じるため」が20.7％であった．規格基準や表示が守られていなく，その規制が不十分であると感じている．これらは，ここ数年発生した，食の安全をめぐる問題の発生に対して，企業の姿勢や行政の対応に不信感をいだいて

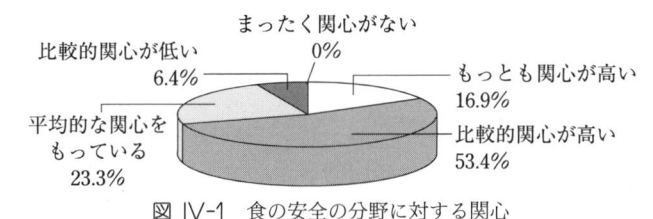

まったく関心がない 0%
比較的関心が低い 6.4%
もっとも関心が高い 16.9%
平均的な関心をもっている 23.3%
比較的関心が高い 53.4%

図 IV-1　食の安全の分野に対する関心
［食品安全委員会，食の安全性に関する意識調査，2003 より］

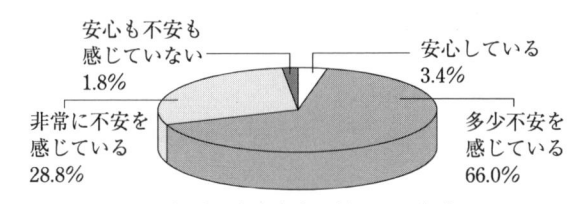

安心も不安も感じていない 1.8%
安心している 3.4%
非常に不安を感じている 28.8%
多少不安を感じている 66.0%

図 IV-2　食の安全に対する不安感
［食品安全委員会，食の安全性に関する意識調査，2003 より］

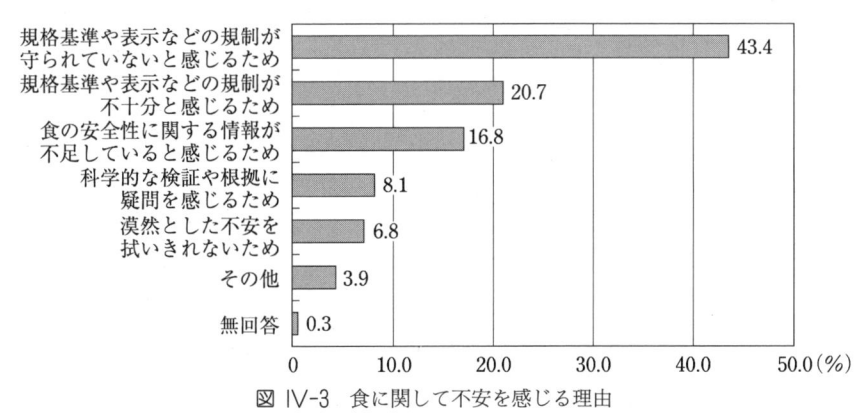

規格基準や表示などの規制が守られていないと感じるため　43.4
規格基準や表示などの規制が不十分と感じるため　20.7
食の安全性に関する情報が不足していると感じるため　16.8
科学的な検証や根拠に疑問を感じるため　8.1
漠然とした不安を拭いきれないため　6.8
その他　3.9
無回答　0.3

図 IV-3　食に関して不安を感じる理由
［食品安全委員会，食の安全性に関する意識調査，2003 より］

おり，不安感をつのらせていることがうかがえる（図IV-3）．

これらの不安感に対しての解消の方策の1つが，リスクコミニュケーションである．

④ リスクコミュニケーション

食品にはリスクが存在するという前提で消費者の健康を保護するために，ハザードにさらされる可能性がある場合，事後の後始末ではなく，可能な範囲で事故を未然に防ぎ，リスクを最小限にするためのプロセスが「リスク分析」といわれている．

リスク分析はリスク評価，リスク管理，リスクコミュニケーションの3つの要素からなっており，それぞれの要素は，可能な範囲で事故を未然に防ぎ，リスクを最小限にするというリスク分析の目的を果たすうえで重要な役割をもっている．食品中にリスクが存在することを前提に，これを科学的に評価し評価結果に基づいて，リスクを削減するための管理を政策的に行うことが求められている．これらの過程で関係者間の相互理解を深めることができる．

リスクコミュニケーションの活動としては，食品安全委員会や厚生労働省などの所轄官庁が，意見交換会や講演会，パブリックコメント（意見提出手続き）などを活発に実施しており，食品のリスクに対する啓蒙や，消費者の食品に対する不安の解消の手助けになっている．　　　　　　　　　　　　　　　　［中川則和］

2　農薬と健康障害

① 農薬の必要性

現在，日本のカロリーベースの食料自給率は40％といわれ，海外からの輸入に大きく依存している．しかし，中国，インド，ロシア，ブラジルなどの人口大国の急速な経済成長や地球の温暖化現象などから，日本がいつまでも安価で大量に輸入できる保障はないと思われる．したがって，食料自給率を向上させ，農産物の安全と安定供給を確保することは重要な課題となっている．

また，農作物は常に病害虫の危険性にさらされるとともに，生育の良し悪しは天候によっても大きく影響を受ける．日本植物防疫協会の調査（1993年）によると，無農薬栽培した場合の病害虫などの被害は，適正な農薬防除による栽培に比

較して畑作物は 40〜80％ の収穫量，桃やりんごはほとんど収穫できないという結果であった．したがって，農産物の生産性向上を図り，安定供給していくためには農薬を使わざるを得ないのが現状である．

農薬には，農作物の害虫駆除に用いる殺虫剤，植物病の防除に用いる殺菌剤，除草剤，植物成長調整剤，病害虫防除に利用する天敵（昆虫，昆虫ウイルス）などがある．日本でよく使用されている農薬は約 350 種，国際的に食用農作物に使用が許されている農薬は約 700 種ある．

② 農薬の歴史

物質により合成される農薬（以下化学農薬）が開発される以前は，除虫菊などの天然物や無機化合物などが農薬の主流であった．私たちが農薬といっている化学農薬は，1930 年代から欧米で開発が始められ，日本でも戦後，DDT，BHC，パラチオンなど多くの化学農薬が導入された．その結果，収穫量の増大や農作業の効率化に大きな役割を果たしてきた．

しかし，1962 年，アメリカの海洋生物学者レーチェル・カーソンの著書『沈黙の春』により，農薬による環境汚染問題に警鐘が鳴らされた．当時日本で使われていた農薬の中にも，人に対する毒性が強く，農薬使用中の事故（中毒事故や死亡事故など）が多発したもの，農作物に残留する性質（作物残留性）の高いもの，

表 IV-2　主な販売禁止・使用禁止農薬

農薬名	用途	登録年	失効年	備　　　考
ガンマ BHC	殺虫剤	昭和 24 年	昭和 46 年	残留性
DDT	殺虫剤	昭和 23 年	昭和 46 年	POPs 物質[注]
ディルドリン	殺虫剤	昭和 29 年	昭和 50 年	POPs 物質
パラチオン	殺虫剤	昭和 27 年	昭和 47 年	急性毒性が強く使用者の事故多発
水銀剤	殺菌剤	昭和 23 年	昭和 48 年	人体への毒性
ヒ酸鉛	殺虫剤	昭和 23 年	昭和 53 年	作物残留性
2,4,5-T	除草剤	昭和 39 年	昭和 50 年	催奇形性などの疑い
CNP	除草剤	昭和 40 年	平成 8 年	ダイオキシン含有

注　POPs 物質とは残留性有機汚染物質に関するストックホルム条約（2001 年）で製造・使用が禁止された化学物質で，人や環境への毒性，難分解性，生物濃縮性，長距離移動性の性質を有している．

［農林水産省ホームページ（http://www.maff.go.jp./nouyaku/kinshinouyaku-toha.htm）より抜粋］

土壌への残留性の高いものなどがあり，昭和40年代に社会問題となった．このため，昭和46 (1971) 年，農薬取締法が改正され，BHC, DDT, ディルドリン，パラチオンなどの残留性が高く，人に対する毒性の高い農薬は禁止された（表Ⅳ-2）．

その結果，農薬の低毒化と分解性が進み，また防除したい特定の害虫やカビなどの病原菌にだけ作用し，他の生物に作用しない農薬の開発や，化学農薬の使用を削減するための害虫の交信かく乱剤（性フェロモン）・天敵などの開発，普及が図られている．

また，環境保全型農業を推進する観点から，有機農産物（化学肥料・農薬の使用を避けたもの，平成13 (2001) 年有機JAS制度）や特別栽培農産物（慣行栽培より化学肥料・農薬を減らしたもの，平成15 (2003) 年農林水産省の特別栽培農産物に係る表示ガイドライン）なども定義され，表示できるようになった．

③ 農薬の安全性

農薬には生産性向上の反面，人や環境への悪影響を及ぼす有害性（リスク）があるため，農産物の安全性を確保するためには，このリスクを最小限にすることが重要である．

平成14 (2002) 年に，販売禁止農薬や無登録農薬が輸入・販売され，使用されていた事件や，中国産の冷凍野菜が相次いで残留農薬違反で摘発された事件があった．これらのことが背景となり，同年，農薬取締法が改正され，より厳しい罰則が農薬の製造・販売業者に適用された．さらに，農産物の生産者にも農薬を正しく使用しなかった場合の罰則規定が盛り込まれた（農薬使用者責任の明確化）．

また，平成15 (2003) 年には食品安全基本法の制定，食品衛生法の改正が行われた．食品安全基本法に基づいて発足した食品安全委員会では，農薬の安全性評価やリスク管理が行われている．食品衛生法の改正では，農産物そのものに対する残留農薬のポジティブリスト制度が導入され，よりいっそうの安全性向上が図られた．

現在，新たな農薬を製造（輸入）・販売するためには，農薬の登録制度（農薬取締法）に基づくいくつもの厳しい審査があり，病害虫などへの効果のほか，作物への害，人への毒性，作物への残留性など，考えられるほとんどすべての安全性評価試験が義務づけられている．

安全性評価試験には，主として使用者の安全のための急性毒性や眼に入ったり

皮膚についたりしたときの影響を見る刺激性などの試験のほか，作物への残留による消費者への影響を検討する慢性毒性，発がん性や，生殖能力に対する影響のある繁殖毒性，胎児に奇形をもたらす催奇形性，遺伝子に変異を起こさせる変異原性など，数カ月から2年以上を要する試験，また，動物，植物，土壌，水などでの分解性試験などを行うことが定められている．

　安全性審査をパスすると，その薬剤の効能が適切に発揮でき，農作物と人や動物，環境に影響を及ぼさない使い方（使用基準）が定められる．使用基準では，農作物に付着した農薬を摂取しても人の健康に影響がない量として，農作物ごとに農薬の残留基準値が定められている．残留基準値を超えないためには，試験で確かめられた一定の使用方法（使用時期，使用濃度，使用回数）を守ることが前提となる．

　このように，農薬の開発・登録・使用方法，農産物における残留農薬に関しては，消費者および農薬使用者への健康被害や環境への影響を防ぐため十分な安全対策が確保されていると考えてよい．

④ 水洗・調理による農薬の除去効果

　国内で生産される農産物からは，農薬が検出されないか，検出されてもごくわずかだが，さらに安心して野菜や果実を食べるために，「洗う」，「煮る」，「いためる」，「揚げる」，「皮をむく」などの方法で，農薬をどの程度落とせるかを実験した研究報告がある（日本食品化学会誌2巻2号（1995年），同3巻1号（1996年），同5巻1号（1998年））．これらの実験によると，皮をむくことが農薬の除去にもっとも効果的であった．調理法で除去効果の大きかったのは油で揚げることであり，次いでいためる，ゆでるの順であった．また，水洗いするだけでもある程度除去されることが確かめられている．　　　　　　　　　　　　　　　［木内　裕］

3　ポストハーベスト（Postharvest）とは

　栽培中に使用する農薬でなく，収穫後の農産物に病虫害を防止するために使用する農薬のことをポストハーベストという．

　ポストは「…の後」という意味で，ハーベストは「収穫，取入れ」を意味する．FAO（国連食糧農業機関）/WHO（世界保健機構）のCodex委員会（Codex Alimentarius Commission）では，農薬とは「生産，輸送，貯蔵の過程で使用さ

れる物質」といい，収穫後（輸送・貯蔵など）の使用をもうたっているが，日本ではポストハーベスト農薬としての規定がない．農薬の使用時期が，収穫前か後かということより，どの農薬がどのくらい残留しているかを重視しているのである．それが食品そのものの安全性に結びつくからである．収穫後に品質低下を防止するために使用される農薬，たとえば殺菌，防カビの目的であれば，収穫後の農産物は食品として定義されるので，農薬ではなく食品添加物として取り扱われる．その場合は表示が必要となるし，食品衛生法で認められていない添加物が使用されていれば販売禁止となる．また，農薬は農薬取締法で物質を定義している．

　日本ではポストハーベストの使用は原則的に禁止されていて，保管のための薫蒸剤以外は認められていないが，諸外国のほとんどが認めている．日本では輸入農産物に貯蔵穀物の害虫駆除のため，臭化メチルなどを使うことがあるが，国産農産物に薫蒸剤が使用されることはほとんどない．諸外国では，農産物の長期保管，または輸送中の病虫害からの品質低下を防止するため，殺虫剤，殺菌剤，防カビ剤など農薬を使用している．日本では，食品（農産物など）を外国から輸入に依存しているため残留は気になることだが，食の安全性については食品衛生法のポジティブリスト制度および食品添加物などで規制されているので，法体系上安心といえる．

　ポストハーベスト農薬が話題となる農産物として，野菜類（馬鈴薯，かぼちゃなど），穀物（小麦，とうもろこし，大豆，米など），果実類（バナナ，サクランボなど），柑橘類（レモンなど），ナッツ類などがある．また，有機農薬，無農薬農法の農産物を輸入した場合，輸送中の品質低下を防ぐため，ポストハーベスト農薬を使用したり，あるいは輸入後農薬薫蒸をしてしまうと，有機農薬などの意味がなくなってしまうので十分注意する必要がある．　　　　　　　　［花岡　豊］

4　食品添加物

　昔から人は食品の保存や味をよくしたりするために，肉や魚を燻製や塩漬けにして保存性を高めたりしていた．これらが食品に使用された添加物の始まりである．また，製造するときに必要不可欠なもの，たとえば豆腐をつくるときのにがりや，こんにゃくをつくるときに使う消石灰も食品添加物である．添加物がなければ，これらの食品をつくることはできない．

　近年，多種多様な加工食品が，加工技術の進歩により広域に流通するように

なった．広域に流通する加工食品には，多くの場合食品添加物が使用されているため，遠く海外でつくられた食品も手にすることができるようになり，私たちの食生活は豊かになった．しかし，ただこの利点を受け取るだけではなく，利用目的や使用基準なども十分に理解する必要がある．

① 食品添加物の分類

使用する目的による分類
 (1) 食品の製造加工のために必要な製造用剤（酵素，凝固剤など）
 (2) 外観や風味をよくするもの（着色料，甘味料，漂白剤，香料など）
 (3) 保存性をよくするもの（保存料，酸化防止剤，殺菌料など）
 (4) 栄養成分を強化する栄養強化剤（ビタミン，ミネラル，アミノ酸など）

食品衛生法による分類
 (1) 指定添加物
　　食品衛生法第10条に基づき，厚生労働大臣が定めたもの．
　　（食用赤色2号，ソルビン酸，サッカリンなど）364品目
 (2) 既存添加物
　　長い食経験のあるもので食品衛生法に既存添加物名簿として掲載されているもの．
　　（クチナシ色素，グアーガムなど）450品目
　　※ 使用実態がないものは削除されることがある．
 (3) 天然香料
　　食品に香りをつける目的の天然物で，天然香料基原物質リストにあるもの
　　（シンナモン，バニラ，ペパーミントなど）約600品目
 (4) 一般飲食物添加物
　　　一般に食品として飲食されているもので，添加物として使用されるもの．
　　　果汁や寒天のように食品であっても，着色や糊料の目的に使用されれば添加物と見なされて，添加物としての表示が必要になる．
　　（オレンジ色素，エタノール，寒天，コラーゲンなど）約100品目

② 食品添加物の使用基準

食品添加物には使用基準が定められているものがあり，使用基準に示された食

品以外には使用できないものや，使用できても，決められた量を超えて使用または残存してはならないものもある．

③ 食品添加物の種類

食品添加物は使用目的から，主なものとして次のようなものがある．

(1)	甘味料	(9)	乳化剤
(2)	着色料	(10)	酸味料
(3)	増粘剤，安定剤，ゲル化剤または糊料漂白剤	(11)	苦味料
		(12)	調味料
(4)	酸化防止剤	(13)	光沢剤
(5)	発色剤	(14)	栄養強化剤
(6)	漂白剤	(15)	ガムベース
(7)	防ばい剤または防カビ剤	(16)	香料
(8)	膨張剤	(17)	製造用剤

食品に使用した食品添加物は原則として物質名での表示が必要だが，上記(1)の甘味料から(7)の防ばい剤または防カビ剤までは，たとえば，「甘味料（サッカリンナトリウム）」「着色料（食用赤色2号）」のように物質名の外に用途名を併記する必要がある（図 IV-4）．

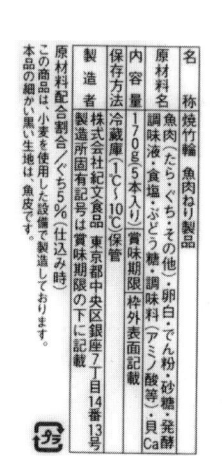

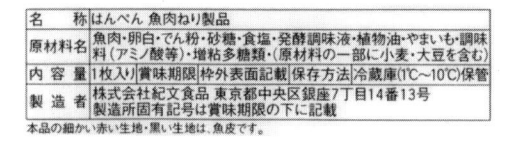

図 IV-4　実際の食品添加物の表示例

④ 食品添加物の表示の免除

食品添加物を使用していても，次の場合は表示が免除される．
(1) 栄養強化の目的で使用された場合
(2) 加工助剤
　1）最終食品の完成前に除去されるもの．
　2）食品に通常含まれる成分に変えられ，その成分の量を増加させないもの．
　3）最終食品にごくわずかの量しか存在せず，その成分による影響を食品に及ぼさないもの．
(3) キャリーオーバー
　　食品の原材料の製造または加工の過程で使用され，その食品の製造または加工の過程で使用されないものであって，最終食品に効果を発揮できる量より少ない場合．

⑤ 食品添加物の指定について

　食品添加物は毎日食べ続けていても安全なように，ラットやマウスなどの実験動物や微生物，培養細胞を用いた試験などを行い，安全性の確認をしている．
　試験の結果，有害な影響が現れない量（無毒性量）の範囲で最少量を求め，実験動物や個体差を考慮して，その1/100の量を一生とり続けても安全な量である1日摂取許容量（ADI）と決める．これに安全係数をかけ，人が食べる各種の食品の摂取量を考慮して使用対象食品とその最大使用量が決められる．このため，1日摂取許容量（ADI）よりかなり少ない量が，食品に使用できる量となる．
　また，指定された後に安全性の問題が生じた場合は，指定が取り消され使用できなくなる．

［関井利之］

5　遺伝子組換え食品とは

① 遺伝子とは

　人間の体は60兆個以上の細胞からできている．その細胞1つひとつの核に染色体があり，人間は23対，計46本の染色体を有している．染色体はたんぱく質とデオキシリボ核酸（DNA）から構成され，このDNAが遺伝子の本体である．

細胞の中にたくさんの遺伝子が入っており、人間では約3万〜4万個もの遺伝子があるといわれている。「背が高い」、「おいしい」、「収穫量が多い」といった生物の形や特徴を決めているのが遺伝子であり、親から子に引き継がれる。おいしい遺伝子をもったトマトだけがおいしいトマトになり、たくさん実をつける遺伝子をもったトマトだけがたくさんとれるのは、このためである。魚や肉、野菜などのすべての生物の細胞に遺伝子が存在し、普段、私たちは毎日、たくさんの遺伝子を食べていることになる。

② 遺伝子組換え技術とは

遺伝子組換え技術とは、ある生物がもつ有用な遺伝子を他の生物のDNA配列の中に組み入れて新たな性質を加える技術であり（たとえば、除草剤に耐性がある雑草の遺伝子を大豆に導入して、除草剤に耐性がある大豆をつくる）、1973年にアメリカで開発された。現在、私たちが食べている農作物のほとんどは、おしべとめしべを掛け合わせる「交配」などの品種改良によってつくり出されたものである。この交配による品種改良は自然に起こる遺伝子の組換えであり、人間は遺伝子の存在を知らない昔から、遺伝子の組換えという現象を利用していたといえる。遺伝子組換え技術の開発によって目的の遺伝子だけを組み込むことができ、その結果、目的の作物を効率よく、短期間につくれるようになった。また、種にとらわれないで有用な遺伝子を利用できるため、これまでの品種改良では不可能だった新しい品種を開発することも可能である。

③ 遺伝子組換え食品とは

現在、我が国において食品として安全性が確認され、販売・流通が認められている遺伝子組換え農作物は大豆、とうもろこし、じゃがいも、なたね、わた、てんさい、アルファルファの7作物である。これらの遺伝子組換え農作物の栽培面積は年々増加し、2005年には世界21ヵ国、約9000万ヘクタールの土地で栽培されている（日本国内では栽培されていない）。国別では米国がもっとも多く4980万ヘクタール（55％）、以下、アルゼンチン1710万ヘクタール（19％）、ブラジル940万ヘクタール（10％）、カナダ580万ヘクタール（6％）の順に多い。作物別では大豆が全体の60％、とうもろこしが24％を占めている。

遺伝子組換え技術は農作物の品種改良にとどまらず、現在ではインターフェロンやインスリンといった医薬品や、コンパクト洗剤などの工業用酵素の製造な

ど，幅広い分野で利用されている．

④ 安全性審査

　食品衛生法の一部改正により，2001年4月1日から安全性の審査が義務化され，審査を受けていない遺伝子組換え食品またはこれを原材料に用いた食品は輸入，販売などが法的に禁止されている．2003年7月1日から食品安全基本法が施行され，内閣府に食品安全委員会が発足したことにともない，遺伝子組換え食品の安全性審査は食品安全委員会で科学的に行われている（図IV-5）．2004年1月には国内外のガイドラインを基本に評価基準がまとめられ，遺伝子組換え食品（種子植物）の安全性評価基準が公示された．安全性審査は次の点にポイントがおかれている．

・組み込む前の作物，組み込む遺伝子，ベクター（遺伝子の運び屋）などは解明されたものか
・組み込まれた遺伝子はどのように働くか
・組み込むことで新しくできたたんぱく質は人に有害でないか，アレルギーを起こさないか
・組換えによって意図しない変化が起きないか
・食品中の栄養素などが大きく変化しないか

　このような評価で安全性が確認できない場合は，必要に応じて動物を使った毒

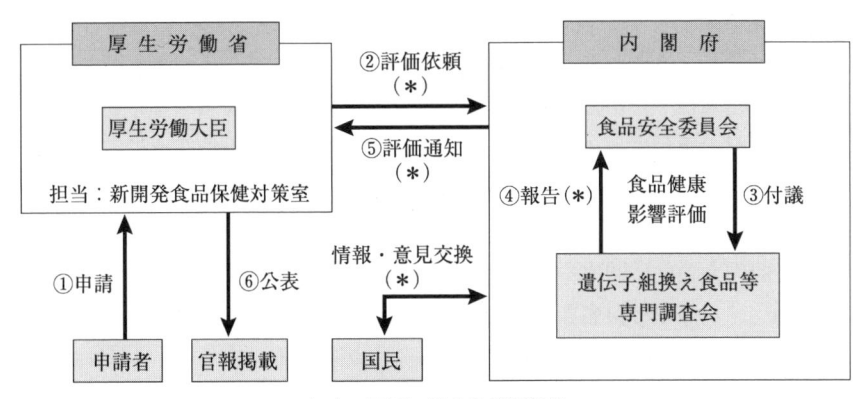

図 IV-5　遺伝子組換え食品の安全性審査手続き

性試験なども実施される．

　2006年8月15日現在，安全性審査の手続きを経た遺伝子組換え食品および添加物は食品で76品種（じゃがいも5品種，大豆4品種，てんさい3品種，とうもろこし25品種，なたね15品種，わた18品種，アルファルファ3品種），添加物で13品目ある．安全性が確認された農作物のほとんどは害虫抵抗性や除草剤耐性の作物であるが，現在，このほかにもさまざまな遺伝子組換え作物が研究されている．たとえば，収穫量が多い作物や寒冷地・砂漠で育つ作物（世界の食糧危機の解決につながる），栄養価が高い作物やコレステロールを下げる作物（健康になれる），汚染物質を分解・除去する作物（環境保全に役立つ）などがある．

　安全性が確認されていない遺伝子組換え食品が輸入されていないか，また，遺伝子組換え食品の輸入時の届出が正しく行われているかを監視するため，2001年4月以降，検疫所でPCR法（ポリメラーゼ連鎖反応法）による抜き取り検査を行っている．

⑤　表示の義務化

　食品衛生法の一部改正により，安全性の義務化と合わせて表示についても2001年4月1日から義務化された（「遺伝子組換えに関する表示に係わる加工食品品質表示基準第7条第1項及び生鮮食品品質表示基準第7条第1項の規定に基づく農林水産大臣の定める基準」（2000年3月31日農林水産省告示第517号））．その後，5回の改正があり，2006年11月現在，7種類の農産物（アルファルファとてんさいが追加）と32品目の加工食品が表示義務の対象になっている．ただし，遺伝子組換え農産物を主原料とする加工食品すべてに表示義務があるわけではなく，大豆油やしょう油など，製造の過程で組み込まれた遺伝子やその遺伝子がつくる新たなたんぱく質が技術的に検出できない場合には，表示する必要がない．また，原材料の重量に占める遺伝子組換え原料の割合が「上位3位以内でかつ，5％以上」でない場合や包装・容器の面積が30 cm^{2}以下の場合も表示を省略できる．

　遺伝子組換え食品に関する表示は，表Ⅳ-3に示した表示規準に基づいて行われ，商品ラベルの原材料名または名称のところにカッコで書かれている．この部分を見れば，遺伝子組換え食品を見分けることができる．　　　　　　　［佐藤繁雄］

表 Ⅳ-3　日本農林規格（JAS）による遺伝子組換え食品に関する表示基準

食品の分類		表　示　方　法
1. 組成・栄養価などが通常の農産物と同等である農産物		①分別生産流通管理された遺伝子組換え農産物を使用した場合 「〇〇〇（遺伝子組換え）」あるいは 「〇〇〇（遺伝子組換え）」など（義務表示） ②分別生産流通管理されていない遺伝子組換えあるいは非遺伝子組換え農産物を使用した場合 「〇〇〇（遺伝子組換え不分別）」など（義務表示） ③分別生産流通管理された非遺伝子組換え農産物を使用した場合 「〇〇〇（遺伝子組換えでないものを分別）」あるいは 「〇〇〇（遺伝子組換えでない）」など（任意表示）
2. 組成・栄養価などが通常の農産物と同等である農産物を原材料とする加工食品	(1) 加工工程後も組み換えられたDNAまたはこれより生じたたんぱく質が残存するもの（豆腐、納豆、コーンスナックなど）	①分別生産流通管理された遺伝子組換え農産物を原材料とした場合 「〇〇〇（遺伝子組換え）」あるいは 「〇〇〇（遺伝子組換え）」など（義務表示） ②分別生産流通管理されていない遺伝子組換えあるいは非遺伝子組換え農産物を原材料とした場合 「〇〇〇（遺伝子組換え不分別）」など（義務表示） ③分別生産流通管理された非遺伝子組換え農産物を原材料とした場合 「〇〇〇（遺伝子組換えでないものを分別）」あるいは 「〇〇〇（遺伝子組換えでない）」など（任意表示）
	(2) 加工工程後、組み込まれたDNAまたはこれによって生じたたんぱく質が残存していないもの（大豆油、しょう油など）	表示不要 表示する場合は2-(1) の表示方法に準じる
3. 組成・栄養価などが通常の農産物と著しく異なる農産物（高オレイン酸大豆）		①分別生産流通管理された高オレイン酸大豆を使用した場合 「大豆（高オレイン酸遺伝子組換え）」など（義務表示） ②高オレイン酸大豆を意図的に混合した場合 「大豆（高オレイン酸遺伝子組換えのものを混合）」など（義務表示）

注：分別生産流通管理：遺伝子組換え農産物および非遺伝子組換え農産物を生産、流通および加工の各段階で善良な管理者の注意をもって分別管理し、その旨を証明する書類により明確にした管理の方法をいう。

加工食品で表示が不要になる場合：①主な原材料（全原材料中重量で上位3品目で、かつ、全原材料中に占める重量が5％以上のもの）でない場合、②包装・容器の面積が30 cm² 以下の場合、③対面販売の場合

6 トレーサビリティ

① トレーサビリティとは

　トレーサビリティ（traceability）は trace と ability の2つの用語を合わせた言葉であり，直訳すると「追跡できる可能性，能力」という意味になる．もともとは工業製品などの部品の出所や原材料の履歴，販売経路や所在などを追跡することに使用されてきた．

　食品のトレーサビリティは，生産，処理・加工，流通・販売などの段階で，食品の仕入先，販売先，生産・製造方法などの記録をとり，保管し，食品とその情報を追跡し，さかのぼることができることである．それにより消費者は，食品の履歴を手に入れることができる．

② トレーサビリティの効果

食品に問題が発生したとき，迅速に対応できる

　その食品の流通ルートをさかのぼることにより，その原因を迅速に把握することができ，その食品を迅速に回収撤去して，消費者がこうむる影響を未然に防いだり，最小限にとどめることができる．

食の安全・安心情報の入手が可能となる

　消費者が，生産履歴情報，品質管理など，食品の生産履歴や生産者・事業者による食品の安全性確保のための取組み状況などの情報を得ることができる．

食品の表示の信頼性が高まる

　消費者が食品の表示の詳細な内容や根拠を知りたい場合，その食品がどのように生産され，流通されたかを時間をさかのぼって調べることが可能となり，食品表示の信頼性を確認することができる．

文　献

1) 農林水産省,「ご存じですか　食品のトレーサビリティ―産地から食卓まで顔が見えるいい関係」, pp. 2-3, 2005

③ トレーサビリティの事例

トレーサビリティの仕組みについては各種あるが，農林水産省から平成 15 (2003) 年 3 月に『食品トレーサビリティ導入の手引き』が発行されている．

農林水産省では平成 13 (2001) 年から 17 (2005) 年度で，食品の生産・製造方法，流通条件などの履歴情報をインターネットや 2 次元コード，温度自動記録センサーなどの IT 技術を活用して，情報と食品を一緒に流通させるトレーサビリティシステムの開発・実証試験を実施した．

商品ごとに生産，流通の特性に合わせた仕組みが開発されているが，現在実施されているものの一部を紹介する．

食品衛生法によるトレーサビィリティ

食品安全基本法の制定を受け，食品衛生法が平成 15 (2003) 年に改正され，トレーサビリティに関する項目が新たに加えられた．

食品衛生法 第 3 条第 2 項で，「食品等事業者は，販売食品等に起因する食品衛生上の危害の発生の防止に必要な限度において，当該食品等事業者に対して販売

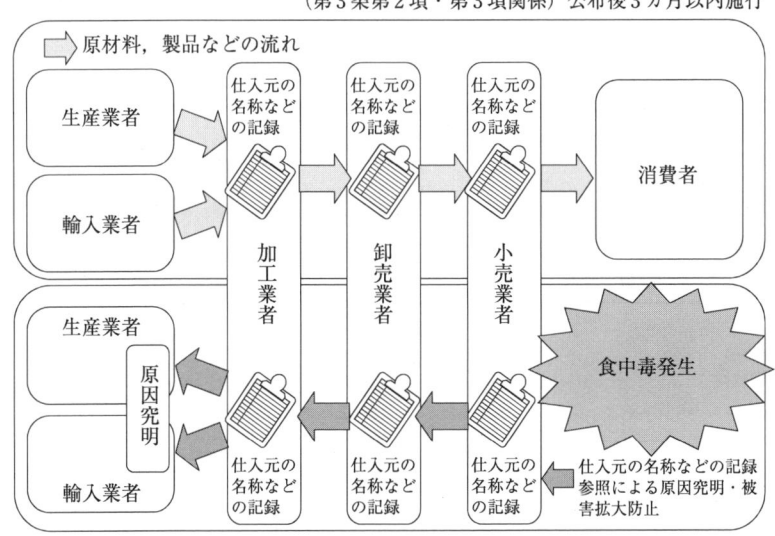

図 IV-6　食品等事業者の記録の作成［厚生労働省，新食品製法の概要より］

食品等又はその原材料の販売を行った者の名称その他必要な情報に関する記録を作成し，これを保存するよう努めなければならない．」とされている．

この条文により，すべての食品等事業者は，いつ，誰からどのような原料を，どのくらい購入したかの記録の作成と保存が義務づけられた．また，商品に問題が発生した場合，作成した記録を，所轄の官庁に提出することが定められている．（図Ⅳ-6）．

牛肉のトレーサビリティ

平成15（2003）年12月から施行されたいわゆる牛肉トレーサビリティ法（正式名称「牛の個体識別のための情報の管理及び伝達に関する特別処置法」）により日本で飼養している牛はすべて国がデータベースをもち，移動履歴の管理が可能となった．このデータベースを消費者が閲覧可能とし，情報公開により牛肉の信頼回復処置の施策の1つとしている．また，平成16（2004）年12月から流通段階で販売する牛肉の個体識別番号の表示が義務づけられており，個体識別番号またはロット番号が，販売されている商品に直接表示されたり，店頭のボードに表示さ

◎牛肉のトレーサビリティとは

耳標装着	国内で生まれたすべての牛と生体で輸入された牛に，10桁の個体識別番号が印字された耳標が装着されます．
届出と牛のデータベース化	酪農家や肉用牛農家などの届出に基づき，個体識別番号によって，その牛の性別や黒毛和種などの種別に加え，出生からとさつ（と畜・解体処理）までの飼養地などがデータベースに記録されます．
番号表示と取引の記録	その牛がとさつされ牛肉となってからは，枝肉，部分肉，精肉と加工され流通していく過程で，その取引に関わる業者などにより，個体識別番号またはロット番号[注1]が表示され，取引が帳簿に記録・保存されます．
生産流通履歴の把握	これにより，国内で飼養された牛については，販売されている精肉[注2]などから牛の出生までの遡及と，牛の出生から消費者に提供されるまでの間の追跡，すなわちトレーサビリティが可能となります．

注1 食肉加工業者などが設定する番号です．ロット番号を表示する場合には，対応する個体識別番号の問い合わせ先を合わせて表示することになっています．
注2 ひき肉や小間切れ，タンやホルモン，加工品などは除きます．

図Ⅳ-7 牛肉のトレーサビリティ

［農林水産省消費・安全局衛生管理課，牛肉のトレーサビリティについて（消費者向けパンフレット）より］

れている．

　トレーサビリティの具体的方法は下記のとおりである
　(1)　耳標装着
　　　国内で生まれたすべての牛と生体で輸入された牛に，10桁の個体識別番号が印字された耳標が装着される．
　(2)　届出と牛のデータベース化
　　　酪農家や肉用牛農家などの届出に基づき，個体識別番号によってその牛の性別や種別に加え，出生からと殺までの飼養地などがデータベースに記録される．
　(3)　番号表示と取引の記録
　　　その牛がと殺され牛肉となってからは，枝肉，部分肉，精肉と加工され流通していく過程で，その取引にかかわる業者などにより，個体識別番号またはロット番号が表示され，取引が帳簿に記録保存される（図IV-7）．
（農林水産省消費・安全局衛生管理課「牛肉のトレーサビリティについて（消費者向けパンフレット）」より）

生産情報公表JAS規格

　食品の生産情報について，生産者などの事業者が消費者に正確に伝える仕組みを第三者機関（登録認定機関）が認証するJAS規格制度で，平成15（2003）年12月より牛肉，平成16（2004）年7月より豚肉，平成17（2005）年7月より米，豆類，野菜，果実などの生鮮の農産物全般に施行されている．消費者は商品のラベルに表記されている農産物識別番号と生産情報の公表の方法により，生産情報にアクセスし，誰が，どこで，どのように生産したか知ることができる．

[中川則和]

7　残留農薬等のポジティブリスト制度

　食の安全性の観点から，消費者が不安を感じる上位に，食品添加物や残留農薬などがいつも話題にのぼることが多い．我が国の食品自給率は40％であり，食品のカロリー源を輸入食品に依存している食生活の実態があり，食のグローバル化がますます進んでいる状況でもある．そういう環境下において，消費者の食の安全・安心に対する強い関心を受け，残留農薬などの基準違反が特に輸入食品に

多いことに端を発し，厚生労働省は，国民の健康を保護する観点から，食品に残留する農薬等に平成15（2003）年5月30日に食品衛生法の一部を改正（第11条第3項）し，ポジティブリスト制度[*1]の導入を定め，3年以内の平成18（2006）年5月29日に施行した．

食品衛生法では，食品中に残留する農薬等[*2]（代謝物を含む）を規制しているのであって，田畑においての農薬等の使用を規制するものではないが，この制度を遵守するためには，生産段階の農薬等の使用方法，栽培場所・期間・ドリフト（農薬飛散）などに十分，留意する必要がある．

① ポジティブリスト制度とは

基準が設定されていない農薬等が，一定量を超えて残留する食品[*3]の販売などを原則禁止する制度である．

その内容は，大きく3つに区分けされている．(1) 食品の成分にかかわる規格（残留基準）が定められているもの，(2) 規格が定められていないもの（定められていないので，人の健康を損なうおそれのない量としての一定量「0.01ppm」を決めている），(3) 対象外物質として厚生労働大臣が指定するもの（人の健康を損

---

*1　ネガティブリストは原則規制がない状態で，規制するものについてリスト化したものであり，ポジティブリストは原則規制（禁止）された状態で，使用を認めるものについてリスト化したものである．
*2　農薬等とは
　1）農薬（農薬取締法 昭和23（1948）年法律第82号第1条の2第1項に規定するもの）
　2）飼料添加物（飼料の安全性の確保及び品質の改善に関する法律 昭和28（1953）年法律第35号第2条第3項の規定に基づく農林水産省令で定める用途に供することを目的として飼料（同条第2項に規定する飼料）に添加，混和，湿潤その他の方法によって用いられるもの．
　3）動物用医薬品（薬事法第2条第1項に規定する医薬品であって動物の為に使用されることが…）でそれぞれ代謝物などその物質が化学的に変化して生成した物質も含む．
　ここで，農薬とは，
　1）病害虫防除に利用する薬剤・天敵（殺虫剤・殺菌剤・除草剤・テントウムシなど）
　2）植物の成長調整に利用する薬剤（初根促進剤・無種子果剤など）
*3　対象品（生鮮食品，加工食品を含めすべての食品が対象）
　1）農産物　畜産物（乳および乳製品を含む）・水産物であって栽培・養殖・飼育（養鶏・養豚など）された原材料．
　2）加工食品
　　　上記1）を原材料として使用している食品および残留基準が設定されている加工食品．
　3）添加物製剤
　　　食品添加物は対象外だが，食品素材部分は対象となる．

なうおそれがないことが明らかであるもの)の3つである(図IV-8, 図IV-9).
また,残留基準が定められている799農薬等の中で新たに基準が設定された758農薬等(暫定基準)については,制度導入後5年ごとに諸外国の基準などの変更に応じて,また必要に応じて食品安全委員会がリスク評価を踏まえ見直しを行うことになっている.

今までの食品衛生法では250農薬・33動物用医薬品について残留基準が定められていたが,残留基準が定められていない農薬等については,農薬等が残留して

制度導入前の規制 (平成18年5月28日まで)	ポジティブリスト制度への移行後 (平成18年5月29日施行)		
農薬,飼料添加物および動物用医薬品	農薬,飼料添加物および動物用医薬品		
食品の成分に係る規格(残留基準)が定められているもの	食品の成分に係る規格(残留基準)が定められているもの注1 799農薬等	食品の成分に係る規格(残留基準)が定められていないもの	厚生労働大臣が指定する物質
250農薬,33動物用医薬品等に残留基準を設定	ポジティブリスト制度の施行までに,現行法第11条第1項に基づき,農薬取締法に基づく基準,国際基準,欧米の基準などを踏まえた基準を暫定的に設定 ＋ 農薬取締法に基づく登録などと同時の残留基準設定など残留基準設定の促進	人の健康を損なうおそれのない量として厚生労働大臣が一定量を告示	人の健康を損なうおそれのないことが明らかであるものを告示注2,3 65物質
残留基準を超えて農薬等が残留する食品の販売などを禁止	残留基準を超えて農薬等が残留する食品の販売などを禁止	一定量(0.01 ppm)を超えて農薬等が残留する食品の販売などを禁止	ポジティブリスト制度の対象外
食品の成分に係る規格(残留基準)が定められていないもの			
農薬等が残留していても原則販売禁止などの規制はない			

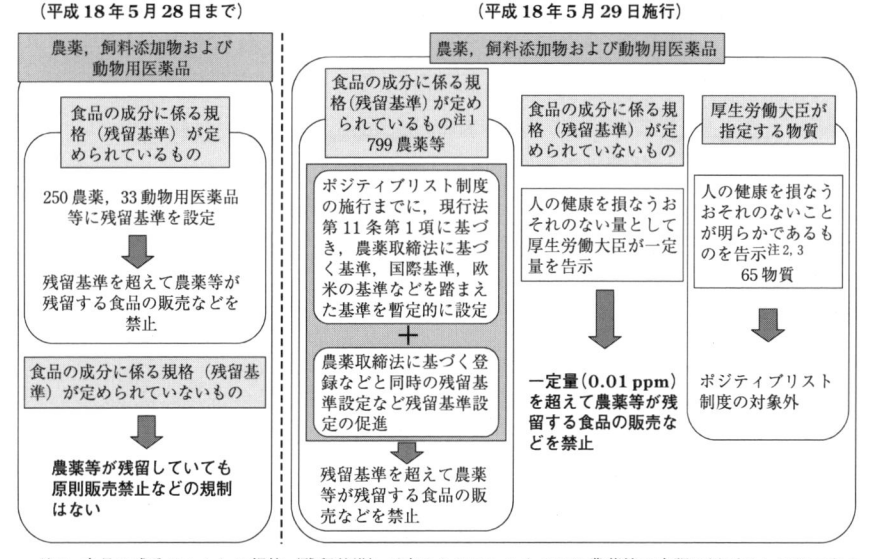

注1 食品の成分にかかわる規格(残留基準)が定められているもの799農薬等の内訳は以下のとおりである(食品成分規格として設定).
    1) 現行基準が変更されていないもの　　　　　41
    2) 不検出基準のもの　　　　(暫定基準)　　15
    3) 新たに基準が設定されたもの(暫定基準)　743
注2 人の健康を損なうおそれのないことが明らかであるものの例としては,以下のとおりである.
    亜鉛,銅,硫黄,鉄,カリウム,マグネシウム,重曹(特定農薬,殺菌剤),アスタキサンチン(飼料添加物),シイタケ菌糸体抽出物,クロレラ抽出物,オレイン酸塩(殺虫剤),大豆レシチン(殺虫剤),アミノ酸類,ミネラル類,パラフィン,ビタミン類,ケイソウ土,ワックスなど
注3 特定農薬のうち天敵農薬,微生物農薬などは栽培段階で使用され,残留しないと考えられるので対象外物質とはしていない.

図IV-8 ポジティブリスト制度の概要(食品衛生法第11条第3項関係)
[厚生労働省 医薬食品局食品安全部基準審査課,「食品中に残留する農薬等に関するポジティブリスト制度について」制度の概要,p.3, 2006]

加工食品への残留基準値の適用について

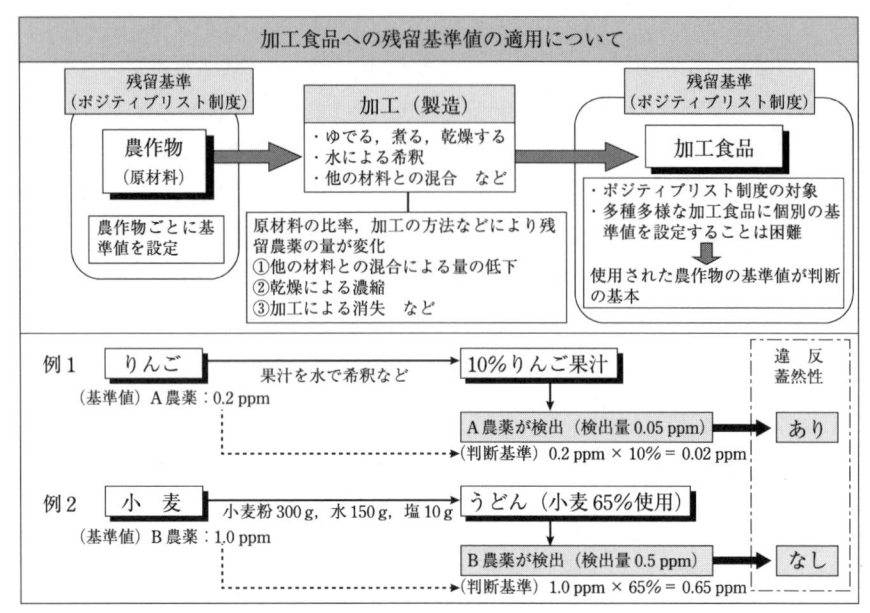

残留基準 （ポジティブリスト制度）	加工（製造）	残留基準 （ポジティブリスト制度）
農作物 （原材料）	・ゆでる, 煮る, 乾燥する ・水による希釈 ・他の材料との混合　など	加工食品 ・ポジティブリスト制度の対象 ・多種多様な加工食品に個別の基準値を設定することは困難 ↓ 使用された農作物の基準値が判断の基本
農作物ごとに基準値を設定	原材料の比率，加工の方法などにより残留農薬の量が変化 ①他の材料との混合による量の低下 ②乾燥による濃縮 ③加工による消失　など	

例1　りんご　→果汁を水で希釈など→　10%りんご果汁
（基準値）A農薬: 0.2 ppm
A農薬が検出（検出量 0.05 ppm）→ 違反蓋然性 あり
（判断基準）0.2 ppm × 10% = 0.02 ppm

例2　小麦　小麦粉300 g, 水150 g, 塩10 g　うどん（小麦65%使用）
（基準値）B農薬: 1.0 ppm
B農薬が検出（検出量 0.5 ppm）→ 違反蓋然性 なし
（判断基準）1.0 ppm × 65% = 0.65 ppm

図 IV-9　加工食品への残留基準値の適用について
［食品科学広報センター，「食品科学広報センターニュース」，No. 30, p. 5, 2005（厚生労働省資料より）］

も基本的には販売などを禁止することはできなかった．この改正により，(2)の残留基準が定められていない農薬等については，一律基準 0.01 ppm と設定し規制したのである．

基準値は，毒性データおよび ADI[*4] を基本として，Codex 基準（国際基準），JMPR[*5] または JECFA[*6] に基づく米国・EU・オーストラリア・ニュージーランド・カナダの5カ国・地域の基準，農薬取締法に基づく登録保留基準から設定している．また，動物用医薬品および飼料添加物では，薬事法または飼料安全法に基づく承認時の定量限界，分析技術の定量限界などから設定をしている．

*4　ADI（Acceptable Daily Intake）とは，現時点での最高の科学水準にてらして，ヒトが食品中に含まれるある化学物質（農薬等）を一生にわたって毎日摂取しても危険がないと推定される1日当たりの摂取量で，mg/kg 体重/日で示される．評価する時点までに得られた毒性学的資料に基づいて，安全係数を考慮して設定される．
*5　JMPR（Joint Meeting Pesticide Residues）とは，FAO/WHO 合同残留農薬専門家会議の略．
*6　JECFA（Joint Expert Committee on Food Additives）とは，FAO/WHO 合同食品添加物専門家会議の略．

なお厚生労働省 医薬食品局食品安全部基準審査課 残留農薬係・乳肉水産基準係，「ポジティブリスト制度について（Q＆A）」を参照するとよく理解できる．

[花岡　豊]

文　献

1) 厚生労働省 医薬食品局食品安全部基準審査課，「食品中に残留する農薬等に関するポジティブリスト制度について」制度の概要，p. 2, 2006
2) 厚生労働省 医薬食品局食品安全部基準審査課 残留農薬係・乳肉水産基準係，ポジティブリスト制度について(Q＆A), 2006 (URL:http://www.mhlw.go.jp/topics/bukyoku/iyaku/syoku-anzen/zanryu2/060329-1.html)

8　食生活と衛生

① 食生活と食中毒

　近年，BSE（牛海綿状脳症）問題や食品の偽造表示問題，鳥インフルエンザ問題など「食」への信頼がゆらぐ出来事が相次いで発生し，安全・安心への関心が高まるなかで，食中毒の発生件数は減少傾向にはない状況である．

　厚生労働省が発表している平成14～18（2002～2006）年の過去5年間における食中毒発生状況では，発生件数は約1500～1900件/年，患者数3～4万人/年の人が食中毒を起こしている．これは，消費者，医療機関などを通して保健所に届けられ，食中毒として断定された件数で，食中毒として扱われなく有症苦情処理されたり，少人数なので届出がなかったものを含めると，件数および患者数はさらに増えるであろう．

　病因物質が判明した食中毒発生件数の中で，第1位はカンピロバクターで，次にノロウイルス，サルモネラ属菌，腸炎ビブリオの順で続き，特に近年はウイルス性食中毒が増加してきている．

食中毒とは

　食中毒とは，「食品に起因する急性胃腸炎，神経障害などの中毒症の総称」で，飲食物中に食中毒を起こす細菌が付着したり，有毒物が混入したものを知らずに飲食したときに起こる健康被害のことである．

　食中毒には，腹痛，下痢，嘔吐の症状をともなうものが通常見られ，軽い症状のものから，ときには極度の脱水症状や呼吸麻痺を起こし死に至るものもある．

食中毒の分類

　食中毒は，その原因物質によって微生物性食中毒，自然毒食中毒，化学物質による食中毒，その他原因不明なものに分類されている（表Ⅳ-4）．

　微生物性食中毒は，細菌性食中毒とウイルス性食中毒に分けられ，このうち細菌性食中毒は，さらに感染型と毒素型に分類される．

　感染型食中毒は，食品中に増殖した原因菌（サルモネラ属菌，リステリア，腸炎ビブリオなど）を食品とともに摂取した後，原因菌が腸管内でさらに増殖することにより食中毒症状を起こすものをいう．

　毒素型食中毒は，食品内で原因菌が増殖し産生された毒素が原因物質となる食品内毒素型（黄色ブドウ球菌，ボツリヌス菌，セレウス（嘔吐型）など）と，摂取された生菌が腸管内で増殖して，産生する毒素が原因物質となる生体内毒素型（ウエルシュ菌，セレウス（下痢型）など）に分けられる．

　ウイルス性食中毒で，近年急激に増加しているのがノロウイルスである．ウイルスは食品の中で増えることができず人の腸管でのみ増殖することができ，ウイルス量がごく少量でも感染し発症するのが特徴である．

　自然毒食中毒は，毒キノコ，フグ毒，カビ毒などが原因物質となって起きるものをいう．

　その他，化学物質（農薬，重金属，油脂過酸化物など）やアレルギー様のもの（ヒスタミンなど）による食中毒などがある．

微生物性食中毒予防のための3つのポイント

　食中毒事故の大部分は微生物によるものである．微生物が増殖するためには，温度・水分・栄養が必要であり，さらに時間が関与している．微生物による食中毒を予防するにはこの増殖条件を満たさないよう，次の3つのポイント「食中毒予防の3原則」を確実に守ることが基本である．

　① 食中毒微生物を「つけない」（清潔，洗浄）
　② 食中毒微生物を「増やさない」（迅速，冷却）
　③ 食中毒微生物を「やっつける」（加熱，殺菌）

食中毒予防の具体的留意点

　食中毒の予防には，加工技術や低温流通が整備され発達するなかで，調理における加熱処理や冷蔵庫などの低温設備などに頼らず，過信することなく，食品衛

表 IV-4 主な食中毒の分類と原因の概要

種類			主な原因物質	潜伏期間	原因となりやすい食品や汚染源
微生物性食中毒	細菌性食中毒	感染型	サルモネラ属菌	6〜72時間	食肉、卵とその加工品
			腸炎ビブリオ	8〜24時間	魚介類の刺身とその加工品
			リステリア	24時間〜数週間	牛乳、チーズ、食肉、野菜、ホットドッグなど
			カンピロバクター	1〜7日	肉（特に鶏肉）の生食、飲料水、牛乳など
			腸管出血性大腸菌O-157	1〜10日	ヒトや動物の糞便、生肉など
		食品内毒素型	黄色ブドウ球菌	1〜3時間	ヒトの手指の化膿、おにぎりなど
			ボツリヌス菌	8〜36時間	いずし、食肉、野菜とその加工品および空気を遮断した食品
			セレウス（嘔吐型）	30分〜3時間	米飯、焼き飯、スパゲッティなど
		生体内毒素型	ウエルシュ菌	8〜12時間	食肉、鶏肉、魚介類などのたんぱく質性食品、加熱調理された後、数時間以上放置された食品
			セレウス（下痢型）	8〜16時間	食肉製品、スープ、野菜など
	ウイルス性食中毒		ノロウイルス	24〜48時間	生ガキなどの二枚貝類、調理従事者からの二次汚染
自然毒食中毒			植物		毒キノコ、ジャガイモの芽、毒草など
			動物		フグの毒、毒カマス、貝毒など
化学性食中毒			化学物質		農薬、洗浄剤、重金属、油脂過酸化物など
			アレルギー様のもの		ヒスタミンなど

［内閣府 食品安全委員会，「食品の安全性に関する用語集」（改訂版追補），平成18（2006）年3月より抜粋］

生の基本「食中毒予防3原則」を確実に守ることが大切である．食品の加工調理に携わるのは人なのである．食中毒予防の主な具体的対策は次のとおりである．

(1) 原材料の取扱いについて
- 原材料の受け入れ基準を明確にする
- 原材料はロット別に受け入れ検品を行い，検品記録を残す
- 原材料は適正な温度と清潔な場所で保管し，使用期限を遵守する

(2) 施設・設備について
- 魚，肉，野菜のまな板は区別して使い，二次汚染を防止する
- シンクは相互汚染しないように用途別に設置する
- 各作業区域入口には手洗い・殺菌設備を設置する
- 作業区域を汚染区域と清潔区域に区分し，交差二次汚染を防止する
- 設備・機械・道具などは，分解しての洗浄殺菌が基本
- 洗浄殺菌した設備・部品は，使用するまで清潔で汚染されない場所に保管する
- 洗浄殺菌した記録の実施（洗剤の種類・濃度・量・時間など）

(3) 個人衛生について
- 手洗いの徹底（食品衛生の基本中の基本である）
- 手荒れや怪我がなく（黄色ブドウ球菌の感染を防ぐため），健康で下痢をしていないこと
- 毎日風呂に入りシャンプーを行い，清潔を維持する（毛髪には黄色ブドウ球菌など食中毒細菌が付着している）
- 服装，帽子，手袋は常に清潔なものを着用し，爪は短くする
- 検便は決められた日時に確実に提出する（健康管理）
- 不衛生行為の禁止（作業場に私物を持ち込まない，飲食・喫煙はしない）
- 装飾品の持ち込み禁止（時計，指輪，ピアスなどは仕事中に着装しない）
  → 「金の指輪」は「"菌"の巣の指輪」になりやすいので，必ずはずして作業する

(4) 作業について
- 微生物は10～60℃の間で急激に増殖する（特に30～35℃）ので，食品や原材料をこの温度帯付近での長時間放置を禁止する
- 加熱処理していない生の原材料は，短時間でも冷蔵保管する（5℃以下）
- 加熱後の材料や製品は二次汚染に注意し，速やかに冷却処理を実施する

- 多くの食中毒細菌は75℃・1分以上の加熱で死滅するので，加熱処理を有効に活用する
- アレルギー物質の微量混入（コンタミネーション）を防止するために，設備は確実に洗浄する
- 帳票記入に使用する筆記用具も細菌に汚染されているので，使用前に殺菌する

[植村和郎]

② 食生活と環境問題

食品廃棄物

　食品の原料である動物や植物を育成，栽培するために，また，これらの原料から食品を製造する過程において，重油などの大量のエネルギー資源を使用している．

　しかし，消費者の生活様式が多様化し，消費意識も大きく変わるなかで，過度の鮮度志向などにより，消費期限や賞味期限切れなどで，生産・製造・流通段階で大量の食品が廃棄されている．また，消費の段階でも大量の食べ残しによる廃棄が発生し，食品にかかる資源が浪費されている．

　食品廃棄物を含む廃棄物の環境への負荷は大きな社会問題となっている．また，食料の60％を海外から輸入している我が国が大量の食品を廃棄していることは深刻な問題でもある．食品廃棄物は年間1972万トンであり，そのうち家庭から出

表 IV-5　食品廃棄物の発生および処理状況（平成15（2003）年度）　（単位：万トン）

	発生量	処分量				
		焼却・埋立処分量	再生利用量			
			肥料化	飼育化	その他	計
一般廃棄物	1633	1486	―	―	―	147
うち家庭系	1134	1108	―	―	―	26
うち事務系	499	378	39	33	49	121
産業廃棄物	339	74	114	101	50	265
合　計	1972	1560	―	―	―	412

注1　食品廃棄物の発生量については，一般廃棄物の排出および処理状況など（平成15年度実績），産業廃棄物の排出および処理状況など（平成15年度実績）より環境省試算．
注2　家庭系一般廃棄物の再生利用量については，同様に環境省試算．
注3　事業系一般廃棄物および産業廃棄物の再生利用量（内訳を含む）については，農林水産省『平成16年食品循環資源の再生利用等実態調査結果』より試算．

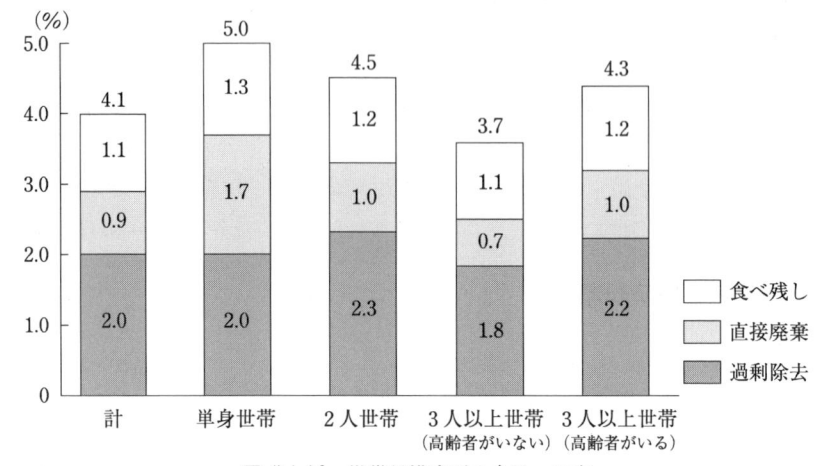

図 Ⅳ-10 世帯員構成別の食品ロス率
［農林水産省，平成17年度食品ロス統計調査より］

グラフ凡例：食べ残し／直接廃棄／過剰除去

区分	過剰除去	直接廃棄	食べ残し	計
計	2.0	0.9	1.1	4.1
単身世帯	2.0	1.7	1.3	5.0
2人世帯	2.3	1.0	1.2	4.5
3人以上世帯（高齢者がいない）	1.8	0.7	1.1	3.7
3人以上世帯（高齢者がいる）	2.2	1.0	1.2	4.3

るものの割合は1134万トンで約58％を占めている．その原因の1つと考えられる家庭における食品ロス率は4.1％とのデータがあり，食品を無駄にしない考えや有効活用の方法などを教える食育の重要性は高まっている（表Ⅳ-5，図Ⅳ-10）．

容器包装廃棄物

食品の製造・販売での商品保護や商品価値の向上のために，食品の多くが包装や梱包されている．これら包装や梱包に使用されているものが容器包装として総称されているが，これらも食品が消費された後に廃棄物となり，食品廃棄物と同様に大きな環境負荷となっている．

環境関連法規と制度

環境保全における組織活動を行う際の重要な概念は，法令，制度，ガイドライン（行動指針）などを通じて，より具体的に表現されている．個人および企業などの組織がこれらの規則および指針などを熟知し遵守することは，個人および企業などの組織が果たすべき社会的責務である．環境保全の施策の1つである循環型社会の形成のために定められた法令には，循環型社会形成推進基本法をはじめとして，資源有効利用促進法（リサイクルの推進），廃棄物処理法（廃棄物の適正処理），その他のリサイクル関連法令などがある．

リサイクル関連法令は循環型社会の形成を推進するためつくられたものであり，具体的な個別物品の特性に応じた規制は5規制あり，容器包装リサイクル法，家電リサイクル法，食品リサイクル法，建設資材リサイクル法，自動車リサイクル法の5つである．
　その中で食品に関する規制をあげると，次の2つの規制である．

(1)　食品リサイクル法

　　食品の製造や調理過程で生じる動植物残渣や食品の流通過程や消費段階で生じる売れ残りや食べ残しなどが食品廃棄物である．食品廃棄物の減少と有効利用は環境問題に直結しているといえる．

　　食品リサイクル法は，食品廃棄物の発生を抑制するとともに，食品循環資源の有効利用を促進することで，環境への負荷を軽減しながら持続的な発展ができる循環型社会の構築を目指して制定された．この法律の骨子は，① 基本方針の策定など，② 食品関連事業者による再利用などの実施，③ 再利用を実施するための措置などである．まず，生産，流通，消費の各段階で食品廃棄物そのものの発生を抑制する．次に，再資源化できるものは肥料や飼料に再生利用を行う．廃棄される物は脱水，乾燥などで減量して，処分しやすいようにすることなどが取組みの優先順位といわれている．

　　本法では，食品関連事業者がこれらを実施するにあたっての基準が定められている．また，平成18(2006)年までにすべての食品関連事業者は，発生する量の20％以上を再生利用するよう求められている．また，消費者にも無駄な廃棄を減らすことや，リサイクルに努める事業者への協力を求めている．

(2)　容器包装リサイクル法

　　容器包装のリサイクル促進を目的にしている．その背景には，容器包装に関する廃棄物が一般廃棄物のうち体積で50％以上，重量で20％以上を占めるという現実がある．対象となる容器包装は，ガラス製容器，PETボトル，紙製容器包装，プラスチック製容器包装などである．また，容器リサイクル法は，消費者による分別排出，市町村による分別収集，事業者によるリサイクルについて，容器包装廃棄物に関するそれぞれの役割を規定している．

[中川則和]

③ 身近な衛生と健康の知識

　我が国は，WHO（世界保健機構）加盟国における平均寿命・健康寿命ともに世界第1位の健康大国である．健康には個人差があるが，身体的・精神的・社会的によい状態で，このバランスがとれて初めて健康といえる．

　私たちが心身ともに健康を増進し，一生涯を活き活きと暮らし，豊かな人間性を育みながら生きていくために，もっとも大切なものは「食」である．

　1日にどのような食品をどれだけとるかを考え，間食・偏食・過食などを避け，新鮮な食品をバランスよく摂取することが大切である．

　毎日を楽しく活き活きと，健康を維持するためには，安全で安心できる食品をとることが大切である．そのためには，食中毒にならないよう日常の食品衛生に気をつけることが重要である．

身近な食中毒

（1）ノロウイルス

　　1年を通して発生しているが，近年，特に冬場に猛威を振るって発生する食中毒がノロウイルスである．

　　ノロウイルスは従来SRSV（小型球形ウイルス）とよばれていたが，2002年に国際ウイルス学会によりノロウイルスと命名された．生カキなどの二枚貝の関与が指摘されているが，保育園や学校，高齢者施設などの施設内部で，人から人に感染し発症しているケースが増えている．

　　症状は，吐き気・おう吐・下痢などで，あまり高熱とならないことが多く，潜伏期間も約1～2日で発症持続期間も短期間である．

　　酸や乾燥などに強く，食品の中では増えることはできず，人の腸でのみ増殖することができ，ごく少量でも感染し発症するのが特徴である．

　　現在，予防ワクチンや治療での特効薬はなく，感染しないようにするには，「食中毒予防の3原則」を確実に守り，とくに加熱を十分に（85℃，1分以上）行い，ノロウイルスの効力を死活させることが重要である．

（2）病原性大腸菌（腸管出血性大腸菌 O-157）

　　大腸菌は，誰もが大腸内にもっている菌で約180種類が知られており，そのほとんどの菌は無害だが，一部に食中毒を引き起こす「病原性大腸菌」とよばれる菌がある．その中で，腸管出血性大腸菌 O-157 は「O抗原をもった」

という意味で，157番目に見つかったのでO-157と命名された．

大きな特徴は，感染力が非常に強く，わずか数個〜数十個の菌が体内に入っただけで発症することである．通常の食中毒細菌は，胃を通過するときに胃酸で殺されることが多いが，この菌は胃酸では死なず，生きたまま大腸にたどり着き，増殖する際に毒力の強い"ベロ毒素"を出すのが特徴である．その毒素が下痢症状を起こし，その後血便をともない尿毒症や脳症などの重症化することもある．

菌の感染力は強いが，熱には弱く，75℃・1分間の加熱で死滅する．しかし，ベロ毒素自体は加熱により無毒化するが，菌が毒素を産生するのは主に人の体内なので加熱での無毒化ができないため，食品に菌をつけないことが重要である．

感染経路としては，汚染された食品を食べたり，汚染された井戸水を飲むことによって感染するが，空気感染はなく，ほとんどが小学生や高齢者などの免疫力が弱い人に発生している．

O-157食中毒の予防方法としては，「食中毒予防の3原則」を守り，井戸水を使用しているところでは，定期的に水質検査を受けることが大切である．

(3) カンピロバクター

近年，全国的に増加傾向にあるのがカンピロバクターである．2006年に厚生労働省が発表した食中毒発生状況の病因物質別発生件数で，サルモネラ，腸炎ビブリオを抜いてトップとなっている．

カンピロバクターは，主に牛，豚，鶏などの腸管内に生息している菌で，乾燥に弱く，酸素が少ない環境を好み，常温の空気中では増殖できず徐々に死滅する．

他の食中毒細菌に比べて少ない菌量（100個前後）で発症し，潜伏期間は1〜7日と長く，発症すると1日数回かそれ以上の水様下痢，腹痛，発熱，頭痛，吐き気などで，風邪とまちがえそうな症状が特徴である．

原因食品としては鶏肉・牛肉があげられており，生や加熱不足の鶏肉や牛肉を食べることによって多く発生している．

予防方法としては，塩素（0.1 ppmで死滅）や熱に弱い（60℃・20分で死滅）ので，通常の加熱調理を行えば予防することができる．特に，鶏肉は高率に汚染されているので，生食は控え，十分な加熱による喫食が必要である．

食品衛生に関する身近な注意事項（転ばぬ先の杖）

(1) 食中毒予防の基本は「手洗いの徹底」

　食中毒が起きるほとんどの場合は，食品取扱者の手を介して食中毒細菌を食品に付着させることにより，食中毒を発生させている．汚れた手（細菌がついた手）をせっけんでよく洗った後，さらに殺菌をすることが重要である（丁寧に手を洗うと，付着微生物は 1/1000 まで減るといわれている）．

　しかし，肌の敏感な人は手指の洗いすぎにより手荒れを起こし，黄色ブドウ球菌保菌者になる可能性もあるので注意が必要である（アルコールを手に噴霧しヒリヒリするようであれば，手荒れが起きているので治療が必要である）．

(2) 食中毒は，基本を確実に実行すれば防止できる！

　食中毒は，食中毒細菌に汚染された食品を飲食することで発生する．食中毒を発生させないためには，食品衛生（食品衛生とは，食品から生命を守ること）の基本である「食中毒予防の 3 原則」（p.118）を確実に守るだけでなく実行することである．

　たった 1 人でも
① 私 1 人ぐらいやらなくても大丈夫だろう
② やることは知っているが時間がないし，めんどうだ
③ ほかの人もやっていなくて今まで問題なかったから，今後も大丈夫だろう
などと思って「食中毒予防の 3 原則」を実施しなかった瞬間，食中毒事故という魔の手が伸びて取り返しのつかない状態を招くことになるのである．

　食中毒は簡単で基本的な予防方法を確実に守れば予防できるので，食中毒の発生は人災であり，食品衛生管理のバロメーターである．

(3) 危険な食べ方をしない・危険なものは食べない
① 生の肉や内臓には，カンピロバクターやサルモネラ，腸管出血性大腸菌 O-157 などがついていること多いので，十分な加熱調理をする．
② 生卵には，サルモネラがついていることがあるので，賞味期限を過ぎた卵の生食は避け，加熱調理をする．
③ ノロウイルスは，生カキなど二枚貝などの中腸腺にいることが多く，少量で発症するので他の食品に汚染させないように取り扱い，加熱調理する．特に調理従事者は日頃の健康管理に注意し，トイレの後は手洗いは十分に行う．

④　魚介類には，腸炎ビブリオがついていることが多いので，真水でよく洗う．腸炎ビブリオの増殖速度は速く，1時間で約100倍に増える．

⑤　黄色ブドウ球菌は，化膿した傷口や荒れた肌ばかりでなく，鼻の穴や髪の毛にもいる．おにぎりをつくるときや直接手で調理済食品に触れる場合はよく手洗いと殺菌を行い，使い捨ての手袋を着用するなど特に注意が必要である．

〔植村和郎〕

V 食文化の指導事項と推進のための提案

　世界各国には宗教のうえからさまざまな行事があり，それにともない行事食がつくられてきた．それら行事食にはそれぞれに意味があり，伝承されてきている．核家族が増え地域の連携が薄くなってきている現代においては，行事へ参加する人が減少し，それにともなう行事食をつくることも少なくなってきた．しかし，食育においては行事食を見直し，日本人が育んできた食文化と食事の楽しさを子どもたちに伝え，日本の文化の伝承と地域の連携，家族間の絆を固めることを推進している．

1　地産地消と食育

①　農林水産省の食育での地産地消の位置づけ

　農林水産省では，食の生産から製造・加工，流通，消費といった一連の流れの中での食育の取組みを推進している．具体的には，① 農林漁業，食品産業への理解を深めるための取組みの推進，②『食生活指針』，『食事バランスガイド』を活用した栄養バランスにすぐれた「日本型食生活」の実践の促進，③ 食文化の継承のための取組みの推進，④ 食品安全に関する情報提供，といった4つの柱に沿った取組みを展開している．特に，この①の農林漁業への理解を深めること，③の食文化の継承といったことに大きく関係するのが，地域で生産されたものを地域で消費する"地産地消"である．平成12（2000）年3月に当時の文部省，厚生省，農林水産省で作成した『食生活指針』の中にも，「食文化や地域の産物を活かし，ときには新しい料理も」という項目が位置づけられ，「地域の産物や旬の素材を使うとともに，行事食を取り入れながら，自然の恵みや四季の変化を楽しみましょう．」「食文化を大切にして，日々の食生活に活かしましょう．」といったことがすすめられている．

　また，平成18（2006）年3月に食育推進会議により策定された『食育推進基本

計画』においても，地産地消に関連して，学校給食における地場産物の活用の推進，生産者と消費者の信頼関係の構築，食に関する国民の理解と関心の増進などを図るための地産地消の全国展開，食文化の継承のための活動への支援といったことが位置づけられている．まさに，普段食べている食べ物がどんな人によって，どこでどのように生産されているのかを知るには，自分が住んでいる地域の農産物を食べることから始めるのがもっとも近道であるということである．

② 学校給食における地場産物の活用の推進

『食育推進基本計画』では，9つの数値目標が示されているが，その中で学校給食における地場産物を使用する割合の増加が位置づけられている．具体的には，「学校給食に「顔が見える，話ができる」生産者等の地場産物を使用し，食に関する指導の「生きた教材」として活用することは，子どもが食材を通じて地域の自然や文化，産業等に関する理解を深めるとともに，それらの生産等に携わる者の努力や感謝の念をはぐくむ上で重要であるほか，地産地消を推進する上でも有効な手段」との観点から，「学校給食において都道府県単位での地場産物を使用する割合の増加」を目標とし，「平成16（2004）年度に全国平均で21％となっている割合（食材数ベース）について，平成22（2010）年度までに30％以上とすることを目指す」こととされている．

この地場産物を学校給食に活用するという取組みは，天候に左右される農業ゆえに予定された量が確保できなかったり，大きさが揃わなかったり，提供した農産物に泥がついていたり，価格が安定しなかったりといった難しさは存在し，提供側，受入れ側の並々ならぬ努力と熱意がなければ続かない取組みである．実際に地場産物を学校給食に活用している学校にお邪魔して，担当の学校栄養職員の方にお話をうかがうと，何より新鮮でおいしい地元の農家の方の野菜を食べることがありがたいといった声が聞かれ，農家の方からは，子どもたちが喜んで食べてくれることが生きがいになっているといった声が聞かれる．

長年継続している学校・地域の連携は，単に農産物を学校給食に取り入れるだけではなく，日頃の子どもたちや学校栄養職員を含めた学校側と農家の間の交流が非常に活発になされており，何より"子どもたちのために"という思いを関係者が共通してもっているところであるように思える．このような取組みにより，子どもたちは提供される給食への関心を高め，献立を考えてくれる学校栄養職員，調理員さん，農家の方など自分たちの給食を支えてくれる方々への思いをは

せられるようになるのであろう．こうした取組みによって，自然に食べ残しが減少するというのは，当然のことだと思われる．

　農林水産省としても，こうした取組みを推進するため，全国の地場産物を提供する生産者側からの取組み事例を収集し，インターネット上で公表するといったこと（http://www.jri.maff.go.jp/jirei/doc/2006/004/000.html）も行っている．

③　「地域に根ざした食育コンクール」受賞事例から

　農林水産省の補助事業により平成15（2003）年度より毎年実施している「地域に根ざした食育コンクール」においても，"地産地消"を生かした食育の取組みがたくさん受賞している．

　平成18（2006）年度のコンクールで優秀賞を受賞した「地域ぐるみで取り組む「ぎょしょく教育」～食育で水産と地域を紡ごう～」（愛南町ぎょしょく普及推進協議会（愛媛県南宇和郡愛南町））では，水産業の盛んな地域であるにもかかわらず，子どもや若い世代を中心に魚を食べることが少なくなってきていることから，魚の種類や栄養などの知識だけでなく，漁獲から流通・販売までの魚の流れ，調理方法や地域の伝統的な食文化を学び，地元産の魚を食べることを通して地域社会を理解する「ぎょしょく教育」を実施している．教育プログラムを愛媛大学の研究グループが主体となって町内の学校教職員や水産関係者の協力により開発し，児童と保護者が参加して，地元の水産業を学ぶ授業や調理実習，魚さばきのデモンストレーション，会食，魚市場の見学や関係者のインタビューなどのプログラムで構成されている．こうした体験により，約6割の児童が魚を好きになるという効果が現れたということである．

　優良賞を受賞した「地産地消うどんを作ろう～6年生家庭科・社会科の実践」（徳島県阿波市立市場小学校）は，身近な料理である「うどん」の原材料と原産地を子どもたちが調べたところ，ほとんどを外国から輸入していることを知り，地産地消うどんをつくることを通して，地産地消，食料自給率，旬といったことを学ぶといった，一味違った切り口の取組みである．大都会を除けばこういった取組みは可能であり，他の地域・学校でも実践できる普遍性のある内容である．

　優良賞を受賞した「カッキータイム～柿産地のふるさと総合学習」（奈良県五条市立西吉野中学校）では，日本一と称される「西吉野の柿」について学習している．地域の方の指導により，柿の新芽についたつぼみを丁寧に間引いていく作業を行ったり，柿とともに地域の特産品の梅で「梅干」をつくる実習を行ったりす

る中で生徒たちが先人の知恵を実感したようである。これは、卒業生のほとんどが卒業すると学区外の学校に進学するということから、ふるさとに誇りをもって巣立ってほしいという地域の願いがこめられた活動である。

　特別賞を受賞した「たのしかったお米づくり～一粒の籾からはじまる食農教育～」(あぐりの田んぼ学校・竜岡保育園・時又保育園(長野県飯田市))は、地元の農家、保育園が一緒になり、籾まきから収穫、調理までを体験する取組みである。一年間お米を通した活動を行った結果、卒園後に入学した小学校の担任の先生から「こんなに好き嫌いがなく給食を食べられる1年生は初めて」「残したり落としたりこぼしたりすると、もったいないといえる子どもたちです」という評価を得た。子どもたちは、一粒の籾からどのくらいお米ができるかという課題をもって米づくりに挑戦し、数を数えた結果、約1300粒のお米ができ、このことに驚きと感動を感じたということである。

④　地域の生産者との連携の大切さ

　上記のとおり各地での事例を見ると、地産地消を生かした食育の取組みを実践するには、地域の生産者との連携が不可欠である。ところが、学校と生産者の間になかなか接点がないということで、学校によってはどのように生産者と連携したらよいかわからないといったケースも少なくない。一番てっとり早いのは、家が農業を営んでいる児童・生徒がいれば、その保護者にお願いするというパターンであるが、そうした子どもがいない場合は、役場の農政課(地域によって産業課など異なる名称の場合もある)やJA、あるいは農業委員会に相談することをすすめる。その際、できれば学校に近い農家にお願いすることが理想である。学校の近くの農家であれば子どもたちが学校の行き帰りにその圃場(ほじょう)を見ることができ、農業体験に行くことも比較的容易である。

　JAむなかた(福岡県宗像市)では、ふるさと教育応援団「ふるさと先生」を結成し、JAで地域の農家や食文化の担い手となる女性グループなどを登録し、小中学校に配布し、それをもって小中学校は希望の活動をJAに問い合わせ、JAは小中学校の希望に沿うよう調整を図り、ふるさと先生を紹介するという仕組みがつくられている。この仕組みによって、平成17(2005)年度で小学校12校、保育園2園、幼稚園1園がさまざまな体験活動を行っている。イネ、大豆、白菜、大根、スイカといった農業体験のほか、もちつき、きなこ、みそ、豆腐、大豆テンペ、キムチなどの手づくり体験、親子料理教室、地元農産物を使った郷土料理教

室などさまざまな活動が展開されている．たとえば，スイカについては，定植，わら敷き，整枝，収穫といった一連の作業を行い，子どもたちが農作物をつくることの大変さや難しさを肌で感じ取っているという．体験後は地元食材を使った給食をふるさと先生と一緒に食べるなど，子どもたちと農家の人々との交流が盛んに行われている．

　農林水産省では，このような生産のプロセスに継続してかかわり，農林漁業者から直接，指導を受けて体験活動を行う取組みを「教育ファーム」として，今後，支援をしていくこととしている．ある学校長にこうした取組みの効果を尋ねたところ，「一番のねらいは，農家の"生きざま"を子どもに触れさせること」だと答えた．一方，子どもたちと触れ合うこうした取組みを行っている農家の人々は，「子どもたちからは逆に教えられることが多い」「子どもたちから元気をもらえる」との思いをもっており，地域で育つ子どもたちの健やかな成長のために自分たちが貢献したいという考えで，子どもたちの体験をサポートしている．農業が自然や生き物と向き合うものであるがゆえに，子どもたちに農家が接することで育まれるものがたくさんあるのかもしれない．

⑤　地域版食事バランスガイドの活用

　平成17（2005）年6月に厚生労働省および農林水産省で作成した『食事バランスガイド』（p.64）は，何をどれだけ食べたらよいかをわかりやすくコマのイラストで示したものであるが，コマの中の料理や料理例に地域の伝統食などを入れることで，栄養のバランスのみならず食文化の継承にも役立つツールとして活用できる．すでに，沖縄版，徳島版，東海版，山梨版，長野版等々，ご当地食事バランスガイドが続々と作成されている．たとえば，徳島版では，「運動」の部分のキャラクターが阿波踊りを踊っている人に差し替えられており，地域色をより生かしたものとなっている（図Ⅴ-1参照）．徳島県では，この地域版の作成に県の農政部局，健康部局，教育部局が参加しており，学校給食のメニューなども取り入れて，小学生版，中学生版までつくられている．

　大阪府和泉市では，和泉市版食事バランスガイドが作成されているが，春夏秋冬の食事例も示されているのが特徴である．和泉市では学校で，地域の生産者が子どもたちに白みそのつくり方を教えて，子どもたちが白みそをつくり，白みそ雑煮をつくるところまで学習している．そこでは，当然ながら和泉市版食事バランスガイドについても学習しており，まさに栄養バランスと食文化の学習が一体

134　V　食文化の指導事項と推進のための提案

とくしま食事バランスガイド
ふるさとの恵みを一品そえて、心と体においしい食事

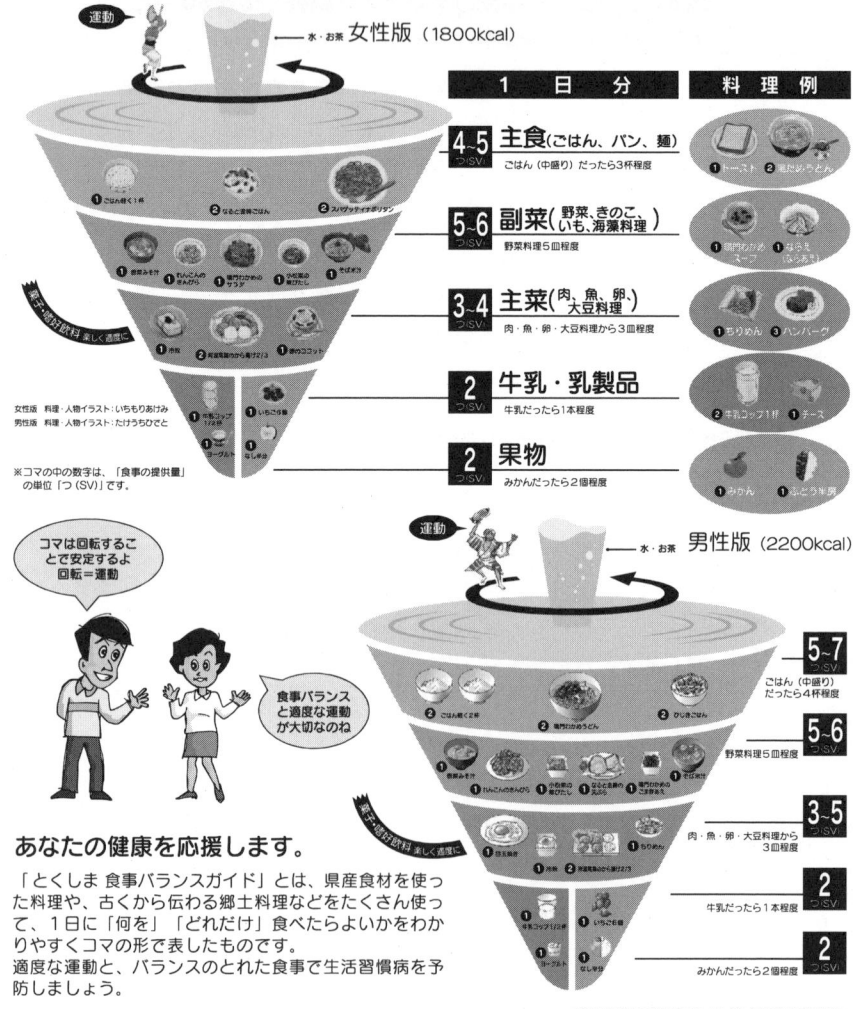

女性版（1800kcal）

区分	1日分	料理例
主食（ごはん、パン、麺）	4～5つ(SV) ごはん（中盛り）だったら3杯程度	①トースト ②釜たまうどん
副菜（野菜、きのこ、いも、海藻料理）	5～6つ(SV) 野菜料理5皿程度	①鳴門わかめスープ ②なええ（ひろうす）
主菜（肉、魚、卵、大豆料理）	3～4つ(SV) 肉・魚・卵・大豆料理から3皿程度	①ちりめん ②ハンバーグ
牛乳・乳製品	2つ(SV) 牛乳だったら1本程度	②牛乳コップ1杯 チーズ
果物	2つ(SV) みかんだったら2個程度	みかん ぶどう半房

※コマの中の数字は、「食事の提供量」の単位「つ(SV)」です。

女性版　料理・人物イラスト：いちもりあけみ
男性版　料理・人物イラスト：たけうちひざと

コマは回転することで安定するよ
回転＝運動

食事バランスと適度な運動が大切なのね

男性版（2200kcal）

	1日分	
	5～7つ(SV) ごはん（中盛り）だったら4杯程度	
	5～6つ(SV) 野菜料理5皿程度	
	3～5つ(SV) 肉・魚・卵・大豆料理から3皿程度	
	2つ(SV) 牛乳だったら1本程度	
	2つ(SV) みかんだったら2個程度	

あなたの健康を応援します。

「とくしま食事バランスガイド」とは、県産食材を使った料理や、古くから伝わる郷土料理などをたくさん使って、1日に「何を」「どれだけ」食べたらよいかをわかりやすくコマの形で表したものです。
適度な運動と、バランスのとれた食事で生活習慣病を予防しましょう。

※「とくしま食事バランスガイド」は、厚生労働省と農林水産省が決定した「食事バランスガイド」に基づき策定したものです。

徳島県版食事バランスガイド策定検討会

図 V-1　徳島版食事バランスガイド
［徳島県食事バランスガイド策定検討会］

となって実践されている．

　以上のように地域の農業や生産者と結びついた地産地消を生かした食育の取組みには，さまざまな角度からの取組みが可能であり，今後さらに，こうした取組みが各地で展開されることが期待される．食育に取り組む学校関係者には，ものおじせずに地域の生産者に声をかけることをすすめる．農林水産省には全国に地方農政局，農政事務所という出先機関があり，消費生活課という食育の窓口となる組織をもっている．まずは，近くの農政事務所に相談されたい．　　［勝野美江］

2　日本の食事様式と食生活

　日本の食文化の発祥地は，有史以来，政治・文化の中心地として発展してきた奈良であるといわれている．特に，7～8世紀には都が飛鳥になり，そして平安京に移った奈良時代には朝鮮半島や中国との交流が盛んになり，我が国の遣隋使や遣唐使，または中国からの高僧や学者，技術者の渡来により，中央アジアやヨーロッパを原産とする野菜や果物の種子が奈良の都に伝えられた．日本人は古代から長期にわたって，イネを主食とする食生活を営んできた．縄文時代に小さな丸木船を用いて，九州北部と朝鮮半島南部とを行き来していた漁労民族の集団がいた．彼らが台湾，朝鮮半島，沖縄，九州と行き来している際に，イネの種を日本に持ち込んだと考えられる．大がかりの水稲耕作が始められたのが紀元前2世紀で，アジア地域に見られるコメを中心とした文化が日本にも普及した．コメを用いた料理ではいわゆるご飯や焼き飯が広まった．やがて全国的に広がり，日本の食文化の中心となった．

①　主食と副食の基礎はいつごろできたか

　大和朝廷が5世紀に大阪平野の大がかりな開発を行った．この時期が日本の食生活の重要な転換期で，日本料理の典型的な形である，コメを中心とする「主食と副食」という和食の基本形がつくられた．この料理の組合せは健康な食生活を営むうえで重要であり，現代人に多い生活習慣病の予防に取り入れられ，外国でもこのパターンを取り入れ始めている．また，この頃のコメは玄米を利用し，魚介類や肉，山菜は添えものにすぎなかった．今日のような白米を炊く調理法が普及するのは，室町時代に入ってからである．

② 精進料理と和食の成立

　平安時代になって朝廷のコメの増産策を通じてコメ中心の経済がつくられ，コメを主食とする日本の食生活が，国のすみずみまで浸透していったと見られる．コメを主食とする食文化は，懐石料理の味覚体系をも成立させた．懐石料理の成立には，中国から伝わった精進料理が深くかかわっている．鎌倉時代前期に仏教の殺生戒律が広まると，僧侶の食事として精進料理が発達した．精進料理から懐石料理へと変化し，さらに会席料理が形づくられた．したがって，和食の基礎は中国から伝わった精進料理であるといえる．精進とは，美食をいましめ，素食により悪行を捨て，善行を修めることで，魚介類や肉は食べずに，穀物・野菜・海藻だけの料理を取り入れることであった．具体的には，一汁三菜，一汁五菜，二汁五菜などの厳しい掟がある．　　　　　　　　　　　　　　　[中丸ちづ子・成瀬宇平]

3　食とコミュニケーション

　食育基本法では食育というキーワードをあげながら，家族，学校，地域，その他の人々とのコミュニケーションを推進している．「いただきます」「ごちそうさま」のあいさつは，食事ができることへの感謝，生産者，料理をした人への感謝の気持ちを表す食の文化である．親も教師も，あるいは地域の人々もその意味を教えなければならない．地域の集まりで，バーベキューや野外料理の場合には，大人は子どもに食事への感謝の意味を伝え，親子の料理教室でもその機会は見つけられる．家庭でのお手伝いや後片づけにおいても，子どもに食事の意味を伝える機会はある．食を通してのコミュニケーションは，まず「いただきます」から「ごちそうさま」までの過程で，互いが意見を交わし，互いに理解し合うことである．

　かつては食べ物の話をもち出すと，「意地汚い」として敬遠されていたが，現在では，食の話は，互いが共通性を見つけるのに適切な話題となっている．食育基本法では「地域住民その他の社会を構成する多様な主体の参加を得ると共に，その連携を図りつつ，あまねく全国において展開されなければならない」とあるように，地域住民とのコミュニケーションが大切であることを推奨している．農業体験や出前授業など社会の仕組みや実務経験の話を聞くことにより，食べ物への関心がよりいっそう深まり，健康面からも社会の仕組みを理解するうえからも食の大切さを重く感じるものと思われる．　　　　　　　　　[中丸ちづ子・成瀬宇平]

4 郷土料理と伝統料理

① 郷土料理

　地域ごとに育まれた伝統料理が郷土料理である．四面海に囲まれた日本は，豊富な海の幸，山の幸に恵まれ，それがコメ文化と関連して発達してきている．食育では，その土地でとれるものはその土地で使うという"地産地消"がすすめられている．このことは，その土地の郷土料理の継承にもつながるといえよう．また，その土地でとれたものを，もっとも理にかなった方法で調理するという"土産土法"の伝統もあり，各地で多種多彩な素材から多くの郷土料理が創作されている．たとえば，北海道のジンギスカン（成吉思汗），三平汁，秋田のハタハタ，しょっつる，富山のホタルイカ，石川のかぶら寿司，京都のスグキ，千枚漬けなどがある（表V-1）．

表 V-1 「郷土料理」全国都道府県一覧

都道府県	正　月	祭り・ハレの日	代表的郷土料理
北海道	鯨汁	餅・ちらしずし・押しずし	三平汁・石狩鍋・にしん漬け・飯ずし・ジンギスカン鍋
青　森	粥の汁	貝（け）焼き味噌（出産）	たらのじゃっぱ汁・いちご煮・せんべい汁
岩　手	鮭の氷頭なます・くるみ雑炊	きりせんしょ（桃の節句・結婚式）	どんこ汁・ぬっぺい汁・鮭の新巻
宮　城	仙台雑煮・田舎雑煮・ほや雑煮	恵比寿講料理	かき鍋・胡桃納豆・ずんだ餅・はらこ飯
秋　田	ハタハタ寿司・秋田雑煮	きりたんぽ鍋（誕生祝い）	しょっつる・石焼鍋・いものこ汁・笹巻き
山　形	鶴岡雑煮・鯉のうま煮	牛肉のじんだあえ（お盆）	たらのどんがら汁・粥寿司・芋煮・三五八（さごはち）
福　島	精進風雑煮（相馬市）	凍餅（春の彼岸）	紅葉漬け・三五八漬け・にしんの山椒漬け・田楽
茨　城	はぜの昆布巻き雑煮	こんにゃくの刺身（藤衛門講）	あんこう鍋・あんこうのとも酢・いわし料理・納豆料理
栃　木	耳うどん・芋串	しもつかれ（旧暦初午）	あゆの腐れずし・けんちん汁
群　馬	七草粥・小豆粥	柚べし（祝儀）	お切り込み・冷汁
埼　玉	はば雑煮	深谷ねぎのぬた（結婚）	つとっこ・芋せんべい・冷汁うどん・田舎まんじゅう

V 食文化の指導事項と推進のための提案

表 V-1 「郷土料理」全国都道府県一覧（つづき）

都道府県	正 月	祭り・ハレの日	代表的郷土料理
千 葉	かいそう（ツノマタ）	鳥雑炊	太巻きずし・鯨のたれ・落花生味噌
東 京	雑煮	そうめん（七夕）	うなぎ蒲焼・深川飯・おでん（関東たき）
神奈川	雑煮	けんちん汁（冬至）	あじのたたき・かて飯・小田原蒲鉾
長 野	ぶり雑煮	七草粥（七草）	ぶりの粕漬け・そば
山 梨	雑煮		薄焼き・ほうとう・信玄ずし
新 潟	べっこう（テングサ）・氷頭なます	笹団子・三角ちまき（端午の節句）	酒びたし・煮菜（にな）・たらの卵の子漬けなます
富 山	いわしの卵の花漬け・雑煮	芋おはぎ（彼岸）	ブリ大根・たらの昆布しめ・たら汁・ほたるいかの刺身
石 川	加賀のおせち料理・加賀雑煮	鯛のから蒸し（婚礼）	治部煮・いしるの貝焼き・かぶらずし・にしんずし
福 井	棒巻き	おろしそば（結婚）・とろろそば	さばの馴れずし・へしこ・甲羅焼き
岐 阜	大根ずし・ねずし・雑煮	からすみ（ひな祭り）	あゆずし・ふなずし・朴葉ずし
静 岡	雑煮	遠州ちまき（端午の節句）	桜海老料理・とろろ飯・黒はんぺん・冷汁
愛 知	雑煮	大根とぼらのなます（てんてこ祭り）	味噌煮込みうどん・ひつまぶし・切りずし
三 重	おせち・志摩の雑煮	さんまずし（正月・祭り）	手こねずし・伊勢うどん・時雨茶漬け
滋 賀	打ち豆雑煮	小鮒の甘露煮	ふなずし・日野菜漬け・あめのいお料理
京 都	雑煮・御節	はもの切り落とし・はも焼き（祇園祭り）	にしんこぶ・芋棒・スグキ・おから・千枚漬け
大 阪	白味噌雑煮・船場雑煮・お重詰め	はもの照り焼き（天満宮の祭り）・穴子入り混ぜずし（だんじり祭り）	はも皮料理・たこ焼き・お好み焼き・水ナス・きつねうどん
兵 庫	雑煮・祝い膳・中国風正月料理	鯉こく（出産）	明石焼き・いかなご釘煮・たこ飯・さばずし
奈 良	箱詰め・雑煮	つつぽ飯（春日若宮祭り）	柿の葉ずし・朴の葉ずし・とち餅・奈良漬
和歌山	高野豆腐・馴れずし	馴れずし	高野豆腐・さんまずし・うつぼ煮
鳥 取	雑煮・まんさくずし	川がにずし（秋祭り）	さばずし・いぎすやたら漬け

表 Ⅴ-1 「郷土料理」全国都道府県一覧（つづき）

都道府県	正　月	祭り・ハレの日	代表的郷土料理
島　根	あゆ雑煮・小豆雑煮	鯛料理（美保地区）	あゆ飯・めかぶうどん・のっぺい汁・すずきの奉書焼き
岡　山	掛け雑煮	笹巻き（端午の節句）	岡山ずし・ママカリずし・巻き柿
広　島	うっぷるい雑煮・掛け雑煮	ぜんざい・煮込め（親鸞聖人の誕生日）	かき殻焼き・かき飯・わにの刺身
山　口	かぶ雑煮	いとこ煮（祝い事）	ちしゃなます・角ずし・しろうおのおどり食い
徳　島	白味噌雑煮	出世芋（誕生）	そばこめ雑炊・あゆ雑炊・ひじきの五目ずし
香　川	あん餅雑煮	硬ずし（かんかんずし）（秋祭り）	なすびそうめん・いりこ料理・ぽっかけ・さつま
愛　媛	てっぽう雑煮・芋雑煮	おから料理（婚礼）	鯛めん・鯛飯・芋炊き・ほーたれの塩辛
高　知	かんぱ餅・いり餅	さわち料理（婚礼）	あめごの素焼・酒盗・たけのこずし・くえの水炊き
福　岡	博多雑煮	どんたく料理（博多どんたく）	鶏の水炊き・いわしのちり鍋・床漬け・柳川鍋
佐　賀	ふなの昆布まき	鯛料理（唐津くんち）	むつごろうの蒲焼・鯛の生き作り・あらのちり鍋
長　崎	島原具雑煮・長崎雑煮	鶏の丸蒸し・豚の角煮（元宵祭り）	大村ずし・ちゃんぽん・皿うどん・鯨料理
熊　本	芋田楽	おしよせ（おしよせ祭り）	辛子蓮根・とじこ豆・いきなりだご
大　分	黄飯・黄飯汁	鯛めん（婚礼）	団子汁・頭料理・たかなずし・ゆで餅
宮　崎	雑煮	あくまき（端午の節句）	しいたけの塩焼き・いのしし鍋・あじのぽったり汁
鹿児島	雑煮	ぬいくい餅（田の神饌）	酒ずし・さつま汁・地鶏の刺身・豚味噌
沖　縄	花いか・重箱詰め	アマガシ・粥・餅・飯・祝い料理（粗霊祭り）	沖縄そば・やぎ汁・イラブー料理・チャンブル

② 主な地方のごちそう

　主な地方の「ごちそう」といわれている例としては，北海道の「石狩鍋」「チャンチャン焼き」，秋田県の「きりたんぽ」，青森県の「たらのじゃっぱ汁」「いかずし」，山形県の「芋煮」，山梨県の「ほうとう」，栃木県の「しもつかれ」，東京の

「べったら漬け」，石川県の「治部煮」，京都の「さばずし」，奈良県の「柿の葉ずし」，福井県の「えちぜんがに」，鳥取県の「あごの竹輪」，滋賀県の「ふなずし」，大分県の「関サバ・関アジ」，鹿児島県の「さつま揚げ」，高知県の「カツオ料理」，神奈川県の「ぼたん鍋」，静岡県の「うなぎ」，和歌山県の「かつおの手こねずし」「南蛮焼き（かまぼこ）」，大阪の「大阪ずし」「くじら鍋」，長野県の「おやき」「そば」，愛知県の「みそ煮込みうどん」，香川県の「たいの浜焼き」，茨城県の「あんこう鍋」などがある．

③ 伝統料理

　伝統的な年中行事（あるいは行事食）や人生儀礼と結びついたハレの食の習わしは古臭いようにも見え，奥ゆかしいとも見える．めまぐるしい現代社会においては，生活にゆとりと食事の文化を大切にするために必要な料理である．食こそ自然や文化と関連の深いテーマであるといえよう．また，日本の伝統料理は，四季ごとにある恒例の行事と関係があり，魚や野菜には旬があり，それらの旬が季節感や地方からのメッセージともなる．伝統的な行事に基づく料理にはそれぞれ意味があるのも，伝統料理がいつまでも続いている理由でもある．

正月/鏡餅（1月）

　正月の本来の意味は，魂（命）が新たになる月で，1年重ねる日という意味である．「年神（としがみ）」を家に迎え，そこから始まる1年を生き抜くエネルギーをもらうこと，またその年も五穀豊穣を祈願する日であった．正月の食べ物はその年神に供える神饌（しんせん）で，家族はその相伴に与ることでエネルギーをもらう．年神の神秘な力を象徴するのが「鏡餅」である．正月は，1年の健康を祈るために，家族で屠蘇（とそ）を酌み交わす．屠蘇には「ダイオウ」「ショクショウ」「キキョウ」「ケイシン」「ボウフ」「ビャクジュツ」「イタドリ」「ウズ」の8種の薬草が含まれている．雑煮の主体は餅である．餅は古くから神に供えられ，ハレの日の食べ物とされてきた．雑煮で正月を祝うようになったのは室町時代後期であるが，三が日におせち料理を供するようになったのは江戸時代の後半であるといわれている．餅の形には丸餅と角餅があり，いずれを使うかは地方によって異なる．「おせち」は「御節供」が略されたもので，節日（せちにち）に神に供える食べ物のことである．関東では「黒豆，数の子，ごまめ」，関西では「黒豆，数の子，たたきごぼう」を3つ肴といわれる．

七草粥（1月）

古来から正月7日に新菜を食べる習慣があった．春の七草では「セリ，ナズナ，ゴギョウ，ハコベラ，ホトケノザ，スズナ，スズシロ」を入れて粥をつくる．

節分（2月）

節分は立春，立夏，立秋，立冬の季節の変わり目をいうが，現在は立春の前日の節分（2月3日頃）だけが行事化されている．節分に欠かせない食べ物は「豆」である．豆まきは祓え清めの行事である．豆には霊力があると考える穀霊信仰が，この行事の背景にあり，災厄や邪気を鬼に見たてて，豆の力で追い払うという意味がある．

彼岸（3月）

彼岸は仏の悟りの世界，涅槃（ねはん）のことである．彼岸には牡丹餅（ぼたもち）を食べる習慣がある．これは牡丹の花の色と形から名づけられたといわれる．

七夕（7月）

七夕祭りには，笹竹に願いごとを書いた短冊や色紙を切った網，吹流しなどを飾って祝う．七夕の食べ物の「そうめん」は，昔の書物の「索麺」に由来する．これは奈良時代に中国から伝わった唐菓子の「索餅」に由来するといわれている．

新嘗祭（11月）

新嘗（にいなめ）祭は天皇がその年に収穫された新穀を神々に供えて農作物の恵みに感謝を捧げ，五穀豊穣を祈願し，神と共にその穀類を食べるという儀式である．第二次世界大戦後は「勤労感謝の日」となっているが，いずれにしても農家のご苦労や穀類の恵みに感謝する儀式である．この起源は明らかでないが，「日本書紀」（642年）では11月16日が新嘗祭であるとの記録がある．

冬至（12月）

冬至は1年で太陽が出ている時間がもっとも短く，寒さは冬至を境にしてますます厳しくなる．古代中国の天体思想では冬至を暦の起点とし，この日に厳かな儀式を行ったという．冬至にはカボチャを食べる習慣があるが，これは明治時代以降に広まったという．冬至に「ん」のつく食べ物を食べると運がいいといわれ

ており，カボチャは別名「なんきん」ということから食されているという説もある．

年の瀬（12月）

除夜の鐘を聞きながら，家族揃って「年越しそば」を食べるという一般に定着している習俗がある．「みそかそば」「つごもりそば」「大年そば」ともいわれる．これは1年の最後の食の風物詩である．年の瀬にそばを食べる理由については，諸説がある．一般にいわれているのは，「そばの細く長い形」からきたとする説がある．「寿命そば」「のびそば」の別名もあるほどである．

1年間の主な日本の季節ごとの行事としきたりに関連する料理や食べ物をあげると，表V-2のようなものがある．

表 V-2　季節ごとの行事などに関連する料理と食べ物の例

季 節	料理と食べ物
正 月	鏡餅，屠蘇，雑煮，餅（丸餅と角餅），おせち
春	七草粥，節分（豆まき），彼岸（ぼた餅）
夏	七夕（素麺），土用の丑の日（うなぎ），中元
秋	月見（団子），新嘗祭
冬	冬至（カボチャ，コンニャク）
年の瀬	年越しそば

［中丸ちづ子］

5　人生の儀式と食事

人が誕生してから成長，結婚，そして死に至るまでにはいろいろな儀式がある．誕生，雛祭り，端午の節句，七五三，初潮，入学，卒業，結婚，長寿の祝い，葬式などがあげられる．ここでは，主な儀式にかかわる食のみを記載する．

誕生日してから100日目には，健やかに成長することを願って，「お食い初め」という儀式を行う．その起源は「魚味始め」「五十日の祝い」「百日の祝い」といった儀式にあるとされている．

3月3日に雛人形を贈るという風習は室町時代に始まり，雛遊びの日として定着したのは江戸時代初期といわれる．江戸時代初期には雛人形は厄払いのための

ものであった．雛祭りの食べ物としては菱餅，雛あられ，白酒がある．また，料理には貝類が使われることが多かった．かつて，磯遊びで供された海の幸の流れをくむものと思われている．

5月5日の端午の節句には病除け，毒除けの意味で薬効のある菖蒲やヨモギが使われた．食べ物としては粽（ちまき）がある．この由来は古くは中国の戦国時代の伝説にある．柏餅が登場してくるのは，寛永年間（1624～1644年）以降だという．柏の葉は新芽が出てくるまで古い葉が落ちない．そこに「子どもが生まれるまで親は死なない」「家が途絶えない」という思いを重ね，柏の葉は子孫繁栄につながるとして，使われるようになったらしい．七五三の祝いの食べ物は地方によって異なる．千葉県の九十九里地方では，7歳の女の子には，成長を願ってたくさんのお汁粉を食べさせる風習があった．

「長寿の祝い」には満60歳の「還暦」，70歳の「古希」，77歳の「喜寿」，80歳の「傘寿」，88歳の「米寿」，90歳の「卒寿」，99歳の「白寿」が知られている．昔は，これらの祝いには家族とともににぎやかな宴を行ったが，現在は核家族化が進んでおり，派手に行うことは少なくなった．

葬式は人生最後の行事である．死者に対して，枕飾りにコメを中心とした食べ物が供えられる．これを「枕団子」「枕飯」という．通夜のときには「通夜ぶるまい」として，肉や魚などの生臭いものをさけた精進料理を出すのがしきたりとなっているが，このしきたりも変化し，肉も魚も出されている．

表 V-3　人生の儀式と食の習わし

人生の儀式	食の習わし
誕　生	お食い初め（赤飯．お膳に小石を並べる．健やかに成長することを願う）
雛祭り （3月3日）	人形を飾り，白酒，菱餅，桃の花などを供え，女の子の幸福を祈る
端午の節句 （5月5日）	男の子の節句で，邪気を払うために菖蒲やヨモギを軒に刺し，粽や柏餅を食べ，鯉のぼりを立て，よろい，かぶと，刀剣などを飾って，子の成長を祝う．
七五三 （11月15日）	子どもの成長を祈る祝い．祝儀の膳には，本膳に7菜，2の膳に5菜，3の膳に3菜をつける．
初　潮	赤色のご飯
結　婚	引き出物（鰹節，焼いた鯛，鯛の形をした落雁など）．結納（するめ，昆布，あわび（熨斗鮑））．祝い膳（祝儀肴，八寸，座付き椀，焼き物，蒸し物，油物，酢の物，留椀，香の物，赤飯，水菓子）
長寿の祝い	酒
葬　式	精進料理．塩

儀式に用いられるものとしては，御幣，譲葉（ゆずりは），裏白（うらじろ）などがある．御幣は四方に大きく手を広げ繁栄することを祈ったものである．譲葉は新しい葉が出てから古い葉が落ちることから，家督を子孫に譲ることを祝う意味である．また，裏白は，表は緑，裏は白のシダ類だが，裏をかえしても白いので清廉潔白，清浄な心を願ったものである．

そのほか，扇はその形から末広がりを意味するものである．四方紅（しほうべに）は鏡餅の敷き紙として用いられる，これは四方が赤く縁取られた紙で，赤い縁取りに災いを祓う意味がある．串柿は家族円満につながる縁起物である．儀式にまつわる食材としては，たとえば昆布があり，「喜ぶ」の語呂合わせにつながる．神饌で供えるタイは目出度いにつながるので飾る．エビに「海老」の漢字をあてているのは，エビの形が腰が曲がったようにみえるところからで，「腰が曲がるまで長生きできるように」と祈って食される．

人生の儀式と食の習わしをまとめると，表V-3のようになる． ［中丸ちづ子］

6 食と美意識

食べ物への食欲は，見た目による感覚は非常に重要である．たとえば，温かいものは温かい色の食品であるばかりでなく，食器の色も温かみのあるものであるのが好ましい．同様に，暑い日に涼しい感じのある色の食べ物と食器が求められる．特に，日本料理においては色彩の調和が求められ，菓子類では可愛らしさ，美しさなどが求められる．

色彩の調和がとれるのは補色関係にある色同士である．補色調和とは赤と緑，黄と紫，青と紫，黒と白のような補色（反対色）関係である．食べ物が黄色の場合，紫の皿，食べ物の色が紫色で黄色の皿の場合，調和がとれる．マグロの刺し身にシソ，笹，パセリ，海藻などの緑色を，つまとしてあしらうのは典型的な組合せである．

一方，類似調和といって，似た色合いを組み合わせる方法もある．茶色の皿に黄色の卵焼きが盛り付けられるのは，この例である．また，同一色相の濃淡の2色を組み合わせる，同系色調和という組合せもある．たとえば，ベージュの皿にベージュの煮物を盛り付けて，同色系の濃淡を強調し，いちだんとおいしく見せる効果も利用されている．日本料理に多く利用される組合せとしては，有彩色一色と無彩色を組み合わせる単色調和という効果がある．たとえば，緑色や赤色一

色と，無彩色は黒，灰色，白色のいずれかの一色と組み合わせる方法である．

料理や食べ物の美味しさには，上記のように器の色，形と料理の色の組合せが重要であるが，料理を味わう環境の視空間を100とすれば，料理はわずかに5％の色面積でしかなく，その色や形が与える影響は美味しさにアクセントをもたらす程度という．器と卓上が25％の視面積で，残りの70％は食事の環境（食事の雰囲気，座敷，床の間，調度品，庭園）が食欲や美味しさに影響するといわれている．したがって，食事には，食べ物の色や形よりも，環境が非常に強く影響するといえる．すなわち，食事のときの環境は，美味しさばかりでなく，食べる人の精神的状態，健康状態，教養と経験の深さ，価値観，審美眼，愛情ある人間関係など無数のファクターが関与するといわれている． [中丸ちづ子・成瀬宇平]

7 食のことわざと人生の意義

食に関することわざ，伝承，教訓は無数にあるが，それには迷信，妄信，俗信などがほとんどで，科学的評価が正しいかどうかが疑問であるものも多い．しかし，ことわざや伝承，教訓などが科学的に疑問があっても，ややもするとこじれがちな人間関係を円滑するもの，心身の健康のみならず，社会の健全性に役立つものも多い．ここでは，人生の教訓や健康に関するもののいくつかを述べる．

あくが抜ける

人の性質や文章などに，一種の「しぶとさ」や「しつこさ」のあることを指して，「あいつはずいぶん嫌味な，あくの強い男だが…」といった使い方をする場合がある．「あくが抜ける」はこの「あく」に関する言葉で，「人の性質が洗練されて嫌味がなくなる，さっぱりしている」という意味を「あくが抜ける」という．なお「あく」は，野菜などに含まれる灰分を指す場合がある．この際の「あくが抜ける」は苦味などのある灰分が除かれることをいう．

うどの大木

「からだばかりは大きいが，役に立たない人」のたとえで，身体的には成長が著しいが，なにかしくじった場合などに軽く冷やかすのに使われることもある．ウド（独活）は日本原産のウコギ科の植物である．韓国や中国にも自生しているが，日本料理には独特の風味と食感がある．春になると，冬を越した根株から太い新

芽が10本内外萌え出て，すくすくと成長する．草にしては2mにも達する大木になる．成長したものは食べるには硬く，材木としては折れやすく，何の役にも立たないので，役に立たないときや人に対して，その代名詞として使われる．

菜種から油まで

「菜種から油をしぼる過程のすべてから，最初から最後まで」の意味に使われる．昔は，日本では植物油の原料として菜種が使われた．早めに収穫した種は，細かい円形で，これから粉砕，蒸熱，圧搾して油を調製する．昔の植物油は純度が低いので粘りがあった．油売りは量り売りをするときに，粘りがあるので時間がかかった．このことから，不必要に時間をかけて仕事をさぼることを「油を売る」ということになったという．

菜種油を構成している特殊な脂肪酸のエルシン酸（またはエルカ酸）は，動物実験では心臓で油脂がエネルギー源となるときに利用されず，心臓に蓄積し，動脈硬化を進展させるということで，食用には使われなくなっていたが，近年では副腎白質ジストロフィという代謝病の症状を軽減するという働きがあることが知られている．

粗食は成功のもと

「粗末な食事をとり，適正な食生活をすることの意義は大きい」という意味である．エネルギーをとり過ぎると肥満になり，生活習慣病の原因となることが明らかになり，個人個人に適正な食事や食生活の必要性を求められるようになった．さらには，たんぱく質，糖質，脂質，ビタミン類，ミネラル類の5つの栄養素に加えて，食物繊維が腸内細菌を正常化し，腸の働きを活発にすることが認められ，第6の栄養素として注目されている．厚生労働省や農林水産省は『食生活指針』『健康日本21』を提示し，さらに厚生労働省では『食事バランスガイド』を，バランスのとれた食生活のモデルとして提示している．食育基本法では，食生活は子どもの心身の正しい成長に重要であることを示唆している．

山にはまぐりを求む

「方法を誤っては，事は成就しないこと」のたとえである．すなわち，ハマグリをとるには海に行かねばならないのに，山に行ってとろうとすることに由来する．お門違いな方法や手段で望むものは得られないことを意味する．

移り箸はいけない

　「箸の上げ下げにまで小言をいう」ということは，昔からいわれているが，日本の食事作法の中でもとりわけ厳しいマナーが箸の使い方である．室町時代から公家や僧侶の間に発達した料理の美学は，やがて武家や一般の人々にも普及した．特に，「移り箸」と「菜越（なご）し」の戒めはのちのちまで伝承されている．

　その他，次のような作法が不作法とされている．

- 移り箸：「菜の菜」ともいう．おかずを一口食べたら，その次にはごはんを食べずに，おかずからおかずに箸をつけること
- 菜越し：おかずを持ち出された順に食べずに，前にある皿を越して，向こうにあるおかずに箸をつけること
- まどい箸：おかずを食べるのに，これと定めずに，あれこれと箸をつけ，迷いうろたえること
- 箸なまり：1つのおかずをいつまでも食べ，埒（らち）のあかないこと
- もろおこし：食べ始めのときに，お椀と箸を一度に手にとること．お椀をとってから箸をとるように，二度に分けたほうが見苦しくない
- ちょうぶく箸：食べ終わって箸を置くときに，それを逆に置くこと
- よこ箸（もぎり箸）：箸についたご飯粒やおかずを箸を横にして口でなめとること
- うら箸（かし箸）：食べようと箸をつけながら止めること
- さぐり箸：食器の中に，何か自分の好物はないかと箸でさぐること
- にぎりこ箸：箸についたものを，片一方の箸で取り除くこと
- 込み箸：口にいっぱいに料理を箸で押し込むこと
- 膳なし箸：膳の向こうにあるおかずを器にとらないで食べること
- もじ箸：煮物などを膳の上で箸を使い，ほじって食べること

青葉は目の保養

　「目が病んだとき，遠方の山や青葉に目をやることは健康法の1つ」の意味．近い距離で本を読んだりパソコンで仕事をすると，目が疲れる．このようなときに，ときどき遠方の山や青葉に目の焦点を変えることは健康法の1つである．

豆を植えて稗（ひえ）を得る

　「好結果を得ようとして，かえって予想外の結果を招く」ことのたとえ．豆は大

豆をさす．大豆を植えて豆が収穫できるのは当然であるが，その努力が報われないで，稗しか得られなかったという意味で，転じて「期待はずれに終わること」「意外な結果を招くこと」のたとえに用いられる．豆は大粒で味もよいが，稗は小粒であまり味がよくないことに由来する．

這っても黒豆

「自分の説が間違っていたら，いさぎよく撤回すればいいのに，自説に固執する」のたとえで，明白な事実であるのにもかかわらず，その道理に従わないで，自説をあくまでも主張する場合などに使われる．黒い豆のようなものがあるのを，一人は黒豆といい，一人は黒い虫であるといって，お互いに譲らないでいると，そのうちに，その黒いものが這い出したので，「それ見ろ，虫だ」といったが，黒豆説の人はそれでも黒豆といって説を曲げない，というたとえ話からきている．

小豆（あずき）の豆腐

豆腐はふつう大豆でつくられるので，「あるはずのないもの」のたとえとして使われる．豆腐は大豆からつくるから，小豆からつくる豆腐は「あるはずがない」こと，あるいは「あり得ないこと」に由来する．小豆は重宝な食材であるのにもかかわらず，大豆の「大」に対して小豆の「小」と軽んじられ，名前で損をしている．

ごまかす

「見せかけだけよくて内容のともなわないもの，だまして人目をまぎらわすこと」のたとえである．江戸時代に胡麻胴乱（ごまどうらん）という菓子があった．小麦粉にゴマを混ぜて焼き，大きく膨らましたもので，中が空になっていた．これから，「胡麻菓子」→「誤魔化す」と転じたといわれる．

山椒は小粒でもぴりりと辛い

「からだは小さいが，鋭い気性やすぐれた才能があってあなどれない」のたとえである．からだは小さくても気性が激しく，才能が優れていて，ばかにすることができないときに使う．ナポレオンは小男でも優秀な人間だったことから，「小さな頭には偉大なる観念が宿る」というたとえがヨーロッパにはあるようである．なお，山椒の辛み成分はサンショウオールといい，局所麻酔の作用がある．

火中の栗を拾う
　「他人の利益のために危険をおかして，ばかな目にあう」のたとえ．焚き火の中の栗は，おいしいけれども注意しないと熱くて火傷をしてしまうことや，はじけて怪我をすることに由来し，「他人の利益のために危険をおかすたとえ」に使われる．

トドのつまり
　「つまるところ」「結局」の意味に使われる．多くは思わしくない結果のときに用いられる．この語源については，次のような説がある．
① トド（止）のツマリ（詰・留）の意義
② トドは，成長とともに名が変わる出世魚のボラが，幼魚のときから順次名を変える最終の呼び名．
③ トドはトウドウ（到頭）の略．
　　　　　　　　　　　　　　　　　　　　　　　　　［中丸ちづ子・成瀬宇平］

8　お供え物の意味

　正月や神饌などのお供え物には，それぞれに意味がある．

正　月
　橙は実が熟してからも長く木から落ちずに育つことから，家が代々にわたって長寿であるようにとの願いを込めたものである．

門　松
　正月に玄関や門前に「門松」を立てるのは，新年を迎える際に，年神様が降りてくるときの目印とした．玄関に向かって左側の門松を雄松（おまつ），右側を雌松（めまつ）という．松が飾られるようになったのは平安時代以降で，それまでは杉を用いていた．

しめ飾り
　正月近くなると，玄関や家の神棚に「しめ飾り」を飾る．正月に年神様を迎える準備を表す．

鏡餅

　正月に餅を食べる習わしの由来は，中国で元旦に固い餅を食べる習慣にある．宮中では「歯固め」の儀式として始まったことに由来する．もともと，餅はハレの日に神様に捧げる神聖な食べ物と考えられていた．正月に年神様に供える目的で現在のような鏡餅が供えられるようになったのは，室町時代以降のことといわれる．鏡餅といわれる理由は，昔の鏡が円形だったためで，人の魂（心臓）を模したことから丸餅になった．大小重ね合わせるのは，月（陰）と日（陽）を現し，福徳が重なって縁起がいいと考えられたからといわれる．

神饌（しんせん）

　神前に供える食べ物（食饌）のことで，神にすすめ，同時に神と人が同じものを味わい楽しむことにより，神と同化し，神の力をいただけるという信仰に由来する．したがって，神饌は神の御心にかなった神の好まれる食物であり，それはまた古代の日本人にも好物だったという，重要な食物であった．神饌の中で主要なものはコメと魚，塩，水である．また，酒もコメの加工品であるからコメと同様に重要なものであった．魚はコメと並んで神饌の重要なものである．神を祭り，神と共食するにはナマグサイ魚は絶対に必要とされた．「延喜式」（927年）にある海産物の神饌にはアワビ，カツオ，サケ，タイ，イカ，アユ，サヨリ，タコ，コイ，イリコ，海藻（昆布，ミル，ワカメなど），干し魚などの加工品がある．野菜，果物なども供える．

　神饌に用いられる魚の意味は次のようにいわれている．コイは出世魚・祝儀魚といわれ，縁起よい魚として珍重されている．アユは神功皇后が三韓征伐の折に，戦勝の占いに用いられた．タイは「めでたい」に通ずることと，姿・形，色彩が美しいこと，日本人の嗜好に合うことにより神饌に用いられる．カツオは勝つ魚に通じ，勝魚として祝杯に用いられたことによる．　　　　[中丸ちづ子・成瀬宇平]

9　地域の行事と料理

　日本各地にはその地域独特の食文化，行事があり，また収穫あるいは栽培できる食材によって根づいた伝統料理がある．コメを主体とした日本の各地の食文化は，決して毎日食べる物ではなく，ハレの日や特別の日にだけ食べる場合もあった．ここでは，各地域について代表的な郷土料理や名産品を紹介する（表V-4）．

表 V-4　各地域の主な郷土料理・名産品と祭の例

都道府県	郷土料理・名産品	代表的な祭
北海道	石狩鍋，ニシン寿司，飯ずし，イカ飯，松前漬け，ニシンそば，ジンギスカン鍋，石狩漬け，ルイベ，めふん，鉄砲汁，あど汁，ちゃんちゃん焼き，鮭汁，三平汁，シシャモ	札幌雪まつり，然別湖コタンまつり，オロチョンの火祭り
青　森	かすべの共和え，イカの鉄砲焼き，じゃっぱ汁，粥の汁，リンゴ，ニンニク，十三湖シジミ	青森ねぶた，弘前ねぶた，恐山大祭
岩　手	ずんだ餅，どんこ汁，南部鮭のたたき，濃餅（のうぺい），わんこそば，松藻そば，ワカメ，冷麺	チャグチャグ馬コ，遠野まつり，日高火防祭，鹿踊り
宮　城	かき，クジラ料理，笹かまぼこ，ずんだ餅，仙台味噌，長なす漬け，ほや	仙台七夕まつり
秋　田	石焼鍋，いぶりたくわん，イワガキ，きりたんぽ，しょっつる鍋，はたはた寿司，ぶりっ子	竿灯祭り，なまはげ，ぼんでん，横手のかまくら
山　形	芋の子汁，粥寿司，コンニャク，サクランボ，三五八漬け，ドンガラ汁，やたら漬け，米沢牛，米沢鯉，芋煮会，菊の花の漬物	花笠踊り，米沢上杉まつり
福　島	アユ味噌，従兄弟漬け，ウニの貝焼き，紅葉汁，サンマのみりん干し，ニシン寿司，ニシンの山椒漬け	相馬野馬追い，会津白虎まつり，西方水かけまつり（泥かけまつり）
茨　城	アンコウ鍋，がぜ焼き，久慈コンニャク（凍りコンニャク），納豆，ワカサギの佃煮，のし梅，レンコン	日立風流物
栃　木	芋串，落人料理，カンピョウ，コンニャク，酢豆，日光湯葉，マス料理，ナスのからし漬け，たまり漬け	東照宮春の大祭，強飯式
群　馬	磯部煎餅，凍り大根，下仁田ネギ，コンニャク，すすり団子，水沢うどん，峠の釜飯，ナマズ料理，フナの甘露煮	
埼　玉	猪鍋，ウナギ，くわい，鯉の洗い，五家宝，狭山茶，草加煎餅，ナマズの天ぷら，深谷ネギ	秩父夜祭，川越氷川祭
千　葉	アジのたたき，イワシのさんが，イワシのすり身汁，クジラのたれ，サンマの沖膾，醤油，なめろう，ビワ，ラッカセイ	
東　京	アオヤギ，アサクサノリ，アシタバ（伊豆七島），うな丼，江戸前鮨，お好み焼き（もんじゃ焼き），蒲焼，天丼，親子丼，きんぴらごぼう，ちゃんこ鍋，天ぷら，とんかつ，深川鍋，べったら漬け	神田祭，三社祭，山王祭
神奈川	イカの塩辛，梅干，蒲鉾，鎌倉漬け，牛鍋，精進料理，牡丹鍋（猪鍋）	横浜みなと祭，浜降祭，鶴岡八幡宮例大祭

表 V-4 各地域の主な郷土料理・名産品と祭の例（つづき）

都道府県	郷土料理・名産品	代表的な祭
山梨	うどん飯，お練，おやき，ほうとう	信玄公まつり
長野	おやき，そば，信玄寿司，鯉，ざざむし，信玄雑煮，野沢菜，馬肉料理，ワカサギの利休煮	御柱祭
新潟	アユの石焼，イカの刺し身，越後雑煮，海府海苔，献残焼き，塩引き，鯛の黒干し，わっぱ飯	
富山	イカの黒作り，カブラ寿司，タケノコ料理，タラ汁，ブリ大根，ホタルイカ，マス寿司	高岡御車山祭
石川	いしる，イワシの糠漬け，加賀野菜，カブラ寿司，治部煮，生麩料理，フグの糠漬け	
福井	赤芋茎のすこ，うち豆汁，越前蟹，小鯛の笹漬け，精進料理，へしこ漬け，若狭カレイ	
岐阜	赤カブ漬け，アユ料理，寒天，精進料理，フナ味噌，朴葉味噌，田楽	高山祭，白川村どぶろく祭
静岡	アジのたたき膾，猪鍋，うなぎ料理，すこね寿司，静岡茶，とろろ汁，浜納豆，おでん，サクラエビ料理	浜松まつり
愛知	アメ茶漬け，いなりずし，きしめん，このわた，味噌煮込み，味噌かつ，焼き竹輪，ふろふき大根	犬山祭，奥三河の花祭
三重	伊勢うどん，伊勢素麺，伊勢沢庵，お講汁，コウナゴ料理，山酔焼き，時雨蛤，てこね寿司，べっこう寿司	上野天神祭
滋賀	イサザの佃煮，近江茶，近江牛，ゲンゴロウフナ鮨，瀬田シジミ，ニジマス料理	
京都	アユ料理，芋棒，魚そうめん，宇治茶，黄檗料理，会席料理，懐石料理，川床料理，京野菜，京料理，サバ鮨，精進料理，千枚漬け，タケノコ料理，鱧料理，湯豆腐，湯葉　祇園祭り	曲水の宴，葵祭，祇園祭，大文字送り火，時代祭，鞍馬の火祭り
大阪	イカ焼き，うどん鍬，大阪鮨，きつねうどん，船場汁，バッテラ，まむし料理，ホルモン煮込み　だんじり祭り	十日戎，天神祭
兵庫	明石鯛，明石蛸，明石焼き，イカナゴの釘煮，神戸牛，サワラの味噌漬け，播州素麺，牡丹鍋	
奈良	柿の葉鮨，鯉の納豆汁，つるべ鮨，奈良雑煮，ほうの葉鮨	若草山焼き，春日祭，お水取り
和歌山	あしべ焼き，ウツボ料理，梅干，豆腐，サバ汁，手こね鮨，マグロ料理，目張り鮨	

表 Ⅴ-4 各地域の主な郷土料理・名産品と祭の例（つづき）

都道府県	郷土料理・名産品	代表的な祭
鳥取	アズキ雑煮，アユ鮨，砂丘料理，松露料理，松葉ガニ	
島根	アユ飯，出雲そば，シジミ汁，スズキの奉書焼，鯛料理，濃餅汁，ワカメうどん	
岡山	イカナゴ料理，シラウオ料理，鯛の浜焼き，ばら鮨，ママカリ	
広島	アナゴ飯，埋ずめ飯（うずめめし），かき料理，小いわしの刺し身，鯛麺，広島焼き	管絃祭
山口	アナゴ飯，アユうるか，岩国鮨，から鮨，クジラ料理，すり流し汁，ふぐ料理	
徳島	アユ料理，コウナゴ料理，たらいうどん，鳴門鯛，鳴門ワカメ　阿波踊り	阿波踊り
香川	イカナゴ料理，餡餅雑煮，打ち込み汁，源平鍋，讃岐うどん　金比羅祭り	ひょうげ祭り
愛媛	イギスうどん，鯛めし，鯛麺，伊予鮨，蛸飯	和霊大祭
高知	イワシの卵の花鮨，お仏煮（おぶつに），カツオ料理，サバ鮨，皿鉢料理，土佐の薩摩汁，糠味噌汁	
福岡	イワシのちり鍋，ウナギ料理，エツ料理，サバの味噌煮，筑前雑煮，博多水炊き　博多どんたく	博多どんたく，博多祇園山笠，戸畑祇園大山笠，小倉祇園太鼓
佐賀	エツ料理，御九日煮込み（おくにごみ），クジラ料理，雑炊（ずらし），ムツゴロウ料理	出雲大社神在祭
長崎	アゴ料理，アラ料理，イカ墨素麺，大村鮨，ガンバ料理，具雑煮，卓袱料理，長崎ちゃんぽん，冷汁，クジラ料理	長崎くんち
熊本	アユの竹鮨，辛子レンコン，キビナゴ鍋，水前寺海苔	
大分	アジ料理，サバ料理，猪雑煮，芋切り雑煮，黄飯（きめし），城下カレイ料理，きらすま飯	
宮崎	灰汁巻き（あくまき），アユ料理，シイタケの八杯汁，つくらの姿鮨，ニワトリの丸焼き，冷汁	
鹿児島	灰汁巻き，イギス料理，カツオの煎汁，カツオの腹皮料理，カツオのびんた料理（カツオの頭料理），黒豚料理，桜大根，サツマイモ，薩摩汁，生節飯	
沖縄	豚足料理，豆腐の炒め煮，ゴウヤ料理，チャンブル，昆布料理，沖縄料理，耳皮料理，豚肉料理，八重山料理	那覇綱引き

① 日本の各地の代表的祭

北海道

「イヨマンテ」は，熊を神に見立てたアイヌの祭で，肉体に閉じ込められている神を解放して，「霊の世界」に送るため，熊を殺してその肉を一同が食べる．

東　北

「弘前ねぷた祭り」(8月1～7日)，「青森ねぶた祭り」(8月3～7日)，「秋田竿燈祭り」(8月5～7日)．神輿に扇や燈籠をのせて，賑やかに街をひき歩く祭りで一種の「喧嘩祭り」である．最後の日には夏の睡魔を水に流すという意味が含まれ，飾りや扇，燈籠などを焼いて水に流す．

秋田県男鹿市で行われる「秋田のなまはげ」(12月31日)は，「来訪神」という祭りの一種で，鬼の面をかぶったなまはげが家に入り込みながら「泣く子はいないか，いれば山に連れて行ってしまうぞ」と脅す．頃合を見はからって家の主人がなまはげに酒肴を与え，ご機嫌をとる，という祭りである．

この種の来訪神には，沖縄のマユンガナシ，アカマタ・クロマタ，兵庫県淡路島のヤマドッサン，鹿児島のトシドン（年殿），石川のアマメハギ，岡山・鳥取・島根・兵庫のホトホト，岩手のスネカ，福島のカサトリマワシなどがある．

岩手県水沢市の黒石（こくせき）寺で行われる「蘇民祭（そみんさい）」（旧正月7日，2月3日）は，災厄を払い五穀豊穣を願う千年の薬師信仰に生きる男たちの熱き祭である．当日は社務所の前で餅をつき始め，市民の無病息災，商工繁栄，家内安全，五穀豊穣と国家平和を祈る祈年祭（とこしえのまつり）を行い，境内の内外を清める浄火祭りの力餅をまく．「備後国風土記」に記載されている，北海に坐す蘇民将来と巨旦将来（こたんしょうらい）という兄弟の武塔神の伝説による（武塔神は「スサノオ」といわれる）．「蘇民祭」は，このほかに，岩手県大東町，山形県米沢市の笹野，埼玉県飯能市の天王山竹寺，長野県上田市の国分寺，山口県宇部市の中津瀬神社，三重県伊勢・志摩・熊野地方，島根県佐田町などで行われている．

関　東

茨城県の祭には，岩間地方の「悪態祭」または「悪口祭」(11月14日)，東茨城郡旧桂村の「虫下し祭り」(旧暦7月10日)，鹿嶋市の「鹿島神宮頭祭」(3月9日)

がある．茨城県では悪路王の顔に似せて彫った木製の首像を神格化し，社宝に奉りあげて，これにまつわる祭事が多い．鹿島神宮には12年に1度の9月1日に「神幸祭」があり，3月9日には「祭頭祭」がある．これに関連して千葉県佐原市の香取神社には「神幸祭」（12年に1回，三月の初午の日）がある．香取神社では4月4日に「お田植え祭り」という「かちとり神事」という無事に田植えを終え，秋の収穫を待つお祭りがある．いずれの祭も，漁民の大漁と航行安全の祈願，農民の五穀豊穣を祈願する．

東京の下町に夏の訪れを告げる祭「江戸の三大祭」の1つが，浅草の「三社祭」（5月の第3金曜日から3日間）．推古36年（628）に，隅田川から黄金の聖観音像が見つかり，これを見つけた漁師3人について「阿弥陀如来」「観世音菩薩」「勢至菩薩」に化現され，三社大権現の尊称を奉られて祈願されるようになった．これが「三社」の由来である．浅草寺の祭が「三社祭」で，観音様の祭が「ほおずき市」である．

江戸城の「裏鬼門」を護る日枝神社の「山王祭」は，神田明神の祭とともに「天下祭」といわれる．神田明神は武蔵国をたばねる社として信仰を集めている．神田明神（神田祭は5月15日が例大祭）と並んで江戸の中心的な神社が日枝神社で，6月15日を中心とした1週間が「山王祭」となる．なお，全国に「日枝神社」あるいは「日吉神社」と称する社は多く，約3800ほどあり，その総本山は滋賀県大津市坂本町にある日吉大社である．

東海・甲信越

長野県伊那郡上村と南信濃村の「遠山祭」（霜月祭，12月8日から1月3日）は，信州の秘境で行われる「湯立て神事」である．信州の正八幡神社には農耕に必要な木火土金水の5神を合祀してあり，竈に火を入れて湯立てを行う祭である．各神々の湯立てを行い，最後には魂を鎮めるために舞いが奉納され，直会が行われる．長野県諏訪市の諏訪大社の「御柱祭」は寅と申にあたる7年ごとの4月から5月に行う大祭である．大社には8本の「御柱」が用意され，「山出し」「木落とし」「川越し」「里曳き」「冠落とし」「建て御柱」などの儀式が行われる．山梨県吉田市の「吉田の火祭」（8月26日，27日）は本邦「三大奇祭」の1つとなっている．正式には「鎮火大祭」という．吉田の町の通りの各所と富士山上の山小屋の相双方で呼応してかがり火を焚く行事で名高い．

中部・関西

　奈良県の主要な祭には，春日若宮おん祭り（12月17日，奈良市春日大社），お綱祭り（2月11日，桜井市）がある．また，京都府では，京都市の祇園，葵，時代の京都三大祭の中でも，「京都祇園祭」（7月1日から29日）が中心となる．この日には「サバの棒鮨」が用意される．愛知県の東三河の「花祭り」（11月～3月）には，津具村の「花祭り」，設楽町の「参候祭」，御津町の「天王祭」，蒲郡市の「三谷祭」などがある．岐阜県には，大野郡の飛驒一ノ宮・水無神社例祭（5月1，2日），高山市の高山祭（4月14，15日，10月9，10日ほか）がある．特に，古代飛驒には日本のルーツがあるともいわれる．熊野信仰の歴史には，日本の神道，仏教，修験道の文化の流れが1つにまとまっているともいわれる．新宮・神倉神社の「お灯祭り」（3月6日），熊野本宮の「本宮祭り」（4月15日），那智大社の「那智の火祭り」（7月14日），花窟神社の「お綱かけ神事」（2月2日，10月2日）など代表的な祭がある．熊野信仰を本格的に有名にしたのは，平安中期の白河上皇から本格的に始まる「熊野詣で」である．日本の神社全体をまとめている伊勢神宮（三重県伊勢市）には，神嘗祭（10月15日から25日），新嘗祭（11月23日）がある．

山陰・中国

　岡山県岡山市の金陵山に西大寺観音院の西大寺会陽（2月第三土曜日）は，2本の宝木を求め，裸の男たちが繰り広げる祭．島根県邑智郡一帯に広がる古式の「大元神楽」が式年祭事として行われている．この特色は，託太夫と呼ばれる人が「神懸り」して「託宣」を行うという古い儀式をそのまま神楽で伝えていることである．八百万の神々が集い，篤い信仰に支えられてきた出雲神社（島根県大社町）には出雲大社神在祭り（旧暦10月10日～17日）はスサノオの信仰の祭である．10月は神が集まるので「神無月」を「神在月」となる．

四国

　阿波踊り．徳島県徳島市で8月12～15日に，お盆の行事として200以上のグループ（連）が陽気に，情熱的に踊る祭である．行列して踊るので，一種の「念仏踊り」である．本来の目的は，亡くなった人の霊を慰め，送り出すことにある．最近は全国的に，町起こしなどのイベントを兼ねて行われている．

　和霊大祭（わらいたいさい）．愛媛県宇和島市の和霊神社の祭で，7月23，24日

に行われる．18世紀から行われている祭で，牛鬼の行列や，神輿が漁船に乗せられて和霊神社まで運ばれる．

九州

博多に夏を告げ，博多っ子の血を騒がせるのが櫛田神社（博多市）から「追い山」をスタートする「博多祇園笠」（7月1日から15日）である．追い山には西流・土居流・中州流・大黒流・恵比寿流・東流・千代流の7流れ7台が登場する．この祭の原形は「病魔退散祈願」にあるとのことである．大きな冠物が揺れ，鬼の面が舞う佐賀の「天衝舞（てんつくまい）」と「浮立（ふりゅう）」がある．佐賀県佐賀市富士見町の諏訪神社で毎年10月の第三日曜日に行われる．大分県宇佐市の宇佐八幡に「放生会」（旧暦8月13日から3日間）と「行幸会」（卯と酉の年の11月）に行われる．宇佐神社は全国「八幡神宮」の総本山で，祭事の正体は「邪馬台国」や古代朝鮮との関係など，この神宮には謎が多い．

沖縄

那覇綱引きが有名である．琉球王朝時代から行われている祭で，10月8～10日に行われる．直径1m，長さ100mの綱を数千人で引っ張り合う．

ほかに与那原綱引きがあり．与那原（よなばる）町では6月15日に近い日曜日に行う． ［中丸ちづ子・成瀬宇平］

VI 学校における食育の現場—実践編

　本章では，学校における食育の基本的な考え方と，茨城県取手市立六郷小学校の食に関する指導の研究実践を中心に，つくば市立真瀬小学校，同島名小学校，同高山中学校の実践を紹介する．

1　学校における食育の進め方

① いま，なぜ食育か

「生きる力」の基礎としての食育

　「徳育・知育・体育より食育が先．体育・徳育の根源も食育にあり」（明治36（1903）年，村井弦齋）と，食育の重要性は，医食同源という概念とともに100年以上前から指摘されてきた．今，学校で求められている「生きる力」の育成のために，食育は「生きる力」の基礎として，真っ先に取り組まなければならない課題である．

子どもたちを取り巻く食の現状

　いま学校では，よく骨折をする，朝礼で倒れる，体調不良を訴える，欠席が多い，また，肥満，小児生活習慣病，極度の痩身指向による拒食・細食など病理的な問題をかかえる子どもたちや，朝からボーっとしている，意欲がない，落ち着きがない，友達ができない，よくキレるなど行動面で問題をかかえる子どもたちが増えている．このことは，学級崩壊，非行，不登校，引き込もり，いじめ，自殺などの問題行動につながりやすい．このような問題の背景として，子どもたちを取り巻く食生活の諸問題との関連が，多くの研究者により指摘されている．
　我が国の経済発展とともに国民の食生活は，「乏食」から「豊食」へ，「豊食」から「飽食」へと変化し，今まさに「崩食」の危機に直面している．
　経済の豊かさや生活の欧米化につれ，子どもに食べさせたい食物より食べたが

る食物が食卓を飾り，野菜・魚主体の食事から肉主体の食事になる傾向がみられる．そして，偏食や間食による栄養バランスの崩れが，肥満や小児生活習慣病を招く．

母親の社会進出や子どもの塾通いなどライフスタイルの変化は，ファーストフード，食の外部化，欠食，孤食に拍車をかけ，食生活や食習慣の乱れにつながる．

核家族化は，にぎやかで楽しい家庭の食事風景を一変させた．マナーやしつけはおろそかになり，家庭や地域の伝統食や行事食は影をひそめている．地場産の旬の味わい，食の楽しさ，食の美しさを犠牲にし，補助食品に頼り，早くて便利な機能食としての食事に変わる傾向にある．いわゆる食文化の衰退である．

また，経済優先のもと，食品添加物，農薬，遺伝子組換え作物など食の安全が懸念され，食料の外地化，食料自給率低下などの問題にも直面している．

このように，豊かさや社会全体のライフスタイルの変化により，子どもたちはいま，食生活や食習慣の乱れ，食文化の衰退，食の安全の問題などにさらされている．そして，「生きる力」の根源である「食事力」は弱まり，健全な心と体の発達に重大な影響が出始めている．

食育基本法の制定

欧米諸国をはじめとする先進国は，食育を国家的課題と位置づけ，その対策に取り組み始めた．それだけ，食育は重要な課題なのである．我が国でも平成17（2005）年に食育基本法が制定され，教育機関や関係諸官庁，地方公共団体，地域や家庭などでの食育の推進が求められている．

このように，食育は国をあげて取り組まなければならない重要な課題である．本来なら，食育の大部分は家庭教育の範ちゅうに入る．しかし，家庭教育力の低下が著しい昨今，未来を担う子どもたちのために，学校教育が，家庭・地域と連携をとりながら積極的に食育を推進していかなければならない． ［久野　仁］

② どこで，誰が，どのように，何を，いつ，指導するのか

食に関する指導を教育現場でどのように展開したらよいのか．ここでは，5W1Hに沿って食育のキーワードとなる事柄を中心に述べてみたい（図Ⅵ-1）．

どこで〈教育課程上の位置づけ〉

学校における食育の推進をはばむ一番の要因は，食に関する指導が教育課程上に明確に位置づけられていないことである．もちろん，家庭科での「食事への関

心」「簡単な調理」などや，保健体育での「生活習慣病」，特別活動での「健康や安全に関すること」など，食に関する内容は，教科・領域・特別活動に組み込まれているが，現在の問題化する食の現状からみると十分とはいえない．

いま学校は，食育基本法の制定や栄養教諭の学校配置にともない，食に関する指導が体系的・継続的に行われるよう，学校の教育課程を再構築しなければならない．どこで（教科，領域，特別活動），誰が，どのように，何を，いつ指導するのかが明確に示された教育課程や教育計画の編成が急務である．

誰が〈栄養教諭の配置〉

栄養教諭制度が創設され，一部ではあるが学校に配置されている．もちろん，食に関する指導は，栄養教諭が一人で行うものではなく，教職員全員で行うものである．

しかし，栄養教諭は，学校における食に関する指導の要である．食に関する指導のプランナー，ティーチャー，コーディネーター，アドバイザーとして，また，学校給食の現場管理者として，次のような広範囲の活躍が期待されている．

(1) 食に関する指導
　・食の指導に関する全体計画の作成や教職員への助言
　・肥満，偏食，食物アレルギーなどの児童生徒に対する個別指導
　・教科，道徳，特別活動などでの，学級担任などと連携した授業
　・学校給食の時間でのワンポイント指導など
　・他の教職員や家庭・地域と連携した指導を推進するための連絡・調整
　・児童生徒や家庭への広報活動
(2) 学校給食の管理
　　衛生管理，栄養管理，検食，物資管理など

どのように〈連携，地域，体験〉

食育は家庭教育の主要な領域である．しかし，家庭教育の機能が低下した現在，学校が家庭を巻き込む形での食育の推進が望まれる．家庭との連携が食育の柱と考える．さらに，広範囲となった食育の領域をカバーするには，専門家や地域の人材を積極的にゲストティーチャー（GT）として活用することが効果的である．食に関する指導は，家庭・地域・関係機関などとの連携をとりながら，体験活動を通して推進することが大切である．

何を，いつ〈単元化と指導計画〉

　食に関する指導において，何をいつ指導するのかは，完全には明確化されておらず，学校や担任の裁量に負うところが多い．学校においては，指導すべき内容を単元化し，それを児童・生徒の実態や発達段階に合わせ，学年に配当し，学年毎の年間指導計画を作成するべきである．いつ，どこで，だれが，何を指導するかが明確に示された食に関する指導の全体計画も当然必要である．

　ここに，学校における食に関する指導で考えられる単元と題材や活動名を列挙してみる．これらのいくつかは，すでに教科の内容として組み入れられている．

表 VI-1　食育の単元・題材例

単　元	題　材　や　活　動
食生活と健康	栄養の種類と働き，食物と栄養，バランスのよい食事，食べ物の好き嫌いをなくそう，野菜を食べよう，生活習慣病の予防，食事とダイエット，補助食品，おやつと夜食，よく噛もう，食生活指針（食事バランスガイド）など
食習慣と食文化	正しい食習慣（朝食欠食や間食），食事のマナー，スローフードとファーストフード，世界の食習慣と食文化，郷土食と伝統食，保存食，旬の食材と食の歳時，食の歴史，薬膳と精進料理食のことわざなど
食の安全	食中毒の予防と食べ合わせ，成分など表示と食品添加物，遺伝子組換え食品，農薬と輸入農産物，食と環境，食とアレルギーなど
食物と生産・流通・消費	郷土の食材と地産地消，食材の生産と流通，世界の食糧分布，我が国の食糧問題，稲作と水田，賢い消費者など
調理をしよう	我が家と私の献立調べ，献立を考える，食材の調達と選食，安全な器具の使い方と衛生，調理，盛り付け，片づけ，会食の演出と工夫，食物の保存など
楽しく食べよう	学校給食の時間（食のワンポイント指導，触れ合い交流給食，野外給食，バイキング給食，ランチルーム給食など），餅つき大会，郷土食試食会，飯ごう炊飯，親子料理教室，食とコミュニケーションなど
野菜を育てよう	学校菜園の活用，プランター栽培など
家庭での役割をもとう	食事のお手伝いをしよう，マイクッキングデー，買い物へ行こうなど

いつ，どこで II〈学校給食の時間と総合的な学習の時間の活用〉

　いま学校には，安全教育，情報教育，環境教育，金銭教育など，さまざまな今日的な課題に対する教育の要請が寄せられている．食育もその1つである．したがって，教育課程に位置づけられる食の指導に充当する授業時間にも限度がある．学校における，食育の推進をはばむもう1つの要因は，授業時間数が十分確保できないことにある．そこで，学校給食の時間と，総合的な学習の時間の有効活用を提案したい．

〈食育の目当て〉注

| 体の健康 | 心の育成 | 社会性の涵養 | 自己管理能力の育成 |

〈育てたい力〉

感覚・感性	知識・理解	技 能	関心・態度
味覚，視覚， 臭覚，触覚， 聴覚 美意識演出	食物と栄養 栄養と健康 生産と流通 調理と保存 食習慣と食文化 食の安全 食の課題	買い物，選食 献立，調理 盛り付け 片づけ 食物の保存 会食の演出	自己管理能力 （正しい食生活と 食習慣） 食とコミュニケー ション 楽しい食事 食への興味・関心

〈どこで，何を〉

教科	特別活動	学校給食の時間	道 徳	総合的な学習の時間
家庭科 保健体育 社会科 生活科 図工科 国語科 理科 ……など	学級の時間 学校行事 委員会活動 クラブ活動 児童会活動 生徒会活動	ワンポイント指導 場の充実と活用 掲示物・掲示板の 充実 交流招待給食 バイキング給食 野外給食 など	個人〜健康 　基本的生活 　習慣 他の人〜感謝 集団や社会〜 役割 ボランティア	世界の食文化 食の歴史 食の安全 食の生産と流通 食の課題 食の歳時と伝統食 栽培飼育活動 ボランティア活動　など

〈だれが，どのように〉

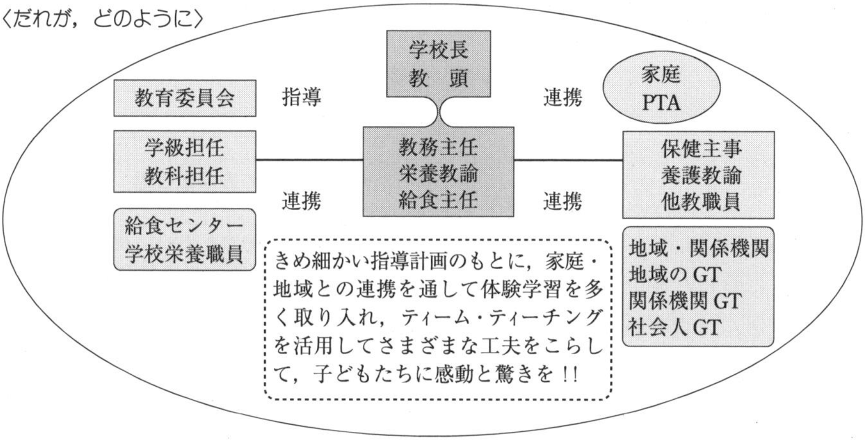

教育委員会 ── 指導 ── 学校長 教頭 ── 連携 ── 家庭 PTA

学級担任・教科担任 ── 連携 ── 教務主任 栄養教諭 給食主任 ── 連携 ── 保健主事 養護教諭 他教職員

給食センター 学校栄養職員

地域・関係機関 地域のGT 関係機関GT 社会人GT

きめ細かい指導計画のもとに，家庭・地域との連携を通して体験学習を多く取り入れ，ティーム・ティーチングを活用してさまざまな工夫をこらして，子どもたちに感動と驚きを！！

〈食育基本法〜期待される効果〉

- ○望ましい食習慣の形成
- ○食品の安全性などに対する判断能力の育成
- ○地場産物などへの理解
- ○食文化の継承
- ○自然の恵みや勤労の大切さの理解

図 Ⅵ-1　食育の全体構想図の例

注　文部科学省の『食に関する指導の手引き』では，6つの目標を設定している（p.16）．

給食の時間に，3分のワンポイント指導を毎日行えば，年間185日として9時間以上の指導が行える．計画的に行えば十分な指導ができるはずである（p.187,「学校教育の時間」参照）．

また，触れ合いを重視する交流給食や招待給食，雰囲気や場の工夫により楽しさを求めた野外給食やランチルーム給食など，ちょっとした工夫で給食の楽しさを演出できる．

さらに，総合的な学習の時間では，児童・生徒の興味関心に基づいた食の課題の調べ学習，野菜栽培や地域の伝統食・保存食づくり挑戦などの体験活動など，多岐にわたる食の学習が期待できる． 　　　　　　　　　　　　　　　[久野　仁]

2　学校における食育の実践事例

① 学校経営と食育

少子高齢社会の進行，社会のグローバル化，価値観の多様化，地域社会の衰退，家庭の教育力の低下などが指摘されて久しい．児童を取り巻く食生活も激変した．食育基本法の前文では，学校教育における「食育」の重要性を指摘している．平成17（2005）年度末，児童・保護者を対象とした家庭生活のアンケートでは，食事の内容やそのとり方，十分な睡眠時間の確保などの課題が明らかになった．そこで，児童の心身の健やかな成長を目指して，多面的な健康教育（主に食育）を行い，家庭・地域を巻き込んだ食育を実践する必要があると考えた．

実際の取組み

全校体制で食育を推進するにあたり，年度末に職員全員がSWOT分析*を行い，学校の内部・外部環境のプラス・マイナスの両面を踏まえ，重点課題を明らかにして，平成18

```
学校としての組織目標
　　　　　　　　取手市立六郷小学校
1「健康づくり」教育を推進し，健康安全
　に対して自己管理能力の育成を図る．
2～3（略）

【組織目標1】
☆具体的目標
①学級活動，体育科（保健領域）の授業を通して，
　一人一人の児童に「健康安全」に対する意識の高
　揚に努める．
②望ましい食習慣の形成と食の自己管理能力を育む
　学校給食の充実に努める．
③体力テストの分析を行い，体育科の指導法の工夫
　改善に努め，児童の体力の向上を図る．
④児童の健康及び安全な生活の維持向上を図るため
　に，学校保健委員会の充実と活性化に努める．
【組織目標2】・【組織目標3】（略）
```

図 Ⅵ-2　平成18年度の組織目標

年度の学校経営案を作成した．そのうえで，学校としての組織目標に食育を位置づけ，教職員一人一人が自己申告書に具体的な目標と手段を明示できるようにし，実践化を図れるようにした．食育を校内研修の柱として，学級活動や体育（保

学校教育目標
自ら考え，判断し，主体的に実践できる心豊かな児童の育成

目指す児童の姿
○自分で考える子　○すなおな子
○元気で明るい子　○よく働く子

現代の子どもの健康課題
○夜型生活　○食生活リズムの乱れ
○体力低下　○ストレスの多い生活

保護者の願い
○正しい生活習慣や食生活を身につけ，心身共に健康であってほしい．

本校生徒の実態
○生活習慣の大きな乱れはないが，自己管理能力が不足している．

研究主題
健康で安全な生活を営み，自ら進んで学習する児童の育成を目指して
～自己管理能力を育てるための学校保健委員会のあり方～

研究の仮説
○ 児童を核とした学校保健委員会の充実を図れば，各家庭や地域との連携が深まり，より健康な生活を維持しようとする気運がみなぎるだろう．
○ 児童が健康の意味を学び，実践化が図れる授業の工夫を行えば，自ら進んで健康な生活を送ろうとする意識が高まるであろう．

研究内容

学校保健委員会の充実
・児童が参加する学校保健委員会
・学校保健委員会（3～6年生）
・情報の発信（学校保健委員会便り）

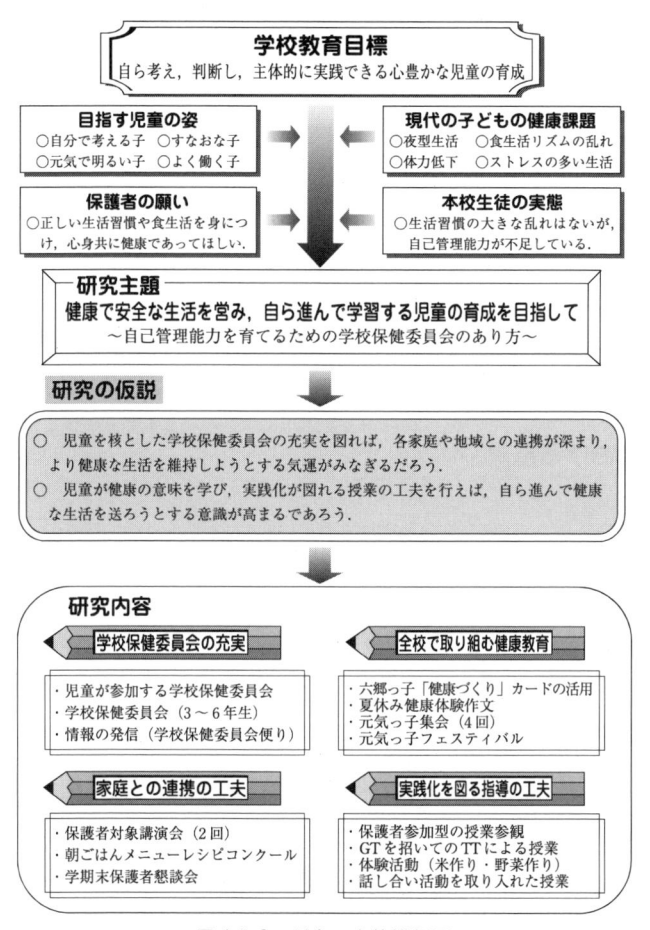

全校で取り組む健康教育
・六郷っ子「健康づくり」カードの活用
・夏休み健康体験作文
・元気っ子集会（4回）
・元気っ子フェスティバル

家庭との連携の工夫
・保護者対象講演会（2回）
・朝ごはんメニューレシピコンクール
・学期末保護者懇談会

実践化を図る指導の工夫
・保護者参加型の授業参観
・GTを招いてのTTによる授業
・体験活動（米作り・野菜作り）
・話し合い活動を取り入れた授業

図 VI-3　研究の全体構想図

* SWOT分析とは，自らを取り巻く環境を内部環境（内部の経営資源など）と外部環境（社会情勢，法改正など）に区分し，前者を「強み（Strength）」と「弱み（Weakness）」，後者を「機会（Opportunity）」と「脅威（Threat）」に分類・分析する手法である．具体的には，① 内外の環境要因それぞれについて，客観的特徴や事実を洗い出す，② ①で抽出した客観的特徴や事実が，運営に「支援的に働く場合（プラス面）」と「阻害的に働く場合（マイナス面）」に分けて検討する，③ 内外環境のプラス面，つまり自らの強みを活かし，特色ある運営に繋げる，という手順で行う（参考：浅野良一，学校組織マネジメントの概要，産業能率大学，2005）．

健)の授業研究を通して研究の推進を図った．健康教育は学校だけでは効果が望めず，家庭や地域と協力・連携した実践が必要不可欠となる．そこで，学校保健委員会を効果的に機能させるべく，食育のもう1つの核にすえた．つまり，学校保健委員会に児童・保護者が参加し，健康に関する諸問題を主体的に話し合い，健康な生活を維持しようとする意識が高揚したのである．

考　察

　　食育を学校経営の中核にすえることで，教職員・児童・保護者の健康に対する意識が高まり，児童の基本的生活習慣も定着してきた．さらに，早寝早起き，望ましい食習慣などが定着してきた結果，児童の学力が向上するとともに，思いやりや生命を慈しむといった豊かな心も育まれるなど，著しい効果が認められる．つまり，家庭・地域を巻き込んだ食育は，学校経営上の戦略としてきわめて有効であると考えられる．

[日毛清文]

②　教科における食育

社会科（第3学年）

　農家のしごと―米づくりを調べて，食文化と簡単な調理を学ぼう

　(1)　はじめに

　　　中学年の社会科は身近な地域社会が学習対象となる．生産の仕事においては，農家の仕事のようすを調べて，地域の生産活動の特色について学習する．

　　　取手市は利根川と小貝川の豊かな流れに沿ってひらけた，水と緑のあふれる街である．特に六郷小学校学区は，豊かな水と土地を生かして稲作が盛んな地域である．そこで，「農家のしごと」では米づくりの仕事を中心にして，簡単な米づくり暦をつくり，米の育ち方や米づくりに使用された道具について学習する．さらに，田植えや稲刈りを体験して，米づくりの苦労や喜びを味わうとともに，和食のよさや「おやつ」としてのお米を使った簡単調理など食に関する指導も取り入れ，地域で生産されている食材料の理解や「おやつのとり方の工夫」なども考えさせていきたい．

　(2)　指導の実際

　[単元名]

　　　『米づくりを調べて，自分たちでつくったお米で簡単調理をしよう．』

［単元について］

　取手市では自然条件・社会条件を生かして人々が米を生産する仕事をしていて，私たちの日々の生活を支えていることがわかる．

　取手市の生産活動やその特色について，米づくりを観察したり，表現したりすることを通して，仕事の特色や米づくりに携わる人々の工夫を具体的に考える．また，本単元の発展的学習として，自分たちの手で収穫したお米でおにぎりをつくって食べる「おにぎりパーティ」を行い，米づくりのすばらしさや自然の恵みに感謝する心を育みたい．

［ねらい］

① 「農家のしごと」について，自分たちの地域の米づくりの仕事を中心に参考図書などで調べたり，「田植え」や「稲刈り」など体験をしたりして，米づくりの仕事や苦労を理解することができる．

② お米を使った簡単なおやつをつくることを通して，「おやつのとり方」について考え，実践することができる．

③ 毎日の食事やおやつについて関心をもって生活することができる．

［指導計画（17時間扱い）］

月	学習・活動内容
4	○取手市の米づくりを調べる．　　　　　　　　　　　　　　　（3時間） ○ゲストティーチャー（GT）を招き，「米づくり」について学習する．（1時間）
5	○田植えの先輩6年生に手伝ってもらい，田植えを行う．　　　　（3時間）
6	○稲の生長の様子を観察する．　　　　　　　　　　　　　　　（3時間）
9	○稲刈りをする．　　　　　　　　　　　　　　　　　　　　　（2時間）
10	○ゲストティーチャーを招き，「望ましいおやつのとり方」について学習する． 　　　　　　　　　　　　　　　　　　　　　　　　　　　　（1時間） ○おじいちゃんおばあちゃんに聞いてきた「昔のおやつ」について発表し，そのよさを話し合う．　　　　　　　　　　　　　　　　　　　（1時間）
11	○自分たちにもできる米を使ったおやつ「おにぎり」をつくり，田植えでお世話になった6年生を招き，おにぎりパーティを開く．（3時間）

［展　開］

	活動内容	留意点・手だて
1	本時の活動内容を確認する． 　昔から食べられていたおやつはどんなものだろう．	・本時のめあてを確認し，活動の見通しをもたせる．

[展　開]（つづき）

2　おじいちゃん・おばあちゃんが食べていた昔のおやつを発表し，そのよさを話し合う． 　○おにぎり 　　・梅干しを入れたもの 　　・みそをからめたもの 　　・みそと削り節を入れたもの 　○お焼き 　○かき揚げもち 　○小豆入りまんじゅう 　○トマト，メロン，スイカなど 　○じゃがいも塩ゆで 　○小麦粉お団子 　○乾燥芋	・事前に児童がおじいちゃんおばあちゃんにインタビューしてきたものを発表する． ・市販の物ではなく，手づくりや自然の物であったことをおさえる． ・お米からできたおやつが多く，お米からでもおやつができることに気づかせる．
3　次時の学習内容を知る． 　収穫したお米で昔ながらのみそや梅干しを使ったおにぎりをつくろう．	・次回におにぎりをつくることを話し，意欲をもたせる．

(3) 考　察

　米づくりの多くの仕事や手間の中で，田植えや稲刈りという体験だけではあったが，米づくりに携わり，そのお米を食する喜びはひとしおであったようだ．子どもたちが普段食べているおにぎりは鮭やツナマヨ入りの物である．「梅干しやみそのおにぎり」と聞いたときは不満げであったが，いざ食べてみると，素朴な味つけで素材の味がわかる梅干し入りのおにぎりやみそをからめたおにぎりは大変おいしかったようで，子どもたちにとって新鮮な発見であった．

　おにぎりのおやつは，ご飯が炊いてあれば，安全で手軽，そして，食事代わりにもなる健康的なおやつの1品である．初めておにぎりをつくる児童が9割で，ほとんどの児童が初めての経験だった．最初は手に水をつけすぎたり，塩加減がわからなかったりしたが，2個目には上手になり，「おいしかった」「家でもつくりたい」という感想が多く聞かれた．

　市販のおやつをうまく利用しながら，お米や自然の食べ物を組み合わせて，よりよいバランスを心がけようという意識づけにつなげることができた．

[小圷智子]

図 Ⅵ-4　みんなで「おにぎりづくり」　　　図 Ⅵ-5　「おにぎりづくり」の感想

家庭科（第６学年）

調理する喜びを実感しよう―つくって食べる人から，つくってごちそうする人に

(1) はじめに

　　児童は，幼児期から何らかの手伝いをすることで，家族の一員としての自覚をもち始める．朝刊をとる，テーブルをふくことなど，簡単な活動をすることから始まり，年齢が進むにつれて，手伝いの内容も高度になり，「こんなこともできるようになった」と成長を確認することもできる．特に，食事の手伝いをすることを通し，徐々に食の自立を図ることは，もっとも肝要なことであり，食育の究極の目的であるともいえる．そのため，家庭科の実習の機会をとらえ，家庭で調理するきっかけをつくり，調理する習慣を身につけさせたい．

(2) 指導の実際

[題材名]

　　『つくったよ！バランスのよい朝食！』

[題材について]

　　児童は５年生で調理の基本的な技能を身につけ，食べ物の組合せを考えて，バランスよく食べることの大切さを学んできた．この題材では，今まで学習してきたことを踏まえて，朝食一食分の献立を班ごとに考え，調理することを行う．その際，バランスはもとより，旬の食べ物や彩りも意識しながら調理するようにする．調理の時間には，ゲストティーチャーとして給食センターの学校栄養教員を講師として招き，各班の実習を評価してもらい，自分たちの

活動を振り返る．さらに，自宅でも実践し，調理の習慣化を図るようにする．

[指導のねらい]

ア　今までの食生活を振り返り，食品を組み合わせてバランスのよい食事を考える．

イ　食品の選び方やいろいろな調理の仕方を理解し，安全に気をつけて調理することができる．

ウ　学校で実習したことをもとに，家族が喜ぶ献立を考えて調理することができる．

[指導過程（11時間扱い）]

学習過程	題材のねらい・主な学習活動
第1次　生活を振り返る	○メニューの組合せや食材の旬を考えよう．　　　　（2時間）
第2次　計画する	○バランスのよい朝食を考えよう．　　　　　　　　（4時間）
第3次　活動する	○つくりたい献立の計画を立てよう．　　　　　　　（3時間） ・自分の計画に基づいて班ごとに実習する． ・給食センターの学校栄養職員の講評を聞く．
第4次　実践する	○家でもつくってみよう（計画と実践報告会）　　　（2時間）

[展　開]

	学習内容および活動	教師の支援 (㊗)は評価
導入	1　学習の目当てを確かめる． 　バランスのよい朝食をつくろう	・児童の立てた計画表をもとに，学習の目当てを確認する． ・給食センターの学校栄養職員を紹介する．
展開	2　実習計画表に基づいて実習する． ・材料を確かめ，その素材と調理に合わせて切り，調理し，味つけを行う． ・献立に合った皿を選び盛り付ける． ・試食する． ・学校栄養職員に試食してもらう． 3　できたおかずは，相互評価できるように，試食し合う．	・それぞれが立てた計画表に従って，班員が分担して活動できるよう，調理器具を確認させ，計画通りに活動できるよう，机間を回って点検する． ・危険性のあるものに対しては，黒板に使い方や留意点を掲示して説明し，けがのないよう十分に気をつけさせる． ・実習中に時間を知らせ，計画通りに進行しているか，時計係を班ごとに決め，進行状況を自主的に確認させる． ・できあがったら，学校栄養職員の試食用に，色合いや器にも気をくばりながら一人前を盛り付けさせ，デジタルカメラで記録を残すようにする． ㊗バランスのよい朝食を計画に従ってつくることができたか．（観察・ワークシート・発表）

[展 開]（つづき）

	学習内容および活動	教師の支援 (評)は評価
ま と め	4　実習の結果と反省をまとめる． ・学校栄養職員の講評を聞く ・本時のまとめを記録する．	・それぞれの班の献立内容と，できあがった料理について，学校栄養職員に講評してもらい，それぞれのよかったところ，今後の課題を明確にし，まとめとする． ・本時は，授業参観日に行い，献立を考えた意図や，調理したものを展示し，保護者にも実習した内容を紹介する．

[調理の実際]

1班	ごはん，豚汁，スクランブルエッグ，リンゴヨーグルト，ピリ辛モヤシいため		4班	そぼろおにぎり，○○家直伝みそ汁，肉じゃが，フルーツヨーグルト	
2班	ごはん，お汁粉，くだものパフェ，とろろの粉焼き，野菜のベーコン巻き		5班	ごはん，ブリ大根，あさりみそ汁，ポテトサラダ，ミカンゼリー	
3班	手巻き寿司，具だくさんみそ汁，五目卵焼き，ミックスジュース		6班	納豆ごはん卵焼き，青菜のみそ汁，野菜いため，フルーツヨーグルト	

[学校栄養職員の講評]

1班	野菜を多く使っていてとてもバランスのよい献立である．いためるだけでできるので朝食時にふさわしい．	4班	肉じゃがはジャガイモが使われているので，主食と栄養が重なる．野菜が少ないので，献立に栄養が重ならないよう工夫が必要である．
2班	とろろの粉焼きが変化に富んだ献立である．苦手なものも，このように工夫することで克服できるよい例である．	5班	季節に合った食材で伝統的な料理に挑戦しているところはよいが，朝食には時間がかかる．青い野菜をさらに使い，彩りの工夫がほしい．
3班	この献立だけで，21種類の品目を使っている．理想的な献立例である．	6班	簡単につくれるものを工夫しているので，朝食向きである．献立に卵が重なっている．

(3) 考 察

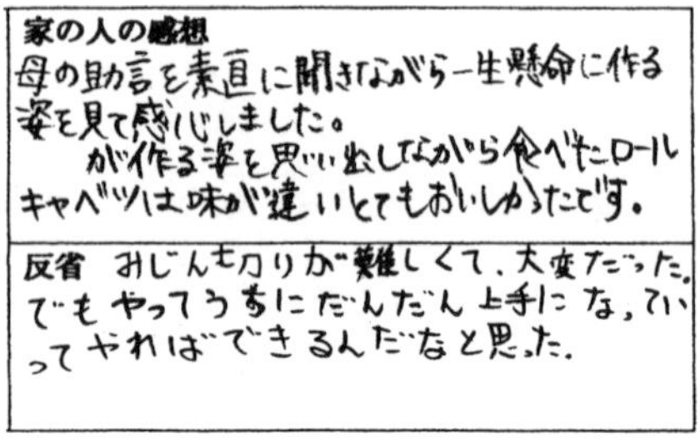

　　自分たちでバランスを考えたつもりでも，講師の目から見た献立には，それぞれに課題があり，講評を聞くことで，献立を考える必要性や，食品に対する興味関心が高まった．また，それぞれが工夫した献立をつくり，試食しあうことで，いろいろな味覚を感じこんな料理もつくれるという自信も生まれ，家でも調理しようとする意欲が高まった．

図 Ⅵ-6　冬休みに実践して，家の人と児童の感想

〔鈴木幸枝〕

生活科（第2学年）
つくって食べよう，おいしいやさい―地域の野菜づくり名人から学ぶ

(1) はじめに

　　野菜を自分で育てるという活動は，偏食を改善していくのに大きな効果がある．そこで，食育における「体の健康」という観点から本学習を考え，栽培・調理・試食という体験活動を通して，野菜への興味・関心を高め，健康な体づくりには野菜が欠かせないことを知り，自分の健康を考えて主体的に「食」にかかわっていけるようにした．特に，地域の野菜づくり名人とのかかわりを大切にして取り組んだ実践である．

(2) 指導の実際

［単元名］

　　『大きくなあれ』

［単元について］

　　この単元は，年間を通した長いスパンでの栽培活動が中心となる．5月からキュウリ・ピーマンなどの夏野菜，9月からは，ハクサイ・ダイコンなどの冬野菜を取り扱い，これらの活動を通して，植物に関心をもったり，調理・試食という活動を展開して収穫を喜び，世話の過程を振り返ることで，育ててきた満足感を味わうことができる単元である．

［指導のねらい］

　　身近な人や自然と直接かかわる体験活動を重視し，学びを生活の中に生か

して自立への基礎を養っていくことがねらいである．自分たちで育てる活動を続けるためには，栽培意欲を持続させることが大切なので，野菜づくり名人（農家の人・苗屋さん）をゲストティーチャー（GT）として招き，野菜づくりへの思いや願いを高め，楽しく学び合うことができるようにした．また，これまでの学習でお世話になった方々と触れ合いながらおいしく食べる活動を取り入れ，収穫後試食する体験活動と結び付けることで，野菜の収穫を喜び合うとともに，健康な体づくりへの意欲を高めていきたい．

[指導計画（20時間扱い，○印は本時）]

次	時	学習内容および活動	評価の観点[注]			評価規準	評価方法
			関	考	気		
1	1 2 3 4	なつやさいをそだてよう ・どんなやさいがあるかな ・なえうえをするよ ・せわをしよう	◎ ◎ ○	○ ○ ◎	◎ ○ ◎	・野菜に関心をもち，進んで育てようとしている． ・苗の植え方を聞き，植えることができる． ・野菜の生長を観察し，必要な世話をすることができる．	発表・カード 観察・カード 観察
2	5 6 7 8	とれたとれた ・やさいのしゅうかくだよ ・やさいパーティーをしよう ・楽しかったね	◎ ◎ ○	○ ○ ◎	◎ ○ ◎	・自分がつくった野菜を大切に収穫できる． ・収穫を喜び，育てた野菜をおいしく食べることができる． ・パーティーを振り返り，自分の思いをまとめることができる．	観察 発表・観察・カード 発表・カード
3	9 10 11 12	ふゆやさいをそだてよう ・どんなやさいがあるかな ・なえうえをするよ ・せわをしよう	◎ ◎ ○	○ ○ ◎	◎ ○ ◎	・野菜に関心をもち，進んで育てようとする． ・苗の植え方を聞き，植えることができる． ・野菜の生長を観察し，疑問を解決させたり，必要な世話をしたりすることができる．	発表・カード 観察・カード 発表・観察・カード
4	13 14 15 16 17 18 19 20	とれたとれた ・やさいのしゅうかくだよ ・きょうはいもほり日 ・やさいパーティーのけいかくを立てよう ・さあ，りょうりをつくるよ ・「やさいもりもりパーティー」をしよう ・楽しかったね	◎ ◎ ◎ ◎ ◎ ○	○ ○ ○ ○ ◎ ◎	◎ ◎ ○ ○ ○ ◎	・自分がつくった野菜を，大切に収穫できる． ・育てたサツマイモを一生懸命ほることができる． ・冬野菜を使った料理を，進んで調べ，使ってみたい料理を決めることができる． ・安全に，工夫して料理をつくることができる． ・楽しく発表や会食をし，パーティーに参加することができる． ・パーティーを振り返り，自分や友達のよさに・気づき，絵や作文にかくことができる．	観察・カード 観察・カード 観察・カード・発表 観察 発表・観察・カード 発表・カード・絵

注 関は「関心・意欲・態度」，考は「思考・表現」，気は「気づき」を示す．

[展開]

⑳…評価

時間(分)	活動および内容	指導上の留意点および評価	
		T1（学級担任）（全体）	保護者ボランティア
5	1 本時の目当てと活動を確認する。 　やさいもりもりパーティーをしよう。	・前時の調理活動を振り返らせ、パーティーの進め方を説明し、見通しをもって取り組めるようにする。 ・進行は児童に任せ、大きな声で発表できるよう支援していく。	・事前に会場（体育館）に料理を運び、衛生的に食べやすい場を設定しておく。
25	2 プログラムにそって、活動する。 司会（もりもり係） ①始めの言葉（もりもり係） ②お客様の紹介と挨拶（代表児童） ③料理の紹介（もりもり係） ④会食 ・料理の説明を聞く。 ・試食する。 ・「ごちそうさまカード」に感想を書く。 ⑤感想発表 ・児童から ・お客様から ・保護者ボランティアの方から ⑥終わりの言葉（もりもり係）	・町探検でお世話になった方々の紹介と探検のお礼を兼ねて、一緒に野菜の収穫を喜びあう。 ・全員がどの料理も試食できるように、各グループを前半と後半の2チームに分けておく。 ・全員に料理の食券を持たせ、お店屋さん形式でお客さんを迎えられるようにする。 ・つくり方をまとめた掲示資料を使いながら、工夫や苦労などについて、はっきりと発表できるよう助言していく。 ・BGMにより楽しい雰囲気をつくる。 ・前後半の交代終了の合図は、違うBGMを使用するようにしておき、雰囲気をこわさないようにする。 ⑳発表を聞いたり料理を試食したりして、やりとげたことや、児童だけでなくお客様ようすを保護者ボランティアの方からも聞き、グループごとのよさを認めていく。 ・来ていただいたお客様や保護者の方々にお礼がいえるよう全員に促す。	・手洗いや身支度などの衛生面に十分留意して料理を扱う。 ・手伝ったグループに入り、つくったものを配ったり、児童に声をかけたりして、食べやすい雰囲気をつくる。 ・児童からの質問で答えられないようなものがあったら、代わりに答えていく。 ・野菜を食べやすくする工夫や栄養について簡単に付け加える。 ・児童の活動の様子から感じたことを、簡単に話す。
8	3 本時の学習のまとめをし、次時の学習について知る。 ・時の学習のまとめ・振り返りカードを書く。	⑳お客様を迎え、野菜の調理発表や会食をし、野菜の収穫を喜び楽しいもりもりパーティーができたか。 （発表・観察・振り返りカード）	
7	4 後片づけをする。	・協力して後片づけができるように助言し、教師もともに活動する。	・担当グループに入り、片づけを手伝う。

(3) 考　察

　自分たちで野菜を育て，収穫し調理して食べるという一連の栽培活動を体験したことで，野菜に対する見方が変わり，偏食を改善したり野菜の栄養に興味をもったりする児童が増え，食に対する関心の高まりが見られた．

　地域の野菜づくり名人とのかかわりは，はじめは受け身的だったが，回数を重ねることでだんだん積極的なつぶやきが聞かれるようになった．長いスパンの学習活動であったが，野菜づくり名人と繰り返しかかわったことは，随時意欲を高めることができた．また，活動後の話し合いの時間を大事にしてきたので，自分の気づきを確認するだけでなく友達の気づきも聞くことができ，学び合うことができた．
〔遠藤　操〕

図 VI-7　野菜づくりを通した食育の実践

体育科（保健）（第6学年）
生活習慣病を予防しよう—養護教諭との連携

(1) はじめに

　　体育科（保健）では，3・4年生で，「毎日を健康に過ごし体をよりよく発育・発達させるためには，食事，運動，休養および睡眠の調和のとれた生活をすること」，5・6年生では，「栄養の偏りのない食事や口腔の衛生など，望ましい生活習慣を身につける必要があること」を指導する．

　　この学習では，児童に身近な問題として日々の生活を振り返らせ，主体的に生活リズムを整え，規則正しい食事をとるといった実践的態度を育てていくことを通し，食育における「自己管理能力の育成」を目指す．

(2) 指導の実際

［単元名］

　　『病気の予防』

［単元について］

　　病気には，病原体がもとになって起こる病気，生活の仕方がかかわって起こる病気，環境がかかわって起こる病気などがあり，さまざまな原因，要因が作用し合って発病する．特に，社会環境の変化にともない，インスタント食品，ファーストフードなどが増加し，飽食時代といわれる今日，児童の生活習慣病が増加傾向にある．その予防のためには，栄養のバランスのとれた食事，運動，睡眠，規則正しい生活が大切であることを理解させる．

　　そこで，この単元においては，児童自らが健康な体を維持していくために，正しい食生活のあり方を理解し，実践していく力を身につけられるよう指導していく．

［指導過程］
- 第1時…病気の起こりかた
- 第2時…病原体がもとになって起こる病気の予防
- 第3時…生活の仕方がかかわって起こる病気の予防（本時）
- 第4時…生活の仕方がかかわって起こる病気の予防
- 第5時…環境がかかわって起こる病気の予防

［展　開］

学習活動および内容	指導上の留意点および評価	
	T1（学級担任）	T2（養護教諭）
1　本時の学習課題を確認する． 　　生活習慣病とは，どんな病気だろうか． 2　生活習慣病にはどんな病気があるか，発表する． 　　高血圧症，動脈硬化，心臓病，がん，高脂血症，糖尿病，痛風，虫歯など 3　動脈硬化の原因を話し合う． 　○「動脈硬化」になってしまった血管の写真を見て，気づいたことを話し合う． 　○模型により正常な血液の流れと脂肪肝により血液が正常に流れない様子を見る． 　○「脂質」「脂肪」の1日の摂取量について話し合う． 4　生活習慣病になってしまう原因を話し合う． 　・栄養のバランスのくずれた食事 　・おやつのとり過ぎ　・運動不足 　・不規則な生活 5　自分の生活を振り返って，生活習慣病にならないためにはどうしたらよいか考える． 6　実行計画を発表する． 7　養護教諭の話を聞く． 8　本時の学習を振り返り，これからの自分の生活についてワークシートにまとめる．	・本時の課題を確認し，本時の活動に見通しをもって取り組めるようにする． ・病弱な児童やからだに疾患のある児童のプライバシーに留意する． ・「動脈硬化」になってしまった血管の写真を用意する． ・「脂質」はいろいろな食べ物に含まれ，摂取しなければならない栄養素の1つであることに触れる． ・血管の模型と色水を用意し，流れの違いについて理解しやすいよう配慮する． ・一人ひとりの実行計画を認め，実践の意欲をもたせるようにする． ・実践状況を適宜把握し，的確な助言・支援を継続していく．	・難しい言葉については，わかりやすく説明，助言する． ・T1とともに血管の模型を準備する． ・専門的な立場から生活習慣病を予防するための助言や児童の実行計画を聞いての感想を述べる．

(3) 考　察

　普段何気なくおやつとして食べていた食品から，予想を超える「脂肪」や「砂糖」が含まれていること，さらにはそれらのとり過ぎによる害を知り，大変驚いていた．特に，コレステロールが原因で起こる動脈硬化や脳血管の障害については，模型の血管（正常な血管とつまって細くなった血管）を使った実験や養護教諭の専門的な立場からの助言により，生活の仕方によっては，大変な病気につながるということを視覚的にとらえることができた．そ

図 Ⅵ-8　養護教諭からの助言　　　　　図 Ⅵ-9　学習プリント

のため，児童は，予防の方法を考える場面では，特に熱心に取り組んでいた．

　この単元を通し，健康によい生活をするための正しい知識の習得と，今の生活習慣を振り返り自分自身の問題点を考えることにより，生涯にわたって健康な生活を営むために，生活習慣を改善しようとする意欲をもたせることはできたと感じる．また，食後の歯みがきの大切さも改めて理解した．

　大切なことは，それを継続的に実践していく態度である．そのため，事後指導として給食の時間には，この保健の学習と関連づけ，栄養的な面やバランスのことを常に意識させること，また，食後の歯みがきの習慣化を図るなど，継続して実践しようとする態度の育成につなげていきたいと思う．

［筑井喜久男・古川知子］

③　特別活動における食育

学級活動の時間（第5学年）

野菜の好き嫌いをなくそう—野菜を食べるための工夫

(1)　はじめに

　本学級では，野菜嫌いの児童が多い．ほとんど手を付けずに残してしまう児童もいて，給食の食べ残しがかなりの量になった．そこで，児童自らが野菜の大切さを理解して，残さずに食べられるようにするために，学級活動や総合的な学習の時間を活用して，その解決にあたることにした．野菜のもつ栄養価や調理法など栄養教諭から学んだり，また，野菜の栽培や調理など体験を通して野菜を身近に感じたりして，野菜嫌いをなくしたいと考えた．自分の嫌いな野菜も栽培していくうちに自分にとって大事な野菜となり，それ

を試食することによって野菜の味も変わってくるのではないかと思われた．野菜のよさを知り，味わうことで，嫌いな野菜を食べられるようにし，自分の食生活を改善できるようにしたいと考えた．

(2) 指導の実際

［題材名］

　　『野菜を食べるための工夫を考えよう』

［題材について］

　　本題材では，児童が苦手とする野菜を中心に取り上げ，自分の体のために食べようとしたり，野菜っておいしいんだと思って食べたりできるように，自分で調べたり考えたりするようにしたい．本題材の学習にあたり，5月ごろから野菜を育てたいと考えた．野菜の栽培を通して，野菜への愛着をもったり，とれたての野菜を食べることでおいしさに気づいたりできると考えた．野菜の栄養について調べることで，野菜のもっているパワー（栄養価，効能など）を知ったり，おいしく食べる調理方法を学んだりすることによって，野菜のおいしさを改めて認識することができるのではないか．このような学習活動を通して嫌いな野菜でも工夫して無理せずに食べることができるようにしたい．児童自身がよりよい食生活を考え，将来にわたっての健康な生活の礎となるよう心を耕しながら「食」の指導をしていきたい．

［ねらい］

① 今までの自分の食生活を振り返り，好き嫌いをなくし，食べ物を大切にしようとする．

② 野菜を中心に食べ物の大切さを意識し，今後の生活に活かそうと考えることができる．

③ 栄養教諭の話を聞き，野菜の栄養や特徴を理解する．

［指導計画］

課程	内　容	主体	場	日　時
事前	・アンケート調査 ・自分たちで育てる野菜を決め，育て方を調べ，栽培する．	全員	放課後 学級活動	5月19日
本時	「野菜を食べるための工夫を考えよう．」	全員 個人	学級活動	6月13日
事後	・給食時に好き嫌いなく食べる． ・育てた野菜を収穫して，おいしい調理方法を考え，実際に調理して食べる．	全員 個人	給食時 学級活動	適時

[展　開]

	学習内容および活動	教師の支援（㊙は評価，◎は個に応じるための手立て）
導入（気づく）	1 自分たちの食生活の現状を知る． 2 本時の学習内容をつかむ． 野菜パクパク大作戦 野菜を食べるための工夫を考えよう．	・自分たちのクラスの食べ残しは多く，その中でも野菜が多いことを，献立表と比べながら確認できるような資料にする． ・栄養教諭の紹介をしながら，本時の学習のねらいを確認する ・本時の課題を明確にするために，自分たちが今，育てている10種類の野菜を展示する．
展開（追究する）	3 野菜を好き嫌いなく食べるためには，どうしたらよいのか，できることを考えて発表する． 4 栄養教諭の話を聞き，野菜のもつ素晴らしい力について知る． 5 3の方法が適切かどうか，見直す．	・ブレイン・ライティングを用いて，気づいたことを紙に書かせ，黒板に貼る． ・栄養教諭が説明しているときに，必要だと思うことは，ワークシートにメモをするよう助言する． ㊙自分の体にとって野菜を食べることが必要なことがわかったか．（ワークシート）
まとめ（実践化）	6 野菜を食べるために自分にとって一番よい方法を考える．	◎ワークシートにまとめるのが難しい児童にはどんなことを感じたかたずね，書き出しの言葉を教師と一緒に書くようにする． ㊙野菜は，健康な体をつくるために大切であることを知り，進んで食べようとする意識をもつことができる．（発表，ワークシート）

(3) 考　察

① 5月から6月にかけての残菜調べをグラフに表して提示したことによって，児童が自分たちの実態に気づき，課題が明確になり，学習のねらいを強く意識させることができた．

② 野菜の栄養価について，栄養教諭とのティーム・ティーチング（T・T）により効果的に指導することができた．「野菜を食べるとこんなにいいことがある」ということがよく理解でき，正しい知識を生かして日常生活を送ろうとする姿が見られるようになった．

③ 具体的な手だてとして，「嫌いなものは細かくして食べる」「好きな物と一緒に食べる」など，自分で方法を考えたことや振り返りカードを活用したことにより，野菜を食べることへの意識が高まり，残す量も減ってきた．

[白田幸子]

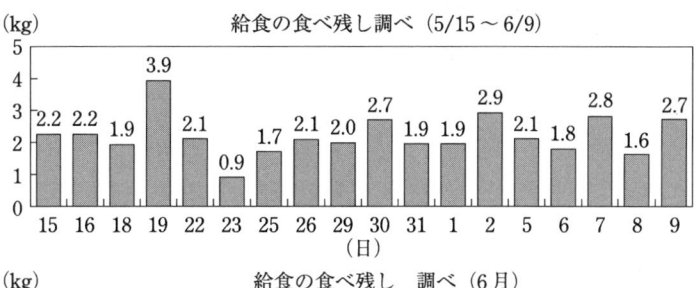

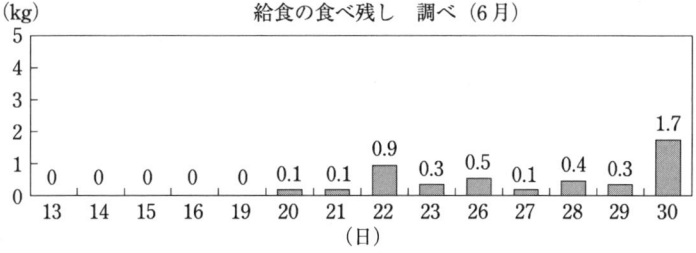

図 Ⅵ-10 給食の食べ残し調べ

図 Ⅵ-11 給食ふりかえりカードの例

学校行事
みんなで学ぶ「食」と「健康」―学級から全校へ，学校から家庭・地域へ発信
(1) はじめに
　　食に関する指導は，各学級において栄養教諭や学校栄養職員とのT・Tで行ったり，調理や栽培活動など体験学習を取り入れたりして，その充実と児童の変容を図っているが，授業中の児童の「学び」は学級の中にとどまり，

全校に発信する機会はなかなか得られない．自分たちの学習をまとめて発表したり，また他学級・他学年の発表を聞いたりすることは，学ぶことの喜びや楽しさを体得でき，自分自身の学習の深化を図れるものと考える．

そこで，食に関する学習を通して，一人ひとりが学んできたことや各学級で取り組んできたことを全児童に発信する機会を設け，健康に対する関心を高めていきたいと考えた．

また，「食育」の基礎は家庭であるが，保護者の価値観の多様化，生活習慣の変化，家庭の教育力の低下などから，望ましい「食育」が十分なされていない家庭があることを踏まえ，学校と家庭・地域がともに考える「食」と「健康」に関する行事を実施し，啓発していくことが必要であると考えた．

これらは，『学習指導要領特別活動』，「D 学校行事」の (2) 学芸的行事と (3) 健康安全・体育的行事にかかわる活動として実施するものである．

(2) 活動の実際

① 元気っ子集会

［ねらい］

授業で学んだことや家庭での実践などをまとめて発表し合い，「食」や「健康」についての関心を高め，自分の生活に生かそうと努めることができる．

［内　容］

・第1回元気っ子集会　（6月27日，8：15〜8：40）
　第1学年　「えいようの木」の劇化．（食物のもつ栄養について）
　第5学年　野菜嫌いの実態とその克服への取組みをまとめて発表．保健委員会や給食委員会からのクイズやお願い．
・第2回元気っ子集会　（9月5日，8：15〜8：40）
　各学年代表者による「夏休み健康体験作文」の発表．
　夏休み中に「健康」について体験したり，努力をしてきたことをまとめて発表．

ぼくは，毎年おじいちゃんのうちに行っています．おじいちゃんは，できるだけ農薬を使わないで野菜を作るようにしているそうです．おじいちゃんの作る野菜は，あまくておいしいです．

また，おじいちゃんは，朝早く起きて海岸で釣りをします．釣った魚は，朝ごはんのおかずになります．（5年男子の作文より）

・第3回元気っ子集会　（11月15日，8：15〜8：40)
　　第2学年　手軽につくれる「元気っ子スープ」を考えた後に，クラスで作詞した「えいようのうた」の紹介．
　　第3学年　おやつのとり方について，パネルシアターで発表した後，よいおやつのとり方を歌とダンスで表現．
　　第4学年　「早寝・早起き・朝ごはん・お手伝い」のそれぞれの名人の実践を紹介．
・第4回元気っ子集会　全学年（2月8日，13：30〜14：15）

図 Ⅵ-12　元気っ子集会

　6年生がメインキャスターとなり，食に関する学習や「早寝早起き朝ごはんそしてお手伝い」の実践，ストレスの実態と解消法など，1年間の健康学習をニュース番組形式で保護者や近隣の先生方に紹介．

② 元気っ子フェスティバル

［ねらい］
　児童の心身の健康について，児童・保護者・地域の人々がともに学び，「食育と健康教育」への意識や関心を高め，望ましい生活習慣や豊かな心の育成についての理解を深める．
　・日　　時：11月15日，9：00〜11：00
　・参加者：全児童，保護者，地域の方々，教職員

［内　容］
　・元気っ子教室
　　食や健康に関する教室を，できるだけ児童の希望に沿って開催する（次ページの表）．
　　低学年児童は，保護者とともに活動することを原則とする．

No	教室名	内容	人数	場所
1	健康体操教室	体を健康に保つための運動を学ぶ．	児童45名 保護者19名	体育館
2	料理教室1	野菜を使った体によいおやつをつくる．	児童21名 保護者 8名	家庭科室
3	料理教室2	野菜たっぷりロシアの家庭料理をつくる．	児童21名 保護者12名	公民館調理室
4	工作教室	環境や健康を考えた物づくり． 〜自然の素材を使って〜	児童31名 保護者17名	図工室
5	絵手紙教室	植物や野菜を描いて，心を伝えよう．	児童27名 保護者13名	理科室
6	茶道教室	茶道を通して，心と体の姿勢づくり．	児童25名 保護者11名	音楽室
7	整体教室	やわらかい心と体をつくろう． 〜体をほぐして正しい姿勢を〜	児童30名 保護者12名	居場所つくり教室

　地域の方々へは，児童のポスターを展示することによって知らせる．

　各教室については，担当教職員が講師と詳しい打合せをし，参加児童や保護者の把握，連絡を行う．

(3) 考　察

　元気っ子集会では，全学年の前で発表することにより，「食」や「健康」に関する児童の意識・関心を高めることができた．また，1年生から6年生に伝わる発表の方法を工夫したり，自分たちの学習を再確認したりすることによって，表現力の向上や学びの定着を図ることができた．

　元気っ子教室では，児童は，保護者や地域の方々を交えて「食」や「健康づくり」にかかわる貴重な体験をすることができ，地域への発信の第一歩をしるすことができた．学校での児童の学びを，家庭や地域へ広げ，また，家庭や地域から児童が食文化や伝統を学んでいくなかで，望ましい生活習慣が養われていけるよう今後も学校行事としての取組みを工夫改善していきたい．

[町田幸子]

委員会活動

残さず食べよう！給食残量調べ―委員会活動からの食育アプローチ

(1) はじめに

　つくば市立島名小学校の児童の様子を見ると，個人差はあるが残さず食べ

たり，おかわりをする児童も見られ，成長とともに食欲旺盛である．しかし，その日の献立によって給食の残量が違うことから偏食傾向にあることがうかがえる．

　そこで，給食・保健委員会による給食残量調べを実施することによって，食生活の実態を把握し，児童生徒の健康教育の充実を図ろうと考えた．

(2) 指導の実際

[活動のねらい]
① 委員会活動の中で残量調べを実施することで，食事の実態を把握しやすく，自分たちの課題であることをとらえやすくする．
② 高学年児童が食の大切さを啓発することで，下級生をはじめ学校全体で生活を振り返り，より健康に生活しようとする意欲の向上につなげる．
③ 学校保健委員会で発表することで，地域，保護者，校医などに食に関する指導の取組みについて，理解・協力を得る．

[活動展開]

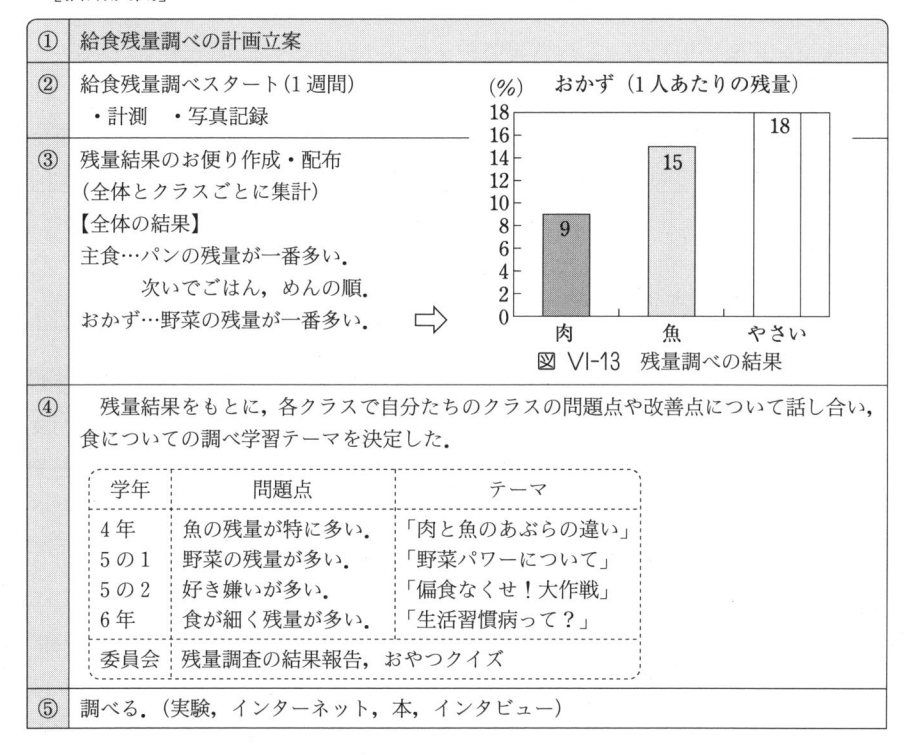

①	給食残量調べの計画立案
②	給食残量調べスタート（1週間） ・計測　・写真記録
③	残量結果のお便り作成・配布 （全体とクラスごとに集計） 【全体の結果】 主食…パンの残量が一番多い． 　　　次いでごはん，めんの順． おかず…野菜の残量が一番多い． 　　　　　　図Ⅵ-13　残量調べの結果 おかず（1人あたりの残量）：肉 9%，魚 15%，やさい 18%
④	残量結果をもとに，各クラスで自分たちのクラスの問題点や改善点について話し合い，食についての調べ学習テーマを決定した． | 学年 | 問題点 | テーマ | | --- | --- | --- | | 4年 | 魚の残量が特に多い． | 「肉と魚のあぶらの違い」 | | 5の1 | 野菜の残量が多い． | 「野菜パワーについて」 | | 5の2 | 好き嫌いが多い． | 「偏食なくせ！大作戦」 | | 6年 | 食が細く残量が多い． | 「生活習慣病って？」 | | 委員会 | 残量調査の結果報告，おやつクイズ | |
⑤	調べる．（実験，インターネット，本，インタビュー）

[活動展開]（つづき）

⑥ 学校保健委員会で調べ学習のまとめの発表．（各クラス，給食・保健委員会）
・他学年の発表を聞いたり，最後に学校栄養職員の話を聞くことで食の知識を深めることができた．

1日で残ったパンの山（全学年）

230人中，46人分がまるまる1個残した量に相当！

肉　魚

白く固まる　　　固まらない

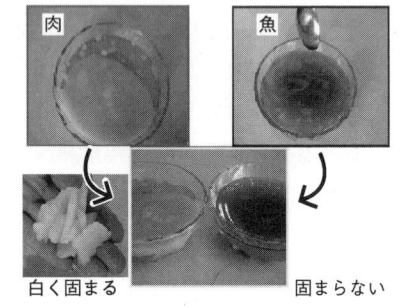

図 Ⅵ-14 「残量調べの結果より」　　図 Ⅵ-15 「肉と魚のあぶらの違いより」

(3) 考　察

「好き嫌いしないで食べる」と答えた児童は，実践前と比べると2.5倍に増えた．児童の中に望ましい食習慣を身につけようとする意識が高まり始めていることがわかった．委員会活動を活性化させたことで，各クラスの食の課題が明確となり，クラスごとに意欲的に食育に取り組むことができ，学校全体で健康意識を高めることができた．　　　　　　　　　　　　［秋葉久子］

生徒会活動

朝食を食べよう！キャンペーン―生徒会による食育の推進

(1) はじめに

朝食を食べない弊害については，全校集会や学級活動で折に触れ生徒たちに指導してきた．朝食に関するアンケートの結果では，多数ではないが朝食を食べずに登校したり，時々食べずに登校している生徒がいることが把握できた．そこで生徒会は，給食委員会の計画のもとに，「朝食を食べよう！キャンペーン」を実施することにした．

(2) 実践例

『朝食を食べよう！キャンペーン』
・キャンペーンの期間と回数：2週間ずつ5月と10月実施した．
・ポスターの掲示：校舎内や掲示板に「朝食を食べよう」のポスターを掲示

し，協力を訴えた．
- 印刷物の配布：朝食を食べる重要性を印刷し，生徒全員に配布した．
- 標語の募集：食に関する標語を募集し，廊下に掲示した．
- 放送による広報：給食の時間に校内放送で呼びかけた．
- 校門での朝の声かけ：朝の登校時間帯に生徒会本部役員や給食委員が，交代で横断幕を掲げながら校門に立ち，登校する生徒に，「朝食を食べた？」などの声かけをした．

図 VI-16　「朝食食べてきた？」
　　　　　「うん，食べてきたよ．」

(3) 考　察

　生徒会によるキャンペーン後に，給食委員会が全クラスで朝食についてのアンケートを実施した．結果は，朝食を食べない生徒が減少し，生徒の朝食に対する意識を高めることができた．

　朝食の大切さを知りながらも，さまざまな理由で朝食を食べずに給食の時間まで過ごす生徒にとって，また一般の生徒にとっても，このキャンペーンは食生活や食習慣を見直すよい機会となった．　　　　　　　　　　［古谷洋子］

学校給食の時間
有意義なランチタイムの創造―給食の時間の効果的な活用法

(1) はじめに

　コンビニエンスストアや外食産業の増加など，物質生活の豊かさは環境の変化をもたらし，子どもたちの食生活を変容させている．食に関する調査の結果では，朝食抜き，孤食，偏食，間食など食生活の乱れが明らかになった．また，高カロリーや塩分，糖分などを多く含む食を好む嗜好や，栄養に対する理解不足などの実態も明らかになり，食に関する指導の重要性を実感した．

　そこで食に対する関心を高め，自らの自己管理ができる生徒の育成を目指し，学校の食に関する指導において大きなウエイトをしめる給食の時間を，より効果的に活用するために次のような工夫を試みた．

(2) 実践例
① ワンポイント指導
　・給食カレンダーの活用〜食に関心をもとう！
　　その日の献立の食材や栄養，生産地などの情報が，「給食カレンダー」として給食センターからネットで毎日配信されている．ネット上でその日の日付をクリックすると取り出せる仕組みになっている．給食の時間に，各学級ごとに給食委員が読んで紹介する．そして担任がワンポイント指導する．2〜3分ではあるが，その日の給食に関心や理解を深めることができた．
　・食のことわざ紹介〜先人に学ぼう！
　　各教室の給食コーナーや配膳室の入り口に「食に関することわざ」を掲示

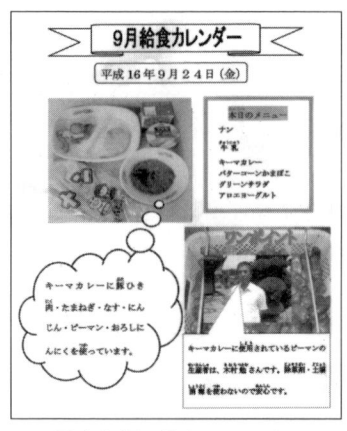

図 VI-17　給食カレンダー　　　　図 VI-18　食のことわざ

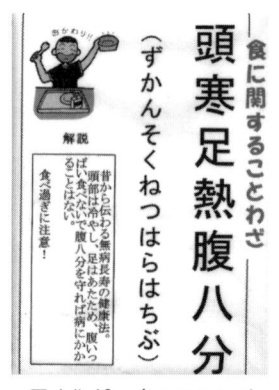

図 VI-19　栄養士による指導

した．給食中にも担任が話題にした．ことわざや解説を熱心に見る生徒の姿が見られた．先人の知恵や，食と生活が密接に関連していることを改めて知ることができた．また，ことわざや言い伝えが，科学的にも納得できるものであることに感心していた．

・学校栄養職員の訪問指導～正しい知識をもとう！

給食の時間に，給食センターの学校栄養職員の訪問指導を定期的に実施した．食事前の5分間，専門的な内容をクイズ形式で楽しく学ぶことができた．

② 招待・交流給食～交流を深めよう！

・アシスタントイングリッシュティーチャー（AET），スクールカウンセラー，心の教室相談員との交流給食

授業中は話しかけることにちゅうちょする生徒も，給食の時間は気軽にAETに話しかける姿が見られた．また，スクールカウンセラーや心の教室相談員も計画に沿って各学級で給食を食べ，生徒との触れ合いを深めることができた．またAETにより，母国の食に関する話題をクイズ形式で放送するなどして，日本と異なった食文化に関心をもつことができた．

図 Ⅵ-20　キノコ生産者との会食

・招待給食

授業のゲストティーチャーや地域の減農薬生産者を招いての「招待給食」を積極的に行った．特に「食」に関する授業の後での会食では，生産した作物や有機農法などについて生産者の方との話が弾んだようである．また，その日の給食の食材のキノコや野菜の生産者を招いての招待給食も行った．

生産者からも，給食を一緒に食べることができよかったという感想が聞かれた．

・部活動交流給食

異学年による交流給食として，部活動ごとに食事をともにする試みを継続的に行っている．部活動交流給食期間を設け，全部活で実施した．各顧問と副顧問，1年生から3年生の各部員がランチルームや野外給食場などを利用

し，交流給食を行った．学校長，教頭も参加し部員との交流を図った．縦割りで実施できるため，部員は仲間との給食を楽しみにしている．
　・部活動親子バーベキュー
　本校には校庭の隅の木立の中に，「ふれあい広場」と称する野外炊飯場がある．給食活動のバリエーションの1つとして，夏休みにその「ふれあい広場」で，部活動ごとに親子でバーベキューを楽しんでいる．先輩後輩，親子の垣根を越えて，みんなで食べることの楽しさを十分味わえる時間である．
③　給食の場の工夫～楽しく食べよう！
　・ランチルーム改造～空き教室の利用
　空き教室を利用して，生徒たちの手によるランチルームの改造を試みた．「どのようなランチルームにしたいか」を，給食委員会の生徒の意見をもとにまとめた．テーブルクロスをはじめ，黒板をカーテンで目かくししたり，掲示物，観葉植物など潤いのある環境構成に努めた．その結果，学校内とは思えないほどのすばらしいランチルームが出来上がっ

図 Ⅵ-21　BISTRO TAKAYAMA

た．そして，全校生徒にランチルームの名前の募集を行い，応募の中から「BISTRO TAKAYAMA」と命名した．レストラン風の看板も設置し，楽しく利用できるように工夫した．
　改造後のランチルームは，学級や部活動単位で，交代で使用している．いつもの教室での給食と雰囲気も変わり，楽しい給食が演出できた．
　・学年交流野外給食～ラブラブ野外給食
　教室の前庭には，木立に囲まれた庭園と噴水がある．ここをオープンカフェとして利用した．木立の中に木製のピクニックテーブルを常設し，「グリーンカフェ」と命名した．また，噴水のまわりにはパラソルつきピクニックテーブルを置き，「ブルーカフェ」と命名した．四季折々の自然を楽しみながら，ピクニック気分で給食を食べることができるようにした．定員は約90名．1学年全員の利用が可能である．
　3年生の学年交流給食では，毎回くじ引きで男女のグループをつくり，森

図 Ⅵ-22　グリーンカフェ　　　　　図 Ⅵ-23　ブルーカフェ

のレストラン「グリーンカフェ」と噴水レストラン「ブルーカフェ」で，それぞれピクニック気分で給食を楽しんだ．男女で仲よく食べることができ，通称「ラブラブ給食」として親しまれ，「今度は誰と一緒かな」と当日を楽しみにしている生徒が多くいたようである．

・生徒の感想
　☆　青空の下ですがすがしくてよかった．
　☆　外で太陽の光を浴びて食べるのもいいなと思った．
　☆　外で食べるのは味が違った．
　☆　空気がおいしかったので給食がおいしかった．
　☆　開放感があって，すっきりした気分で食べられた．
　☆　好きな人と一緒に食べられて楽しかった．

(3) 考　察

　毎日の給食の時間を効果的に使い，食に関する指導を充実させるために，さまざまな試みを行った．

　毎日のワンポイント指導や学校栄養職員の訪問指導を通じ，さまざまな角度から生徒たちに食の大切さを訴えることにより，専門的な知識を深め，食への関心を高めることができた．このことは，健康への自己管理能力を高める基礎となるだろう．

　ゲストティーチャーや生産者との交流給食を実施することにより，地域の食材に関心をもったり，専門的な知識を得たりすることができた．

　部活動によるバーベキューや交流給食は，毎年生徒たちが楽しみにしている活動である．異学年が一緒に食べることができる機会であり，お互いに協力したり下級生を思いやる場面が見られ，豊かな人間関係の育成に役立った．

ランチルームや野外給食場を整備し，学年交流給食や野外給食を実施することで，生徒間のコミュニケーションを深め，楽しく潤いのある給食の時間を創造することができた．

［古谷洋子］

④ 道徳における食育（第1学年）

給食をつくる人たちの気持ちを考えよう―役割演技や話し合いを通して

(1) はじめに

　　私たちは，毎日多くの人々に支えられたり，助けられたりしている．しかし，それが当たり前のこととして，感謝の気持ちをもつまでには至っていない児童が多い．給食に関しても同様で，昼食が出てくるのは当然で，嫌いなものを残したり，つくる人の気持ちを考えていなかったりする姿が見られる．そこで，食育における「心の育成」という観点から本学習を考え，学校栄養職員をゲストティーチャー（GT）とし，給食づくりについての話を詳しく聞く機会を設けることで，食について関心をもち，給食をつくる人やその仕事への理解を深めていきたい．

(2) 指導の実際

［主題名］

　　『感謝の心で（尊敬・感謝）』

［資料名］

　　「たのしみになった きゅうしょく」

［主題について］

　　内容は「主として他の人とのかかわりに関すること」であり，低学年においては，日頃お世話になっている人々に感謝することが主な内容である．給食でお世話になっている人々の存在について考える学習を通して，心から感謝しようとする道徳的心情を育てたい．

(3) 指導のねらい

　　給食が嫌いだった「わたし」が，先生の話を聞いて給食が楽しみになっていく資料を使う．「わたし」と同様に苦手なことへの共感をもつとともに，「わたし」の心の変容について考えるために，GT として栄養士さんから話を聞いたり話し合ったりすることで，給食に携わる人たちの思いに気づき，感謝の気持ちを表そうとする態度を育てたい．話し合いの場面では，役割演技を取り入れ，給食をつくる人たちの思いを深く考えられるようにしたい．

[指導過程]

指導経過	教科・領域	指導内容
事前の指導	学級活動	日頃自分がお世話になっている人について振り返る．
本時の指導	道徳	資料「たのしみになったきゅうしょく」により，給食に携わる方の気持ちについて考え話し合う．
事後の指導	学級活動	こころのノートの「ありがとうをさがそう」を使い，感謝の気持ちを表したい相手を考え，感謝の気持ちを表す方法を話し合い，実践していく．

[展開]

評…評価

時間(分)	主な活動と発問	予想される児童の反応	教師の支援・評価
2	1 給食場面を想起する． ・食事風景を思い浮かべる．	・おいしい． ・食べきれない． ・嫌いなものがあると残す．	・子どもの素直な意見を多く取り入れることで，受容的な雰囲気をつくる．
8	2 資料「楽しみになった給食」を聞いて，話し合う． ○私が給食のときにどきどきしたのは，なぜでしょう．	・食べられなかったら嫌だな． ・残すと叱られそう． ・残すと恥ずかしいな． ・嫌いなものが出なければいいな．	・自分中心にしか考えることができない「わたし」の気持ちを十分引き出し，共感させていく． ・給食が楽しみになったのはなぜか，と疑問を投げかけることで，GTとの話し合いにつなげる．
28	3 GTの栄養士さんの話を聞き話し合う． ・給食づくりについて ・携わる人たち ・道具 ・つくり方の苦労 ・つくり手の願い ◎先生方はどんな気持ちで給食をつくっているのでしょう． ○「わたし」は，なぜ給食が楽しみになったのでしょう．	・たくさんの人が働いているんだな． ・すごく大きい道具だね． ・こうやってつくってるのか． ・みんなの分をつくるんだからたいへんだね． ・そう思ってくれているのか． ・おいしくつくろう． ・残さず食べてほしいな． ・野菜は食べやすく切ろう． ・みんな元気に育ってほしい． ・給食づくりの話を聞いて，よくわかったからだよ．	・GTには，給食づくりについてだけでなく，仕事の喜びや苦労，子どもたちへの思いなどを語ってもらい，児童からの質問にも随時答えてもらうようにする． ・理解しやすいように，写真や調理用具，ビデオテープを使用しながら，話を進めていく． ・つくる側の立場に立った多様な思いに気づけるよう，役割演技から引き出していく． ・「わたし」も，給食づくりの仕事やつくる人の気持ちがわかったことに共感させるようにする．

[展　開]（つづき）　　　　　　　　　　　　　　　　　　　　㊡…評価

時間(分)	主な活動と発問	予想される児童の反応	教師の支援・評価
6	4 自分の気持ちを，カードに書く。 ○今の気持ちをカードに書いて，GTの先生に渡しましょう。	・いつもおいしい給食をつくってくれてありがとう。 ・これからは，嫌いなものもがんばって食べてみるよ。 ・これからもお仕事をがんばってください。	・GTや調理員さんがどんな思いでつくっているかを想起しながら書かせていく。 ㊡GTや調理員さんに感謝の気持ちや態度を表すことができたか。 （カード・態度・表情）
1	5 GTの話を聞く。	・カードを読んでくれてうれしいな。	・GTが，カードの感想や児童への思いを話す。

(4) 考　察

　本時は，給食センターの学校栄養職員の協力を得たことで，日頃の給食づくりの様子や，携わっている人たちの思いなどについての理解を深めるのに，大変効果的だった．作業している人の生の声による説明や，視聴覚教材を通しての給食センターの様子などを詳しく知ることで，その後の役割演技では，実際に作業で使っている道具を動かしながら，つくる人がどういう気持ちでいるのかを考えることができた．

　最後のGTへのカードには，給食でお世話になっている人たちに対して，自分の言葉で感謝の気持ちが書けており，手渡しの際にも素直に気持ちを伝える姿が見られた．この時間で学習した経験を，学校給食だけでなく家庭や地域での生活に生かし，心から感謝しようとする道徳的心情を育てることが

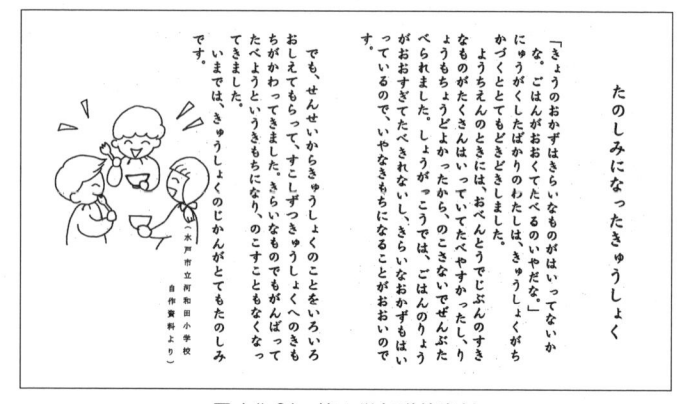

図 Ⅵ-24　第1学年道徳資料

図 Ⅵ-25　学校栄養職員からの給食づくりについての話

図 Ⅵ-26　給食をつくる人の気持ちを考える役割演技

できるようにしたい．

[遠藤　操・沢辺知美]

⑤　総合的な学習の時間における食育

総合的な学習の時間（第5学年）

　きれいな水でおいしいお米を─地域の方々との触れ合いを通して

(1)　はじめに

　　社会科の単元の「米づくり」とつくば市の取組みの「水環境を考える」という2つの関連から「きれいな水でおいしいお米」をテーマとし，田植えから稲刈りまで取り組んできた．「米づくり」という体験を通し，農家の様子を理解したり，人々の苦労や工夫に気づかせることをねらいとした．また，食育においては，児童が自分の食生活を振り返る機会とするとともに，米づくりにかかわる人々に感謝の気持ちや米を大切に食べようとする「心の育成」を図っていきたい．

(2)　指導の実際

［本時のテーマ］

　　『感謝の気持ちを献立に─「私のおすすめのこんだて」』

［単元について］

　　この単元は，「きれいな水でおいしいお米を」を学年のテーマとし，お米の種類やその歴史など各自の課題をもち，米づくりの体験をしながら，地域の方や農業関係者の方との触れ合いを通し，自分の課題を解決するというねらいである．

　　本時は，「私のおすすめのこんだて」と題し，これまでお世話になった方々

を招待し，お礼の気持ちを込めておもてなしをするときの「献立」の発表会である．この活動を通し，お世話になった方々への感謝の気持ちをもって「献立」を考えるとともに，自分たちの食生活を振り返り，改善しようとする態度を養うことを目標とする．

［指導過程（74時間扱い）］

	月	学習・活動内容
気づく	4	○真瀬の米づくりについて調べる．
	5	○GTを招き，米づくりについて学習する．
	6	○田植えを体験する．
		○各自の課題から内容ごとにグループをつくり，グループの課題を設定する．
つかむ	7	○稲の育ち方と水の関係を調べる．
	9	○稲刈りを体験する．
		○グループごとに課題を解決する．
まとめる	9	○中間発表会を開く．
	10	○米を使った調理実習をする．
		○収穫祭のメニューを決めよう．（本時）
	11	○収穫祭を開く．
広げる	10	○水みらい21児童シンポジウムに参加する．
	11	○4年生を招いて，発表会を開く．
	12	○環境問題について考える．
	1	○環境を守るために自分たちでできることを実践する．
	2	○地球の環境問題について調べたり，国立環境研究所を見学したりする．

［展　開］

活動内容	◇：支援　◆：留意点　△：手立て　◎：評価
1 本時の活動内容を確認する． 　収穫祭のメニューを決めよう！ 　「私のおすすめのこんだて」発表	◇本時の目当てを確認し，活動の見通しをもたせる．
2 発表会 ・グループごとに「おすすめのこんだて」について発表を行う． 　①「おすすめこんだて」のメニュー 　②おすすめの理由 ・味，栄養のバランス，分量など	◇わかりやすく発表するための注意点（ゆっくり，はっきり，顔向けて）を確認し，相手を意識しながら発表できるよう励ます． ◇「おすすめ」の理由を，味や栄養のバランスなどのポイントから具体的にわかりやすく発表できるよう助言する．

[展　開]（つづき）

活動内容	◇:支援　◆:留意点　△:手立て　◎:評価
〈発表班〉 ・1班「オムライススペシャルセット」 ・2班「バランスのよい食事」 ・3班「THE☆ミックス定食」 ・4班「バランスのよい和風料理」 ・5班「オム×2☆ライス」 ・6班「ボリューム満点オムライスセット」 3 各グループの発表について，質疑や感想発表を行う． 4 各グループの「おすすめのこんだて」に対してGTからの意見・感想を聞く． 5 メニューの投票とともに，今日の学習を振り返り，自己評価カードに記入する．	◇各グループの着眼点や多様な調べ方のよさを積極的に賞賛し，励ましの言葉をかける． ◎自分たちのおすすめのこんだてについて，友達に理解・納得してもらえるようわかりやすく発表することができたか．（観察，発表原稿） △各グループの発表に耳を傾け，発表者の主張点や疑問点を整理しながら聞けるよう記録カードを用意する． ◎発表グループの主張点を理解し，感想をもつことができたか．（評価カード） ◇専門的な立場からの意見・感想を聞き，自分たちの考えとの相違点などに気づかせる． ◆GTは，児童のおすすめのメニューが卵を使った料理に集中しているため，卵に関する話を加える． ◇自己評価カードを通し，本時の学習について振り返るとともに，これからの活動に積極的にかかわろうとする意欲をもたせる． ◎友達の発表を聞いて，栄養のバランスに対する意識が高まったか．（評価カード）

(3) 考　察

　本時は，それぞれのグループが考えた献立を発表するという展開であった．どのグループも，お世話になった方々が好きであろう献立を予想したり，栄養のバランスや食品の数などの観点から，いろいろなアイディアを出し合い，「献立」を考えようとする姿勢が見られた．グループによっては，自分たちの好きなものに偏っている献立も見られた．また，学校栄養職員の専門的な立場からの助言を聞き，栄養面から見た献立に対する関心が高まったように思える．

　この単元全体を通し，調べ学習の段階では，自分の課題を解決するために地域の農家の方から話を聞き，農家の方々の「米づくり」に対する工夫や努力を知ることができた．また，米づくりの体験を通し，稲刈りでは1束刈るにも大変な労力を要することや同じ姿勢で作業を続け腰が痛くなったこと，

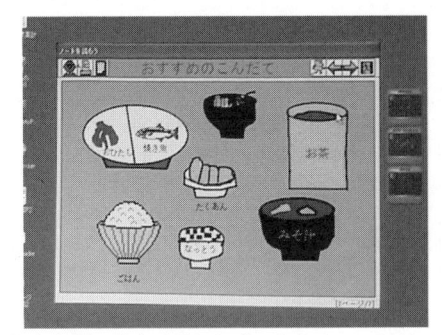

図Ⅵ-27 児童が考えた「おすすめのこんだて」　　図Ⅵ-28 発表を聞き終えて，それぞれの献立にコメントするGT

刈った稲を乾燥させるのには大変手間がかかることなど，農家の方の苦労を理解できたようである．

これらの活動を通し，米づくりにかかわる方々への感謝の気持ちや米を大切に食べようとする意識をもたせることができた．食育における，米づくりにかかわる人々に感謝の気持ちや米を大切に食べようとする「心の育成」を図ることができた．　　　　　　　　　　　　　　　　　　［筑井喜久男・坂手久子］

総合的な学習の時間（中学校第2学年）

自分の食生活のあり方を見直そう―体験活動を通して「よりよく生きるための食」について考える

(1) はじめに

生徒に対して行った食に関するアンケート調査で，朝食を食べないことがある，食事のマナーに関心が低い，好き嫌いが多い，栄養素についての理解が足りないなど，食についてのさまざまな問題点が浮かび上がってきた．そこで，体験的な活動を多く取り入れた学習を展開することで，食の問題を自分のものとして真剣に受け止め，自分の食生活のあり方を改善していこうとする自己管理能力を高めたいと考え，本主題を設定した．

(2) 指導の実際

［単元名］

『食べることは生きること』

［単元について］

「よりよく生きるための食」という視点で具体的に調べたり，かかわった

り，体験したりすることのできる活動を通して，自分の食生活と結びつけて考えたり，今後の食生活のあり方を改善しようとしたりする態度を育てたいと考える．調査活動では，4名の教師がそれぞれの小テーマごとに学習計画を立て，生徒は個人の興味関心に応じて，それらのテーマから選択して活動に取り組むようにする．

［指導のねらい］
① これまでの自分の食生活を振り返り，問題点を見つけ，意欲的に調べようとする（学習活動にかかわる関心・意欲・態度）．
② 今後の食生活について，さまざまな視点から自分の考えや意見をもち，実際の生活に生かそうとする（生き方を深める力）．

［指導計画（50時間）］

段　階	時	主な活動内容	評　価　基　準
ふれる・つかむ	3 7	【オリエンテーション】 【学習課題の設定・学習計画立案】	・自分の課題を設定することができる．
知る・かかわる	25	【問題解決学習】	・方法を工夫しながら追求することができる．
まとめる・広げる	10 5	【考えを広める】 【実践活動とまとめ】	・自分の意見や考えを広げることができる．

［指導過程］
　追求活動では4名の教師がそれぞれの特性を生かし，「食と健康」，「食と文化」，「食と歴史」，「食と環境」の小テーマを担当し，支援にあたった．各班での取組みは，以下に示すとおりである．
① 食と健康班
　A　導入…食事や間食によるエネルギー・糖分について考えよう．
　　　嗜好品などのエネルギー・糖分の量調査（計算ソフトの活用）
　B　個人テーマの設定と調べ活動
　　　栄養素，小児生活習慣病，食（栄養素）と病気の関係，筋肉と運動の関係，望ましい献立の提案など
　C　発表会（プレゼンテーションソフトの活用）
② 食と文化班
　A　導入…さまざまな国の食文化に触れよう．（次ページ参照）
　　　アシスタントランゲージティーチャー（ALT）の母国の料理の披露

　　　　　と会食
　　　B　個人テーマの設定と調べ活動
　　　　　ヨーロッパやアジアなどの食文化，食事作法の違いなど
　　　C　発表会（プレゼンテーションソフトの活用）

【食と文化班】の活動

1　本時の学習について知る．

> 「世界郷土料理紀行」
> 　外国の郷土料理を味わい，その国の料理事情を知ろう．

2　班ごとにALTと調理実習を行う．
〈本日のメニュー〉

A班　ガーナ風カレー（Tropical Yam Curry）
B班　フィリピンのバナナ春巻き（Saging na Toron）
C班　ハンガリー風パンケーキ（Palacsinta）
D班　カナダのお菓子とミートローフ（Nanaimo Bars, Meat Loaf）
E班　アメリカのクッキー風パン（Corn Bread）

　・ALTと協力しながら調理実習を行う．
　・ALTには手順だけでなく，素材や母国の食に関する話を交えながら生徒とともに調理を行うよう，事前に打ち合わせをしておく．
3　各グループの料理を試食しながら，ALTの母国の料理についての話を聞く．
　・ALTの母国でよく食べられている料理や日本ではあまり見られない食材などを紹介してもらう．
　・日本の食文化との違いや共通点について，写真などを使いわかりやすく紹介してもらう．
4　ALTの母国の食について質問する．
　・ワークシートを用いて，授業の振り返りを行う．
㊕A：ALTの母国の食文化についての話を興味をもって聞き，日本の食文化との違いや共通点を見出すことができる．（観察，ワークシート）
　B：ALTと母国の食についての話をしながら，楽しく調理を行い，他国の食文化について興味をもつことができる．（観察，ワークシート）
5　学習のまとめをする．
　(1) 本時の学習の振り返りを行う．
　(2) 本時の授業の感想を発表する．

　　③　食と歴史班
　　　A　導入…縄文クッキーをつくろう．
　　　　　ドングリを使用したクッキーづくりと試食
　　　B　個人テーマの設定と調べ活動
　　　　　食生活の変化，昔と現代の食事内容の比較，歴史的な行事と食の関係，箸の作法についてなど

図 Ⅵ-29　ALTとの会食，食文化交流の様子　　　図 Ⅵ-30　残飯から堆肥をつくる
　　　　　　　　　　　　　　　　　　　　　　　　　　　　　「食と環境班」の活動

　　　　C　発表会（プレゼンテーションソフトの活用）
　④　食と環境班
　　　　A　導入…食品添加物の長所と問題点について考えよう．
　　　　　　さまざまな食品添加物について（VTRの活用）菓子に含まれる着色料の検出（実験）
　　　　B　個人テーマの設定と調べ活動
　　　　　　米づくりと農薬，生ゴミのリサイクル（堆肥づくり），エコクッキング，水質汚染と食，食物連鎖など
　　　　C　発表会（プレゼンテーションソフトの活用）
(3)　考　察
　　食に関する指導内容は，日常的に生徒が関わることであり，健康面にも直結してくることが多い．体験活動をより多くの場面で取り入れることは，「食」の問題を真剣に考えることの大切さを実感できるよさがあるのではないだろうか．
　　本単元では前述の実践のほか，嗜好優先で間食・食事内容が決まる生徒に対して摂取エネルギーや糖分を考えるための実験や，食品添加物の長所・短所を知らせるための実験なども行った．また，「つくば市」という地域性を生かして，関連する研究機関や地域人材の積極的な活用を心がけた．個人のテーマに応じて，研究機関に出向いて調査活動に取り組んだ生徒もいた．このような体験活動は，いずれも自分の生活に直接起こり得る問題として身近に感じることができるのか，真剣に受け止め，改善していこうとする姿勢が見られた．

課題として，小テーマから個人テーマを設定する際の教師の支援のあり方があげられる．生徒一人ひとりの興味関心だけを重視することなく，自分の食生活の改善を念頭においてテーマを設定しないと，その後の活動が停滞してしまう．ねらいは自己管理能力の育成であるので，学習の中心は常に「自分」である．単なる調べ活動に終始しないためにも，課題の設定は時間をかけ，丁寧に扱っていきたい．

〔宮崎百合子・鈴木真理子・飯塚隆志・宮嶌芳和〕

より効果的に食育を推進するための提案—実践例 VII

　本章では，より効果的に食育を推進するための提案として，10の観点から，茨城県つくば市立高山中学校，同真瀬小学校，同島名小学校とその地域の給食センター・行政で実践された「学校給食における学校，家庭，地域連携推進事業」と，同県取手市立六郷小学校の研究実践を中心に，同県南部の小中学校，および埼玉県幸手市の幼稚園・NPOにおける食育の実践例を紹介する．

1　学校・家庭・地域・関係機関との連携

　学校給食における学校・家庭・地域の連携推進事業—つくば市南部における取組みから

　今，食についての教育すなわち「食育」の必要性がさけばれ，学校においても栄養教諭制度が具体化された．子どもたちの食生活は大きく変化し，偏食や肥満による小児生活習慣病，拒食症や過食症などの摂食障害などが広まっている．また，子どもだけで食事をとる「孤食」，朝食などを抜かす「欠食」，調理をしない「食の外部化」など，子どもたちを取り巻く食習慣の変化は深刻化している．

　このようなときに，平成15（2003）年度から2か年にわたり，（独）日本スポーツ振興センターから「学校給食における学校・家庭・地域の連携推進事業」の委嘱を受け，研究の機会を得た．この事業は，学校・家庭・地域の三者が連携して，学校給食を通じ，児童・生徒が生涯を通じて健康に過ごすための望ましい食生活のあり方について実践研究を行った．以下は，つくば市高山中学校区内の小・中学校における実践例である（学校の実践についてはVI章（p.159～）で紹介した）．

①　学校給食連携推進委員会の設置

はじめに

　指定を受けた当地域では，単なる学校中心の研究ではなく，地域全体の取組み

VII より効果的に食育を推進するための提案―実践例

食に関する指導目標
(1) 生涯にわたって健康で生き生きとした生活を送ることを目指し，児童一人一人が正しい食事のあり方や望ましい食習慣を身につけ，食事を通じて自らの健康管理ができるようにする．
(2) 楽しい食事や給食活動を通じて，豊かな心を育成し社会性を涵養する．

- 日本国憲法
- 教育基本法
- 学校教育法
- 学習指導要領中教審「食に関する指導体制の整備」（答申）
- 県教育施策
- 市教委施策
- 学校教育目標

社会の要請
- 学ぶ意欲と社会の変化に主体的に対応できる教育の展開
- たくましく生きるための健康や体力を育む教育の展開
- 明るく豊かで活力のある児童生徒の育成

食に関する指導で目指す児童生徒像
- 健康で生き生きとした生活を送ろうとする子（体の健康）
- 正しい食事のあり方や望ましい食生活を身につけようとする子（心の育成）
- 食事を通じて自らの健康管理をしようとする子（自己管理能力）
- 楽しい食事や給食活動を通じて，豊かな心を育もうとする子（社会性の涵養）

家庭地域の実態
- 市の南部に位置し，つくばエクスプレスや都市計画事業などにより変貌しつつある．三世代同居家族が多く，保護者の教育に対する関心や連帯感が強い
- 自然に恵まれており，地場農産物などの供給を得やすい

児童生徒の実態
- 明るく素直で純朴である
- 加工食品を摂取する子が増加している
- 野菜や魚，豆類を好まない子が増加している
- 体力低下や肥満傾向の見られる子が増えつつある

具体的な指導
- 栄養のバランスのとれた食事を楽しくとることが日々の健康や心の安定につながること
- 子どもの頃の偏った食生活は将来の生活習慣病につながること
- 正しい食生活は健康な心や体をつくること
- 食環境が変化しても，食の自己管理が実践できること
- 食事や当番活動を通して，豊かな心や望ましい人間関係を育成すること
- 地域で培われた食文化を体験し，郷土への関心を深めること

研究主題
学校と家庭・地域に密着した学校給食のあり方
―――食の安全と健康を求めて―――

研究のねらい
学校給食を中心とした食の指導を通して，児童生徒の健康を育むためのあり方について研究し実践する．

図 VII-1　学校給食連携推進委員会

研究の仮説

(1) 教育委員会，学校給食センター，学校の三事業者の代表と関係機関や地域，保護者の代表が連携推進委員会を組織し，研究の中枢となることでより連携は深まり，効果的な事業の展開が可能になるだろう。
(2) 食の安全と内容の充実は，学校給食に地場農産物を取り入れたり，地域の関係機関や保護者との連携を深めたりすることでより確保されるだろう。
(3) 給食の時間の指導の充実を図り，学校の教育活動全体を通して「食の指導」を計画的かつ地域・家庭との連携のもとに進めれば，児童生徒の健康で安全な食生活と食習慣は形成されるであろう。
(4) 児童生徒，地域・家庭の実態を把握したり，学校給食や食に関する情報を家庭に積極的に提供することで，学校給食や食への理解・関心が高まるだろう。

研究の実践

学校給食連携推進委員会
◆学校・家庭・地域の連携を密にするために
○連携の企画，調整
○情報の交換
○食に関しての研修

調査・広報・連携部会
(教育委員会)
◆学校給食の充実のために
○調査，統計，地域の情報収集活動
 ・実態調査・地域調査，取材
○地域への広報活動
 ・広報誌の発行
 ・HPの作成管理，掲示板開設管理
○学校・給食センターの適正管理と指導
 ・学校訪問

食に関する情報

学校給食センター部会
◆よりおいしく安全な給食のために
○JA，生産者との連携
 ・安全基準の策定・地場産食材の使用
○学校との連携
 ・情報の収集と提供(残食調査，献立募集，給食だより，給食カレンダー)
 ・食の指導(授業への参加協力，学校栄養職員訪問指導)
○家庭・地域との連携
 ・食生活改善委員との連携(親子料理教室，郷土料理の献立化)
○PTA，家庭教育学級との連携(施設見学，試食会，牛乳工場見学会，学習会)
○PRビデオの制作，活用

学校部会 ◆楽しい給食の実現と望ましい食生活，食習慣の形成のために
○小中の連携(全体計画，年間指導計画，学習指導案，人材リスト，実態調査)
○小中合同研究会(合同要請訪問，減農薬農業学習会，食の講演会)
○真瀬小，高山中，島名小学校部会(島名小は協力校)
 ・給食の時間の改善(ワンポイント指導，交流給食，招待給食，環境構成など)
 ・食の指導の充実(教科：社会・理科・家庭・技術家庭・生活・保健体育・道徳，特別活動：学級活動・学校行事・その他，総合的な学習の時間：情報の提供，各種キャンペーンなど)
 ・実態調査

の位置づけと全体構造図

ととらえ，学校・給食センター・教育委員会の三者がそれぞれ研究主体となり，お互いに連携をとりながら研究を進めた．そのためにまず，行政（教育委員会），給食センター，各学校，地域関係機関（PTA，JA，生産者，食生活改善推進員など）の代表者からなる「学校給食連携推進委員会」を組織し，連携の要と位置づけ研究を推進した（実践例を図Ⅶ-1，2に示す）．

図Ⅶ-2　学校給食連携推進委員会

学校給食連携推進委員会の機能と活動

　教育委員会は学校給食の充実発展のために「調査・統計・広報部会」を，給食センターはよりおいしく安全な給食の供給のために「学校給食センター部会」を，小中学校は楽しい給食実施と，正しい食生活と食習慣の育成のため「学校部会」を組織した．そして，キーワードを「連携」と定め，それら部会の連絡・調整を図るために「学校給食連携推進委員会」を設置した．

考　察

　この事業を統括する連携推進委員会での，JA，生産者，食生活改善推進員，PTAなどの代表者との情報交換や協議を通して，連携のネットワークは保護者・地域への広がりを見せた．このことは，各種事業を推進するうえで大きな力となった．

　学校給食センター部会では，減農薬の地場産食材導入の試行を行い，本格的導入への足がかりができたことは大きな収穫といえる．また，保護者会や家庭教育学級で，「給食試食会・センター訪問」などを実施した結果，保護者の給食への関心が高まったことが，意識調査で確認できた．さらに，学校栄養職員の授業への協力や資料提供が積極的に行われ，そのノウハウの蓄積ができた．

　調査・統計・広報部会では，広報誌「えがお」の発行やインターネットのホームページを通して，学校給食の現状や本研究の事業の様子などを積極的に地域保護者に発信した結果，「給食だよりや献立を見るようになった」「我が家の家庭料理のメニューに取り入れた」などの調査項目がポイントを伸ばした．また，ホー

ムページを見て，県外の関係者や市町村の栄養士会，県PTA女性ネットワークからの視察問い合わせや事業が新聞で報道されるなど，社会的関心の高さがうかがわれた．

　委嘱を受けて2年．関係機関との連携のネットワークができ，一通りの試行ができた段階であり，課題は多い．地場産食材の本格的導入には，大量の食材が継続して提供される必要がある．また，遺伝子組換え食品やBSE問題は給食センターで解決できる問題ではないが，食品・食材の安全基準をより明確にしていくことが重要な課題となる．子どもたちや保護者の食への関心が高まれば高まるほど，学校給食の多様性が求められる．経済性や効率性，栄養のバランスやエネルギーを重視するあまり，不自然な献立や画一性が生じる場合もあり，学校給食を「食文化」の観点から見直すことも必要である．さらには，食への関心や健康志向が高まったとはいえ，両親共働きの家庭や塾通いが増え，夜型の生活スタイルが定着するなか，「食の外部化」や「孤食」・「欠食」に歯止めをかけることは容易ではない．食生活や食習慣の乱れとともに，食の歳時や行事食・季節感など食文化の衰退も気になる．

　これらの問題は，「食育」の一分野として学校教育の中でも，今後地道に取り組まなければならない課題である．
〔中野孝夫・塚本善久〕

② 教育委員会との連携

家庭・地域への広報活動―広報紙の発行とホームページの開設

はじめに

　学校給食への理解や関心を高めるためには，積極的に広報活動を行い，さまざまな情報を家庭・地域に発信することが有効な方法の1つである．この広報活動に関しては，活動の全体を眺めながら情報収集および発信をすることが必要かつ重要なため，教育委員会が中心となり活動を展開した．

　広報活動の柱は，広報紙「えがお」の発行とホームページの開設である．これら2つを中心に活動を展開することにより，推進委員会の活動に関する情報を委員会のメンバーや学校関係者，児童生徒はもとより，保護者や地域の人たちにも発信し，学校給食や食育への関心と理解を高めた．

実践例

(1) 広報紙「えがお」の発行

・広報紙の内容

　広報紙で取り扱うのは，推進委員会の事業内容（親子料理教室，講演会など）や各小中学校での取組み（給食試食会，交流給食など），そして地域の食材や減農薬野菜などの調査，取材などとした．個人情報は原則として載せない．

・広報紙の構成

　大きさ・内容を考慮し，紙面をＡ４判片面１枚とし，可能な範囲でカラー印刷にした．また，画像中心の情報を多くし，文字はなるべく少なくするよう心がけた（図 VII-3）．

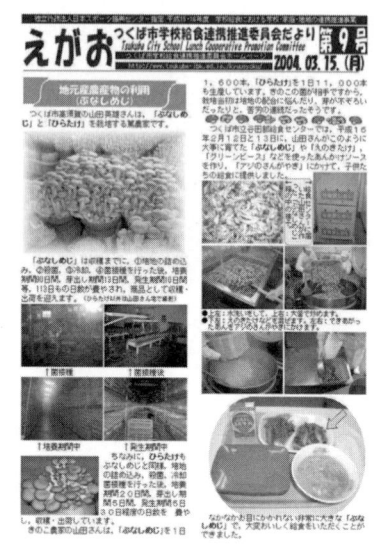

図 VII-3　広報誌「えがお」第９号

・ホームページとの連携

　ホームページの中に広報紙「えがお」のページを設け，原則として原本のまま掲載した．また，ホームページを見てもらえるようにするため，広報紙のタイトルの中にホームページのアドレスを表記した．広報紙を作成したら，できるだけ速やかにホームページにアップロードするよう努めた．

・発行の範囲

　つくば市立高山中学校および，真瀬小学校，島名小学校の保護者および教職員．

(2) ホームページの開設

　広報紙「えがお」による広報に加えて，さらに広範囲にわたる広報の方法としてホームページ*を立ち上げた（図 VII-4）．教育委員会のホームページの一部にスペースを確保し，外見上は独立した形にした．タイトルは広報紙と同じ「えがお」とした．

(3) ホームページの内容

　原則として推進委員会の事業に関するすべての情報を掲載することとし

＊　URL：http://www.tsukuba-ibk.ed.jp/kyuusyoku/index.htm

た．具体的には，事業概要，推進委員会および小委員会の内容，各部会の内容，広報誌「えがお」，高山中・真瀬小・島名小の給食だより，給食カレンダー，お知らせ，情報や意見を交換する掲示板などである．
・ホームページそのものの広報

　広報紙「えがお」にホームページのアドレスを常に明示し，機会があるごとに閲覧をよびかけた．また，関係小中学校ホームページのトップページにリンクさせるとともに，給食だよりにもアドレスを記載した．もちろん，教育委員会のホームページにもリンクしている．

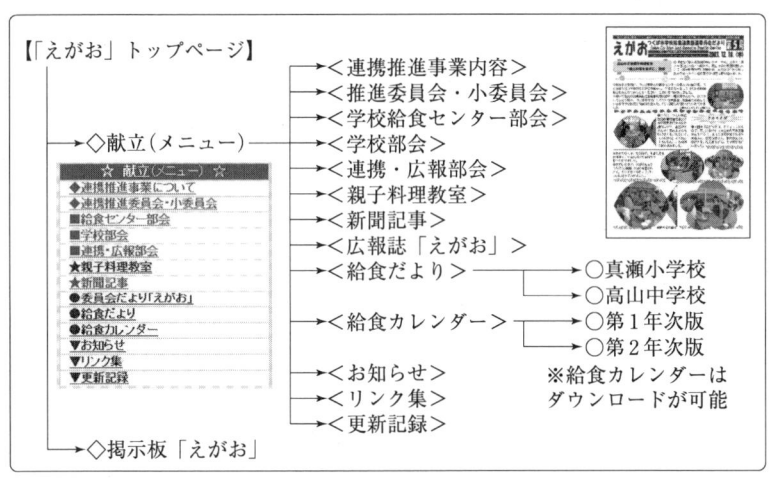

(a) ホームページのサイトマップ

(b) ホームページのトップページ 　　(c) 給食カレンダーのページ

図 VII-4　ホームページ版「えがお」

- ホームページの管理

　ホームページの管理に関しては，教育委員会のスペースを借りている関係上，教育委員会が担当した．情報のとりまとめができる状況にある人であれば誰でもよいが，教育委員会の事業関係者が一番条件がよかった．

- 掲示板の設置（注：現在は掲示板は切り外してある）

　一方的な情報の発信ばかりでなく，広報紙やホームページを見てくれた人たちとの意見や情報交換の場として掲示板を設置した．これにより，食育はもちろんのこと，地方の歳事に関する料理やさまざまな食材，健康と食事などの話題などで盛り上がった．書き込みの例は次のとおりである．

「すみつかれ」 2月の初午の日，毎年母は「すみつかれ」なるものを料理する．大根おろし，にんじん，油揚げ，大豆などの酢の物だ．まさに健康食品そのものの風情だ．

　地方により呼び名も色々あるようだ．地方の独特な料理は，若い世代に受け継がれるのだろうか心配だ．

→ Re：谷田部・下妻のすみつかれを頂きました．地域によって作り方や味が違う，とてもよい経験と勉強をしました．

→ Re：県西にもあります．私は下館生まれですが，毎年食べてました．祖母は，5件（3件かも？）のすみつかれを食べると"中風"にならないと近所のおばちゃんたちとお茶を飲みながら話していました．

「ちょっとビックリ！」 先日，食に関する実験を授業参観で見ました．お菓子から取り出した着色料で毛糸を染めたらコワイくらいきれいに染まっちゃいました．買い物の時は思わず原材料をチェック…．今日の人間ドック，私のおなかは何色？

→ Re：実験結果や説明から，「え〜そんなお菓子もう食べられない」と言っている子もいれば「余ったお菓子食べてもいい？」なんて聞いてくる子もいて反応はさまざまでした．これを機に，子どもたちが少しでも食と健康について考えてくれればと思っています．（授業者）

「元気でいられる秘訣」 最近お疲れ気味の私ですが，友人の家族と一緒に食事をして元気を取り戻しました．ゆったりとした気分で和やかに食事をすることの大切さ！家族の団らんが何よりの薬です．子どもたちが巣立っていき，振り返ると長いようで短かった家族の団らん．今では良い思い出となってしまいました．若者よ！家族と一緒に食事をするのは今しかないのだから．一緒に楽しい思い出を残そうではないか．

→ Re：私が育った昭和30年代．貧しい食卓でしたが食事はいつも家族一緒でした．冷蔵庫もなく保存できない時代でしたから，別々気ままという選択肢はなかったのです．今は「便利」を手に入れたかわりに，多くのものを失ったようです．でも失いたくないのは家族の団らんと絆．家族そろっての食事がその基礎なのです．

考　察

　広報紙「えがお」の発行により，前述のような多岐にわたる内容を必要に応じて伝えることができた．特に，それぞれの学校で実施した親子料理教室については，学校ごとの特色を伝えるとともに，つくった料理のレシピと完成品の画像も記事として掲載したことが効果的であった．また，給食に使われている地元農産物など，独自の取材による記事を掲載できた．

　情報通信技術が普及したこの時代だからこそ，ホームページ設置の効果は大変大きかった．特につくば市のICT教育では全国でもトップレベルにあり，イン

No.	発行日	主な内容
第1号	平成15年 7月17日(木)	●研究指定，研究の目的，研究テーマ，研究体制等
第2号	平成15年 9月10日(水)	●親子料理教室(真瀬小)「とびっきりカレー」「すごもり」「キャロットサラダ」そのレシピ
第3号	平成15年 9月11日(木)	●親子料理教室(真瀬小)「ミニ講話」減農薬栽培生産者地域代表小堀さんの講話
第4号	平成15年 9月12日(金)	●親子料理教室(真瀬小)アンケート集計結果及び分析と考察
第5号	平成15年12月18日(木)	●親子料理教室(高山中)「郷土料理を食卓に」～地域で伝える伝統の味～そば打ちその1
第6号	平成16年 1月 8日(木)	●親子料理教室(高山中)「郷土料理を食卓に」～地域で伝える伝統の味～そば打ちその2
第7号	平成16年 2月18日(水)	●親子料理教室(島名小)「良い習慣で元気な子」その1
第8号	平成16年 2月20日(金)	●親子料理教室(島名小)「良い習慣で元気な子」その2
第9号	平成16年 3月15日(月)	●地元農産物の利用：山田さんが作った「ぶなしめじ」を使った給食
第10号	平成16年 3月16日(火)	●給食に使われている地元産のお米と野菜，その使用状況
No.	発行日	主な内容
第11号	平成16年 9月 3日(金)	●「朝食食べよう！キャンペーン」＜高山中＞
第12号	平成16年 9月 7日(火)	●学校給食試食会＜真瀬小＞
第13号	平成16年 9月10日(金)	●生産者交流給食～ぶなしめじ～
第14号	平成16年 9月10日(金)	●三校連絡協議会～食の講演会～「今，子ども達の食は！」鎌倉女子大名誉教授瀬宇平氏
第15号	平成16年 9月14日(火)	●三校親子料理教室～そば団子，ふわふわとうふのお好み焼きなど～

図 VII-5　広報誌「えがお」のページ

ターネットの普及率も高いため，多くの方々が閲覧することができ，ホームページを通しての情報も受けることができた．ホームページそのものは今も存在しているので，ぜひ参考にされたい．

[坂場　治]

③　学校給食センターの取組み

給食カレンダーの配信と地産地消──給食センターで取り組む学校・家庭・地域の連携

はじめに

児童・生徒への安心・安全な給食の提供と給食内容の充実を図るため，給食に関連した人々との交流を深めながら，相互の協力による効率的な運営を目指し，次の３点について工夫・改善を試みた．
① 安全で安心な給食のため，地域・地場産の低農薬の農産物の積極的使用
② 給食内容の紹介と食への関心を高めるための情報発信
③ 学校給食の理解・協力を目指し，学校・家庭や地域生産者との連携と積極的な交流

実践例

(1) 給食カレンダーの作成と配信
- 学校へ印刷物を配付し，給食の時間でのワンポイント指導に利用した（図Ⅶ-6）．
- ホームページへアップロードし，学校・家庭へ配信した．月日をクリックすると，今日の献立などが家庭でわかる．１年分，毎日配信した．
- 家庭の反応などとしては，ワンポイントアドバイスは，児童・生徒にも読めるよう簡潔に書いたので喜ばれた．特に，毎日自分たちが食べる給食献立の食材の話や，給食センターでの仕事と調理作業の流れなどの紹介，地場産の生産者の紹介など，身近な話題が内容にあるため，食に興味をもたせることができた．家庭でも，給食の献立がよくわかると好評

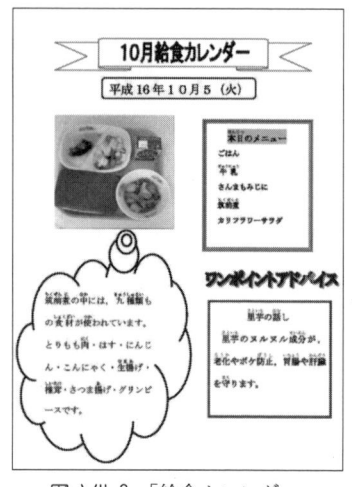

図Ⅶ-6　「給食カレンダー」

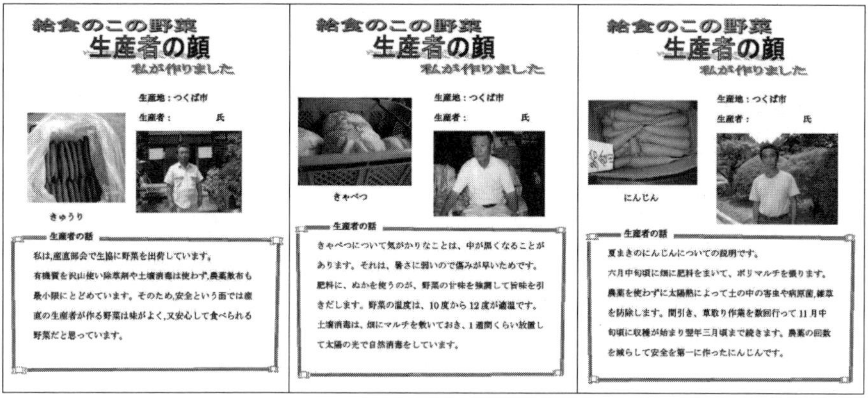

図 VII-7　学校提示の生産者の顔

使用月	品　　名	産　地*
4月	ブナシメジ	高須賀
5月	ブナシメジ・ナメコ	島名・真瀬
6月	ジャガイモ・ダイコン	古舘・柳橋
7月	ニンジン・ピーマン・キュウリ・ジャガイモ・シメジ	中野
9月	ナガネギ・ナメコ	鬼が窪
10月	ピーマン・ナメコ・ブナシメジ	稲岡
11月	ナメコ・ブナシメジ・ハクサイ・ピーナツ	中山
12月	ダイコン・キャベツ	東丸山
1月	ヒラタケ・キャベツ	中別府
2月	ブナシメジ	茎崎

＊　産地名は茨城県つくば市内の各地域

(a) 地元野菜使用状況

```
ブナシメジ：スパゲティ・きのこ汁・サラダ
ナメコ：みそ汁・和え物・このこ汁
ジャガイモ：肉じゃが・カレー・シチュー・みそ汁・粉ふき芋・おでん・煮物
ダイコン：サラダ・みそ汁・煮物・おでん
ニンジン：サラダ・煮物・いため物・カレー
ハクサイ：サラダ・シチュー・みそ汁
ナガネギ：薬味・スープ・いため物
ピーマン：いため物・サラダ・ミートソース
キャベツ：サラダ・スープ・やきそば
キュウリ：サラダ・和え物
```

(b) 地元野菜使用の献立

図 VII-8　年間使用できる食料と献立活用例

だった．
(2) 地産地消の取組み

　　生産者との協議会を開き，安全な作物の生産過程の勉強会や，児童生徒によりよい食材をどのくらい提供することができるかなどを話し合った．
・米減農薬生産者やその他の野菜生産者との交流

　　児童生徒も米や野菜の減農薬生産者を訪問し，見学・体験学習をした．また，生産者にも学校訪問してもらい，児童生徒と給食をともにしたり，作物の生産過程での安全に対する配慮や苦労話を聞くことにより，児童生徒の食への関心を深め，作物の安全の重要さをいっそう実感できた．
・「生産者の顔」を学校へ配付，掲示

　　給食に使用した野菜の地元生産者を訪問し，安全でおいしい野菜づくりの話など聞き，「生産者の顔」としてプリントを作成し学校に配布，掲示した．児童生徒は，給食に身近な食材が使われていることを知り，興味関心が高まった（図VII-7，VII-8）．
(3) 家庭教育学級での給食施設訪問と試食会

　　各学校の家庭教育学級単位で，給食センター施設見学・試食会を実施した．学校栄養職員やセンター長との懇談，調理作業の様子などの見学，試食を通して，保護者の学校給食への理解を深めることができた．
(4) 給食センター紹介ビデオの制作と貸し出し

　　給食ができるまでの流れを記録し，20分のビデオテープにまとめた．センター見学者に視聴してもらったり，低学年の教材として学校に貸し出したりして，学校給食の理解啓発に役立てた．
(5) 安全基準の見直し

　　給食センター現場での使用食材に対する安全基準を策定した．
(6) 学校栄養職員の学校給食訪問指導

　　学校栄養職員が定期的に学校訪問し，給食の時間にワンポイント指導をした．

考　察

　安全でおいしい給食を児童生徒に供給するために，地場食材をなるべく多く使用した．しかし，大量の食材を継続して使用するには供給側の問題もあり，課題も多い．

学校給食や食への関心を高めるために，学校や保護者・地域と積極的に連携を試みた．その結果，児童生徒や保護者の生の声を献立や調理法に活かすことができた．さらに，アンケートでは「給食だよりや献立表をよく見るようになった」などの項目がアップし，給食に対する関心が確実に高まった．　　　　　[坂手久子]

④　PTAとの連携

食育の基礎は家庭から―PTAで取り組む食育の実践

はじめに

　この「学校給食における学校・家庭・地域連携推進事業」は，教育委員会，学校給食センター，中学校区の小中学校を対象とした地域指定事業である．高山中学校区の3校のPTAは，以前から「3校連絡協議会」を組織し，子どもを取り巻く諸問題解決のために共同活動をしてきた．この「3校連絡協議会」，各学校のPTAや家庭教育学級では，この事業を機に食育に取り組んだ．

　食育の大部分は，本来家庭教育の範ちゅうである．この取組みのねらいは，食育の大切さを認識し，各家庭に浸透させることにある．

実践例

　(1) 中学校区合同食育を考える集い
　・次第
　　①主催者によるこの事業の説明
　　②基調講演
　　　　「今，子どもたちの食は？」
　　　　講師：成瀬宇平先生
　　　　　　　　　（鎌倉女子大学）
　　③各校からの報告
　　④意見・情報交換

図 Ⅶ-9　食育講演会

　・参加者：3校の保護者，教職員など，
　　　　　給食センター職員，約150名

　　基調講演では，欠食，小児生活習慣病，肥満，サプリメント，ダイエットなどの子どもを取り巻く問題が指摘された．特に，子どもたちの心を安定させコミュニケーション能力を高めるためにも，家族団らんの食事は大切であ

るとの話が印象的だった（図Ⅶ-9）．

　各学校からは，朝食欠食，肥満，ダイエット，偏食など，子どもたちの現状が報告された．意見・情報交換では，「夜ふかしして朝寝坊をするので，朝食が食べられない」「だらだらおやつを食べてしまい，きちんと食事がとれない」「塾があるのでみんなで食べられない」など，各家庭の悩みが出された．

　初めての試みであったが，子どもたちの食の問題と食育の大切さを認識し，その課題を共有できたことは有意義であった．

(2) 家庭教育学級での試み

　各学校には，1・2年生の保護者を対象とした家庭教育学級が組織されている．市からの補助を受け，年間6～7回の事業を行う．家庭教育全般の諸問題を研修するが，この事業の指定を受け，「家庭の食育」をメインテーマとし研修や活動を行った．各学校の家庭教育学級の食育に関する主な事業を紹介する．

・学校給食センター訪問，試食会，牛乳工場見学

　「子どもたちの給食を供給する給食センターにもっと関心をもとう」という目的で，給食センターと牛乳工場の見学をセットで行った．施設や調理の流れを見学し，学校栄養職員講話では，衛生管理，食材調達，献立，地場食材，食品の安全管理など詳しく説明を受けた．その後，当日の給食の試食も行った（図Ⅶ-10）．また，牛乳工場の見学では，製品化行程や安全・衛生管理など目の当たりにして，牛乳に安心感を得たようだ．

図Ⅶ-10　試食をしながら学校栄養職員と懇談（給食センター訪問）

　このような活動を通して，「センターのおたよりに目を通すようになった」「給食の献立に関心をもつようになった」「ホームページの給食カレンダーを見る」など，保護者の学校給食への関心が高まったことが，後の調査で明らかになった．

・親子料理教室―地元野菜たっぷり「あぶたま丼」づくり

　地域の食生活改善推進委員や給食センターの学校栄養職員を講師として，親子料理教室を開いた．この事業は，食生活改善推進員の活用による郷土料理の紹介・普及・促進，学校栄養職員や減農薬生産者の「食の安心ミニ講話」によ

り食の安心について学ぶ，地場産野菜使用により子どもたちを野菜に親しませるなどの目的をもつ．地域の伝統食「すいとん」づくりを行う学級もあった．

　いずれも，「地域の人材と食材で，地域の伝統食を」というコンセプトをもち，食の安心ミニ講話とのセットで行った．

(3) PTA本部としての取組み
・イベントで食育キャンペーン

　中学校の文化祭で，PTAによる食育キャンペーンを行った．野外に2つのコーナーを設けた．1つはPTA本部役員による「地元野菜たっぷり親父の豚汁」コーナー（図 VII-11），もう1つは食生活改善推進員による「かんたんヘルシーおやつ」コーナー（図 VII-12）である．親父たちの荒っぽい大鍋豚汁は，野菜本来のおいしさを十分アピールし，食生活改善推進員の「おばちゃんたちのヘルシーおやつ」は，昔ながらの懐かしい味を提供した．また，近所のきのこファームから，椎茸やしめじ，その原木などの提供を受け，展示した．パネルや印刷物なども用意し，食育の重要性を児童・生徒や保護者に訴えた．

図 VII-11　PTA役員による地元野菜たっぷり親父の豚汁

図 VII-12　食生活改善推進員によるかんたんヘルシーおやつ

・郷土料理教室―地域で伝える伝統の味，そば打ち体験

　給食センター部会とタイアップして，親子料理教室をPTAでも実施した．日本そば愛好家でもあるPTA会長自らが講師となり，子どもたちや保護者に，地元産のそば粉を使い日本そばの打ち方を伝授した．子どもたちは，初めての体験にとまどいながらも，そば打ちを楽しんだ．また，自分で打ったそばの味は格別なのか，「うまい」を連発しながら，日本そば独特の淡泊な香りと味に舌鼓をうっていた．濃い味付けに慣れてしまった子どもたち

に，淡泊ながら食材本来の味のよさを体験させるには，格好の体験だった（図VII-13）．

・PTA としての PR 活動

　PTAは総会や懇談会など多くの会合をもつ．また，広報誌の発行も定期的に行う．食育のPRの場はたくさんあるということだ．

図VII-13　PTA親子料理教室
そば打ち体験

　総会や懇談会では，意図的に食についての話題を提供し，協議した．また，家庭での協力を要請した．広報誌では，食についての問題や話題を積極的に記事にし，食育の大切さを訴えた．

考　察

　講演会，料理教室など数多く行ったが，いずれも中学校区の児童・生徒と保護者を対象とした．各学校の課題というよりも，「地域の課題」としてとらえていたからである．また，地域の食生活改善推進員や減農薬生産者，地域の伝統食，地域の食材など地域にこだわった．子どもたちに「地域」のよさを知ってほしいという願いからである．この活動を通じて食への関心は，家庭にも広まったと確信している．

［久野　仁］

⑤　地域との連携

地域で伝える伝統の味―食生活改善推進員との連携

はじめに

　この事業は学校・家庭・地域とのかかわりをもって食育を定着させることを目的とする．食生活は，生まれたときから始まる人の発育と健康を保つうえでもっとも大切なことであり，正しい食生活が必要であることに気づいてもらおうと，地区の食生活改善推進員との連携のもとに親子料理教室を開催した．

実　践

(1) ミニ講話

　地域の方々の豊かな知恵や地域の食文化などを取り込み，地場産の安全・

	テーマ	献立名
1回	身近な素材で "おいしさいっぱい野菜がいっぱい"	とびきりカレー・すごもり・キャロットサラダ
2回	おいしい素材で安心メニュー "良い習慣で元気な子"	あぶたま丼・ソースマリネ・春雨スープ・フルーツカップ
3回	郷土料理を食卓に！ "地域で伝える伝統の味"	そばけんちん・切干大根の薬味煮・菜果なます
4回	三校合同親子料理教室 "お好み焼きパーティー"	そば団子・きのこ焼き・お好み焼き・デザート

図 VII-14　実践例

　安心な食材を使用して料理教室とセットで4回にわたり実施した．講師は地域の減農薬生産者や食生活改善推進員が担当した．
(2) 料理教室
　　小中学生と保護者を対象にした地元野菜で，郷土料理に挑戦した．

考　察

　料理講習の前に，毎回生産者や食生活改善推進員のミニ講話を取り入れることにより，生産者の作物に対する情熱・愛情や苦労，食物や料理に対する昔からの知恵が，子どもたちや若いお母さんたちに伝わった．地域の食生活改善推進員，PTAの指揮のもとに，健康で安全な食のあり方を学ぶ機会となり，普段つくらない郷土料理に親しむことができた．
　以上の事業の結果，家庭での食に対する共通の話題をもつ機会が増え，家族みんなでとる食事が楽しいものだと知る効果も得られた． ［坂手久子］

2　家庭との連携

「朝ごはんメニューレシピコンクール」の実践を通して

はじめに

　茨城県では，朝食欠食率0％（平成22（2010）年度目標水準）を指針としている。取手市立六郷小学校児童の実態については，平成17（2005）年度末に行った生活アンケートの結果から，ほとんどの児童は朝食を食べてきている状況であることがわかった。しかし，その食事の内容を調査すると，菓子パン1つや，おにぎりのみといったものが多く，バランスのとれた食事をしてきている児童は少なかった。起きる時間が遅く，食事をとる時間がないといった基本的生活習慣の乱れにも一因があると思われるが，児童と保護者がともに朝食への関心を高めるための手立てを考える必要があった。

　そこで，親子で触れ合う時間が比較的多くなる夏休みに，朝食のメニューを親子で考えてつくり朝食への関心を高め，さらに全児童・全保護者への意識づけを図るため，朝ごはんメニューレシピコンクールの実施を計画した。

朝ごはんメニューレシピコンクールの実際

　夏休みに，親子で朝ごはんのメニューを考え調理し，それをレポートにまとめることを学習課題の1つとした。メニューに合ったテーマを考えたり，写真を貼ったり，つくり方を書いたりする項目を設け，全学年が興味や関心をもって取り組めるように工夫した。

　保護者の関心をさらに高めるために，PTA役員および学校代表者による審査を実施した。審査要項は，以下のとおりである。

「朝ごはんメニューレシピコンクール審査要項」
1　期日　　10月12日
2　場所　　六郷小学校　図書室
3　審査員　PTA本部役員，PTA学年委員，教職員
4　審査方法
　（1）審査担当学年を決める
　（2）審査基準についての確認

※各項目5点満点，計25点満点で評価していく．
① 朝ごはんのメニューとしてふさわしいか．
② 栄養のバランスは，とれているか．
③ つくりやすいものであるか．
④ メニューに工夫点や独自性があるか．
⑤ 学年の発達段階に応じて，児童が調理にかかわっているか．
(3) 賞について
　① 最優秀賞　全校1名 …………………審査員全員で決定
　② 優秀賞　　各学年1名 …………………各担当で決定
　③ 優良賞　　各学年2～4名………………各担当で決定
　④ 努力賞　　各学年2～4名………………各担当で決定
5　審査結果について
(1) 結果報告　学校だよりにて保護者に報告
(2) 表彰　　　学校集会

図 VII-15　レシピの審査風景

図 VII-16　レシピのファイル

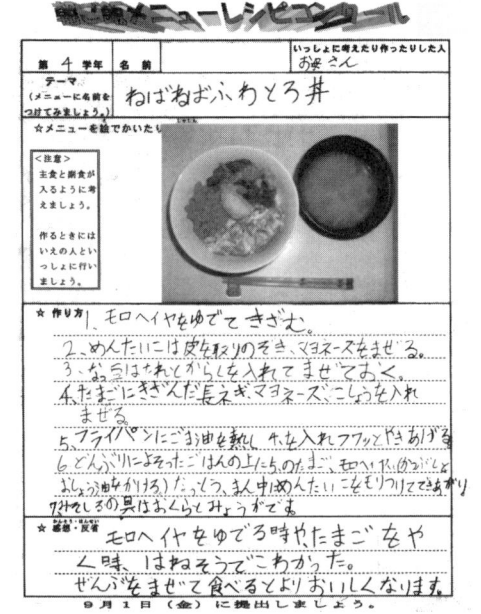

図 VII-17　朝ごはんメニューレシピコンクール
　　　　　　最優秀作品「ねばねばふわとろ丼」

入賞作品については，廊下に掲示した．また，全員の作品をファイルにまとめ，誰もが見られるようにした．

考　察

朝ごはんメニューのレシピは，栄養バランスを考えた内容や，彩り豊かなメニューになっており，各家庭のこだわりが感じられた．また，保護者と一緒に朝ごはんづくりをした児童にとっても，食材の栄養や調理の方法などへの興味，関心が高まったと思われる．低学年の児童では，調理をしたのが初めてという児童も多く，食材を切ったり，油でいためたりすることが1つの経験となり，料理をすることや食べることが「楽しい」と感じることができたようである．高学年の児童になると，ピザトーストや目玉焼きなど，児童が一人でつくった作品も多くあり，家族に「つくってもらう料理」から「つくってあげる料理」という新たな視点をもつことができたように思われる．以下に，児童の感想をあげる．

・大変だったけど，自分でつくった朝ごはんはおいしかった．
・火や包丁を使ったときはどきどきしました．
・母を手伝い，料理は楽しいけれど難しいことがわかった．
・朝ごはんは，朝早くつくらないと食べられないので，いつも朝早くつくってくれるお母さんに感謝しました．
・朝ごはんをつくるのは初めてだったので，家の人に教わりながらやりました．今度は一人で何かをつくってみたいです．
・野菜は苦手だったけれど，たくさん食べられました．
・家族のみんなが「おいしい」って喜んでくれてうれしかった．　　　　［西村伊久子］

3　栄養教諭の活用（学級活動（第2学年））

やさいのひみつを知ろう―生き生きとした活動を通して

はじめに

社会が豊かになり，食生活についても物質的には豊かになっている．しかし，生活習慣病の増加やダイエットブーム，偏食，孤食など，食生活に関連するさまざまな問題が発生している．本校児童の実態調査結果を見ても，自分の健康を考えて食事をする，食事のマナーに気をつけるなどの意識は，学年が上がるにつれて減少する傾向がある．

生涯にわたり健康な生活を送るためには，小学生の時期に望ましい食習慣の基礎づくりをする必要があり，栄養教諭の専門知識を活かした授業はその一助となると考える．以下，取手市立取手小学校の実践について紹介する．

指導の実際

(1) 題　材

　『やさいのひみつを知ろう』

(2) 題材設定の理由

　生活が豊かになり，食べることに困るということがほとんどない現代社会において，子どもたちは「食べる」ことに対する意欲が低下しているように見受けられる．食べ物が豊富にあり，好きなものだけを選んで食べても空腹を満たすことができるので，あえて嗜好に合わないものを食べる必要はないと考える子どもも多いと思われる．実際に給食の様子を見ても，料理によって食べる量に差が見られ，特に野菜料理は残量が多くなる傾向がある．

　しかし，生涯を健康に過ごすためには子どもの頃から食生活に気を配り，望ましい食習慣を身につけることが大切である．そこで，今回は児童にあまり好まれない野菜を取り上げ，野菜を食べることの意義を知らせたうえで，それを食べることの必要性に気づかせたいと考え，本題材を設定した．

〈実態調査〉

（第2学年1組　在籍：男15名，女17名，計32名　調査日：11月6日）

(1)　野菜は好きですか．
　　①好き　28名　　　②きらい　4名
(2)　給食で野菜を食べるほうですか．
　　①よく食べる　23名　　　②あまり食べない　9名
(3)　家で野菜を食べるほうですか．
　　①よく食べる　23名　　　②あまり食べない　9名
(4)　きらいな野菜は何ですか．（複数回答）
　　なす　12名　　　ピーマン　9名　　　トマト　7名
　　たまねぎ　6名　　　キャベツ　5名　　　その他（にんじん，ゴーヤ，カリフラワー，しいたけ，ほうれんそうなど）

　野菜は好きという児童の数と比較すると，給食や家庭で野菜をあまり食べないという児童の数が多くなっている．

児童自身に野菜を食べることの大切さを理解させ，意識して食べることができるようにさせたい．

(3) ねらい

健康な毎日を送り，成長していくためには「好き嫌いをしないで食べる」ことが大切であることを知り，苦手なもの（特に野菜）も食べてみようという意欲をもたせる．

(4) 活動計画

活動日	活動内容	教師の支援	活動主体	活動の場
11/6	アンケート調査	・質問内容について児童が理解しやすいような説明をする．	全児童	学級活動
11/20	やさいのひみつをしろう（本時）	・野菜を食べることの必要性を知り，すすんで野菜を食べようという意欲をもつようにする．	全児童	学級活動
随時	すすんで野菜を食べることの実践化	・励ましや賞賛をして児童の意欲を高める．	全児童	給食時間など

(5) 本時の目標

[ねらい]

「野菜を食べる」ことの必要性を知り，毎日を健康に過ごし，成長していくために野菜を積極的に食べてみようという意欲をもつ．

[学習内容および活動における基礎基本]

「好き嫌いをしないで食べる」ことは，健康な毎日を過ごすために大切であることを理解させることが本時の基礎基本である．そして，野菜も積極的に食べようという意欲をもち，実践につなげる活動である．

[展　開]

活動名	やさいのひみつを知ろう	
活　動　内　容	支援および留意点・評価	準備・資料
1　本時の課題をつかむ． (1) 野菜についてのアンケート結果を見て話し合う． ・野菜を残す人もいる． ・野菜を食べなくてもよいのだろうか． (2) 課題を知る． 　やさいのひみつを知ろう	・自分たちの問題としてとらえることができるようにアンケート結果を提示する．（T1(学級担任)） ・全体で読ませ，野菜について学習することを意識づける．	アンケート結果

［展　開］（つづき）

活　動　内　容	支援および留意点・評価	準備・資料
2　ある日の給食について考える． (1)　ある日の給食にはどんな野菜が入っていたかを思い出す． (2)　入っていた野菜を確かめる．	・実際に食べた給食の写真を提示し，思い出すときの手がかりとする．（T2（栄養教諭）） ・給食に使われていた野菜のカードを袋の中から取り出させることで児童に確かめさせる．（T2）	ある日の給食の写真 食品カード
3　野菜を食べるとどんなよいことがあるのかを知る． (1)　「やさいのひみつのはこ」から「ひみつの手紙」を取り出して読み合い，野菜の効用を知る． 〈やさいのひみつ〉 ・病気やけがに強い体をつくる． ・便秘を防ぐ． ・骨や歯をつくる手伝いをする． ・血をつくる手伝いをする． ・力のもとをつくる手伝いをする． (2)　わかったことをワークシートに書く．	・くじ引きのように箱の中から手紙を取り出すことで児童が興味をもつようにする．（T2） ・「やさいのひみつ」を全員で読みさらにワークシートに書くことで，ひとりひとりが確認できるようにする．（T2） ・わからない児童には，黒板に貼ってある「やさいのひみつ」を見るよう促す．	やさいのひみつのはこ ひみつの手紙 ワークシート
4　野菜が苦手な人も食べやすくなる工夫を考え，発表する． 〈予想される考え〉 ・好きな食べものと一緒に食べる． ・先に食べる． ・少しでも食べるようにがんばる．	・野菜を食べようという意欲の向上を図るため，食べやすくする工夫を自分たちで考えるという活動を取り入れる． ・児童からよい考えがなかなか出ない場合には，給食の写真を見ながら，給食では多くの野菜を取り入れ，切り方や調理法なども工夫して食べやすくしていることに気づかせる．（T2）	ある日の給食の写真
5　これからの自分のめあてをワークシートに書き，発表する．	・ワークシートに書くことで自分の考えを確認させる．（T1） ・ワークシートは家庭へ持ち帰らせ，家庭への啓発を図る．（T1） ㊡　すすんで野菜を食べようという意欲をもつことができたか． 　（ワークシート） 〈手立て〉自分の目当てを考えることができない児童には，学習した野菜の効用を思い出させ励ます．	ワークシート

(6) 事後の児童の活動と支援
・自分の健康のために食べるのだという認識のうえで，野菜もしっかり食べようという意識を高め，実践できるよう継続して声かけをしていく．
・野菜をしっかり食べたときにはシールにより賞賛する．
・家庭への啓発を行う．

考　察
　児童が興味をもち，生き生きと活動できる授業を目指した．そのための資料として「やさいレンジャー」の絵（図VII-18）や巻物型の「ひみつの手紙」（図VII-19）を準備し，効果を上げることができた．また，児童を指名することは，児童の実態をよく把握している担任教諭にゆだね，スムーズに進行できるようにした．さらに，苦手な野菜を食べる工夫を児童自身が考え，発表させることにより，意欲の向上につなげることができた．

図VII-18　やさいレンジャー　　　　図VII-19　ひみつのてがみ

　また，ここでは野菜には多くの効用があることを知らせ，食べようという意欲を高める目的で計画したが，今後はポイントを絞って栄養面の理解を深めるという方法も考えてみたい．

［大野恵美］

4　学校保健委員会の活性化

学年保健委員会の充実
　取手市立六郷小学校では，平成18（2006）年度に茨城県学校保健会の委嘱を受け，「児童の望ましい健康づくり」に焦点を当て取り組むこととなった．児童の健

康におけるさまざまな問題を学校と児童・保護者がともに考え，より健康に生きようとする意識を育成する組織として，学校保健委員会が絶好の場となるのではないかと考えた．

しかし，これまでの本校の学校保健委員会は，学校医，学校歯科医，学校薬剤師と保護者の代表，教職員で児童の健康問題を話し合ってきたが，そこに，本来もっともかかわりがあるはずの児童の姿が見えないことが課題であった．そこで，学校保健委員会の規約を一部改正し，「本会は，必要に応じ，児童および保護者を構成員に加えることができる」こととし，児童参加型の学校保健委員会を実施した．

その際に，小学校の場合は児童の発達段階に大きな差があり，健康課題も学年によってさまざまであることを踏まえ，各学年単位で児童と保護者がともに健康について学習したいと考え，「学年保健委員会」という形で学校保健委員会を実施した．

学年保健委員会の実際

学年保健委員会を以下のように実施した．
① 多くの保護者が参加しやすいように，学年保健委員会を期末保護者会の授業参観の中で行った．
② 保護者が児童の学習の様子を傍観する「参観型」から，児童とともに健康について考える「参加型」となるようにした．その際，学年保健委員会の司会を保護者が行うようにすることで，保護者が発言しやすい雰囲気にした．
③ 座席をコの字型にし，児童・保護者が話しやすい場を設定した．
④ テーマ・協議内容を明確にし，実践化を図るための解決策を話し合い，それにより短い時間で効果を上げるようにした．
⑤ 各学年で話し合われた内容は，学校保健委員会だよりなどを用い，他の学年児童・保護者とも協議内容を共有できるようにした．

各学年の取り組み

(1) 第3学年
①テーマ：『正しいおやつのとり方』について
②ねらい：児童が授業で学習したことを発表することによって，学習内容を保護者と共有し，より望ましい生活を心がけていこうとする態度を養

う．
③協議内容：10月に行った「よいおやつのとり方を身につけよう」という学習の後，おやつの食べ方はどのように変わったのかについて話し合った．

　参加した保護者から，「児童がよく考えておやつをとっていることがわかった」，「子どもの体重が増えてきたので，親もおやつの内容を考えたい」，「おやつを食べすぎて夕食が食べられないということがないように量を考えたい」などの感想や意見が出て，保護者にとっても「おやつの与え方」を考えるよい機会となった．

図 VII-20　児童の発表の様子　　　　図 VII-21　児童と保護者の意見交換

(2) 第5学年
①テーマ：『よくかんで食べるための工夫を考えよう』
②ねらい：児童と保護者が健康について意見交換をすることによって，健康教育への関心を高め，より望ましい生活を心がけていこうとする態度を養う．
③協議内容：5年生はアンケートの結果から，「よく噛んで食べる」ことができていないことがわかった．そこで，「よく噛む」ことの効果を学習した後，よりよく噛んで食べる方法について親子で話し合った．

　話し合いの中で，「和食」は，洋食に比べ，必然的に噛む回数が多くなるという話題になり，親子での和食づくり（調理実習）に活動が広がっていった．

(3) 第6学年
①テーマ：『健康な心と体をつくるために私たちができることを探ろう』
②ねらい：児童と保護者が心身の健康について実態や課題を明確にして，「自分の心と体を自分で管理していく」ための施策や方法を探る．

③協議内容：第6学年の学年保健委員会は，児童と保護者，教師のほかに，学校医，学校歯科医，学校薬剤師も参加し，以下にあげる3つのテーマについてパネルディスカッション形式で行った．

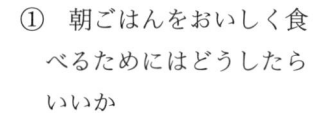

① 朝ごはんをおいしく食べるためにはどうしたらいいか

図 VII-22 6年生の学年保健委員会

② 心と体のストレスの実態と解消法について
③ 睡眠時間をどう確保するか

話し合いでは，「早寝早起き朝ごはんそしてお手伝い」の取組みや，ストレッチ，ストレスケアなど，6年生が実践してきたことが本音で語られた．「こんなことに感動したよ」，「やろうと思ったけれど，うまくいかなかったよ」という児童の声は，保護者の意識を変え，今後の家庭での継続・習慣化を促す絶好の機会となった．

(4) 第1・2学年

第1・2学年については，親子で話し合う学年保健委員会は難しいと考え，授業参観で「食育」を行い，保護者懇談会でも食や健康に関する内容を話題として取り上げ，実践化への手立てを話し合い保護者の関心を高めるようにした．

考 察

学年保健委員会では，学年ごとの発達段階に応じた課題や話し合いの形態を設定することができ，充実した話し合い活動となった．また，児童が参加する学年保健委員会は，児童の生活習慣にかかわる本音や，保護者や教師など大人の児童に対する「正しい生活習慣や食生活を身につけ，心身ともに健康であってほしい」という願いを，児童・保護者・学校が互いに伝え合うよい機会となり，児童・保護者の健康に対する意識の高揚に大いに寄与した．　　　　　　　　　　［西村伊久子］

5 養護教諭の活用

肥満予防と肥満解消を目指した保健指導―個別指導と集団指導を通して

はじめに

　つくば市立島名小学校の肥満度20％以上の児童は、市や県平均と比較しても例年多い傾向にある（平成18（2006）年の場合，本校16％，市9.3％，県（平成17年）11.7％）。そこで同校では数年前から肥満児童を対象に，個別の肥満指導を実施しているが，肥満予備軍の児童が新たに増えていることから全体の肥満児童数が変わらないのが現状である。よって，肥満解消だけでなく肥満予防を含めた取組みが必要だと考え，保健指導を行っている。

指導の実際

　(1) 個別指導
　① 肥満児個別指導「すくすく教室」の取組み

図 VII-23　クイズ大会

図 VII-24　脂肪おもり体験

図 VII-25　万歩計をつけて遊ぼう

- 月1回の肥満度測定
- 栄養指導や運動奨励（ゲームや体験活動を取り入れる工夫）
- おたよりを通して指導内容は家庭にも知らせ，学校と家庭で共通した指導ができるように努めている．特に，家庭での食事についての協力を求めた．
- すくすくファイルの活用

    ファイルを通して学校と家庭の様子を連絡し合ったり，毎月の肥満度の変化をグラフ化し，ファイルに綴じ込み継続的な健康管理をしている．

② 生活習慣アンケートの実施

    結果,「就寝時間が遅い」「ゲームの遊び時間が長い（平日4時間以上）」の2項目にあてはまる児童の3割が肥満児および肥満傾向であった．このことから，職員間で共通理解を図り，個別指導が必要と思われる児童には，各担任・養護教諭から指導を行った．また，家庭での生活改善が必要であることから，ほけんだよりやホームページを通して結果を知らせるとともに，学校保健委員会でも取り上げ，生活改善の啓発を図った．

(2) 集団指導

① 学級指導への参加

    肥満児童が多く，おやつのとり方に問題が見られた学年では，「おやつの油を調べよう！」という題材で，T・Tで学習を行った．授業を行うことで，児童は食の正しい知識を得ることはできるが，それを実践できるようにするためには，家庭との連携が不可欠であると考え，授業公開日に実施し，保護者にも授業に参加してもらった．

図 VII-26　T・T学習の様子　　　図 VII-27　油の計測実験

（吹き出し）おやつに含まれている油の量をお家の人と量ったよ．たくさんの油の量にびっくり！

② 親子給食（第1学年）での栄養指導

    毎年，第1学年の親子を対象に栄養指導を行い，食事のバランスや朝食の重要性について指導をしている．

③ 学校職員との連携
　　学校保健委員会では，学校医や学校栄養職員などの協力を得て，食に関する講話など充実した指導を行っている．

考　察
　同校の肥満度20％以上の児童は，少しずつだが減少傾向になってきた．（同校肥満度20％以上の児童：平成16年：23.8％，平成17年：17.5％，平成18年：16％）
　肥満改善については学校と家庭が一体となり，特に食事やおやつの指導は個別に家庭との連携が欠かせないと痛感した．　　　　　　　　　　　　　　［秋葉久子］

6　地域人材の活用（中学校第1学年）

正しい食事のマナーを身につけよう─和食マナー体験学習を通して

はじめに
　食事のマナーは，育ってきた環境の違いからか，各家庭内容が異なりまちまちである．学級でアンケートを実施した結果，家ではテレビ中心で食事をしたり，食事中に席を離れたりするなど，基本的な食事のマナーが身についていないことがわかる．また，食事に対して感謝の気持ちを持つことに意識が低く，なかには会話のない食事をしている生徒もいた．普段の給食時の様子を見ていても，足を椅子の上に乗せたり，口に物が入ったまま話したりしながら食べている姿も見られる．食事中に気づかず出てしまうことや，わかっていてもついやってしまうマナー違反は，一緒に食事をする相手に不愉快な思いをさせている．そこで，礼法の専門家をゲストティーチャー（GT）に招き，専門的な立場から助言をいただきながら，正しいマナーについて学ぶ場を設けた．今までの自分を振り返り，今後の食生活に活かしていけるようにしていきたい．

指導の実際
　　［題材名］
　　　『正しい食事のマナーを身につけよう』

［題材について］

　この題材では，普段何気なく行っていた食事に関する間違ったマナーについて気づかせ，GTの話を聞きながら，生徒1人1人が実際に体験することで，正しいマナーをより理解させていきたい．そして，おいしく食事をしながら，まわりの人たちと気持ちよく時間を過ごせるような，心遣いの大切さにも気づけるような時間にしていきたい．

［指導過程］

指導経過	教科・領域	指導内容
事前の指導	朝の会 学級活動	アンケート実施 食事のマナーについて考える． 「あなたの食事のキッチリ度チェック！」
本時の指導	学級活動	正しい食事のマナーを身につけよう．
事後の指導	給食時，家庭	食事のマナーを食生活で生かす．

［展　開］

	活動および内容	指導上の留意点および評価
導入【きづく】	1　本時のねらいや学習活動について確認する． 　正しい食事のマナーを身につけよう．	・和食の正しくないマナーを撮影したビデオを鑑賞することで，自分たちのマナーについて振り返る場としたい． ・ビデオを見て，ワークシートに悪いマナーとよいマナーと思われるものを書き込むようによびかける．
展開【追求する】	2　食事のマナーについて理解する． ①してはいけない食事のマナー 　・犬食い　・ひじをついて食べる 　・音をたてて食べる　など ②箸の悪い使い方 ・迷い箸　・ねぶり箸　・刺し箸 ・寄せ箸　・渡し箸　など	・生徒対教諭のクイズ形式で，悪いマナーをあげながら掲示物を提示し，付け加える点に関してはGTに指導をいただくようにする． ・食事の相手が悪いマナーで食べていたときの気持ちについても触れ，マナーの大切さを考えるようにしたい． ・GTから気をつけることやその意味を説明してもらうことで，より理解を深めるようにしたい．
	3　正しいマナーについて理解する． ①箸の扱い方 　・持ち方　・取り方　・置き方 ②お椀の扱い方 　・ふたの開け方，置き方 　・飲み方　・閉め方	・3からはGTが主として指導にあたり，箸の使い方やお椀の扱い方を学級の生徒全員が体験する．戸惑っている生徒には，実際教師やGTがやってみせることで支援する． ・実際に汁物を中に入れることにより，より実践的になるようにする． 評　正しい食事のマナーについて理解することができる． （観察，ワークシート）

展　開（つづき）

	活動および内容	指導上の留意点および評価
ま と め【実践化】	4　今後の実践目標を書く．	・楽しく食事をするためには一人ひとりが気をつけなければいけないマナーがあることを確認し，実践に結びつけられるようにする． ・ワークシートをまとめながら，本時の学習を振り返り実践目標を立てさせる． 評楽しく食事をするために気をつけるマナーについて知り，今後の生活に生かそうと考えることができる． （観察，ワークシート）

考　察

　自作ビデオを見ながら，間違ったマナーを見つけていき，GT からの助言を聞きながら，実際自分たちではどうだろうかと振り返る場となった．また，正しいマナーとはどのようなものであるかを，今回は和食の椀と箸の使い方をメインに体験学習を行った．体験学習は GT 主体で授業展開を行っていき，生徒らも意欲的に質問しながら椀のあけ方，箸の使い方などを体験した．GT からの専門的な助言に生徒も興味津々に耳を傾け，楽しくマナーについて学ぶことができたようであった．その後のアンケートでも，「家の人に教えた」「家庭で実践した」という意見があり，学習前より意識が高まったようである．

図 Ⅶ-28　GT による体験学習の様子

　今回の活動を通して，専門家からの意見を聞く機会ができ，生徒も気持ちが引き締まった雰囲気で，今まで知らなかったマナーを身につけることができた．正しいマナーはまわりにもよい影響を与え，さらに自分自身の心の育成にも役立ったのではと考える．

［細田　愛・木村秀子］

7　地域食材の見直し

みんなで食育―地域で取り組む地産地消

はじめに

　かすみがうら市は，霞ヶ浦と筑波山系にはさまれた豊かな自然に恵まれた地域である．この自然を生かし，日本一の収穫量を誇るレンコンをはじめ，米・ハクサイ・サツマイモなどの食材が豊富である．しかしながら，子どもたちは，これらの食材に関心が低く，給食の残食量を見ても野菜類が多く残る傾向がある．

　本市では，市産農産物の地産地消を促進する観点から，市産米および野菜などの消費拡大を図り，児童および関係者に対して食育に結びつけることを目的として「かすみがうら市の日」を設定し，地産地消事業を行っている．

　かすみがうら市立美並小学校は，「望ましい食習慣の育成」を目標に多方面からの食育を展開している．平成17（2005）年度に，この事業の指定を受け，学校だけの取組みでなく，地域ぐるみで食を考える機会とすることを目的に，『みんなで食育』という名称で，この事業に取り組んだ．学校保健委員会との協賛で子どもと直接かかわる保護者を対象に，地域の食のアドバイザーとしても活躍している食生活改善推進員にも協力していただき，同校の多目的室（フレンドリールーム）で下記の事業を実施した．

事業内容

(1) かすみがうら市でとれた野菜類を使った料理の紹介および試食

　　市の食生活改善推進員が中心となり，市内でとれたハクサイを使い「白菜と豚肉の甘酢いため」，サツマイモで「サツマイモとベーコンのミルク煮」，レンコンで「霞ヶ浦の華」の3品の料理を作成し，保護者と試食した．試食時，料理を考案し，作成した推進員に食材および料理の説明をしてもらった．食材の組合せの工夫，栄養面，料理のポイントを食生活改善推進員としての立場でわかりやすく説明してもらった．また，この料理のレシピは配布資料として準備し，家庭料理にも活かせるものとした．

　　参加した保護者からは，いつもの食材が思いもかけない料理になり，それがおいしく健康にもよいということで好評であった．試食後の感想には，試

食したこれらの料理を家庭に持ち帰り，子どもたちにも是非食べさせたいという意見が多く，なかには，さらに食材などをいろいろと工夫していきたいという前向きな意見もあった．保護者が，地域の旬の産物を家庭料理に生かす方法を知ることができたこと，地域の産物や料理に，より関心をもつことができるきっかけづくりに役立った．

図 VII-29　試食の様子

図 VII-30　試食料理

(2) 地場産物を使った学校給食の試食

　同校の給食の1つの大きな特徴は，市内でとれた米（コシヒカリ）を学校の給食室で炊飯し提供していることである．当日は，このごはんを中心に霞ヶ浦でとれたレンコンを使ったメンチカツ，市内でとれたハクサイ，ニンジンを使った五色和え，サツマイモ，ダイコン，ゴボウを使ったさつまいも汁，そして市の特産物のクルミ入り佃煮を試食し，保護者へ，学校給食においても地域の産物を活用していることを知らせる機会とした．

　試食前には，学校栄養職員からこの献立について，それぞれの料理に地域の産物が使われていること，その食材の栄養素について，そして料理の特徴を説明した．また，子どもたちにも，この日の献立が地域でとれた食材をふんだんに使ったものであることを知らせるため，各教室にも資料を配付し，子どもたちへの興味・関心を深めさせた．

　同校では，自校炊飯のよさを活かすため，ごはんは給食時間間近に炊きあがるよ

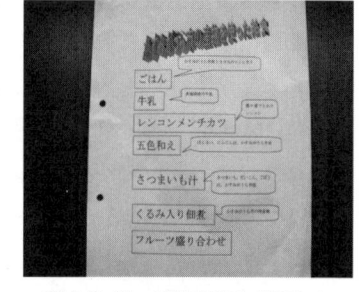

図 VII-31　地場産物を使用した給食献立表

う，調理員が時間を上手に調整し，また炊きあがったご飯も冷めないように工夫して，子どもたちに出している．そのせいか，毎回，大きめの食器にこんもりと盛られたごはんは，あっという間に子どもたちのおなかの中に消えていく．この日のごはんも地域の産物，クルミ入り佃煮とともにきれいに食された．

　レンコンメンチカツは，レンコンがほどよい大きさに切って入っているため，レンコンの食感と風味を損なわず，子どもにも大人にも好評の1品であった．彩りを考え，地域でとれた野菜に子どもたちの好きな卵を入れた五色和えは，見た目もよくなり，1人分の量が比較的多い和え物だったが，残量も少なかった．具だくさんのみそ汁は，たくさんの量をつくる給食ならではの特徴を生かせる料理の1つで，各野菜からそれぞれのうまみが出て一味違ったみそ汁となった．使った食材も食べやすい大きさに切ってあり，教室でも試食会の場でも何回もおかわりする姿が見られた．

(3) 食についての講演会

　かすみがうら市保健センターの栄養士，横田恵美子氏を招き，食生活指針を中心に地域の栄養士としての立場も含め，「食育について」の講演会を実施した．保護者と保健センターの栄養士とのかかわりは，子どもが小学校に入学するまでであり，入学してから交流をもつことはほとんどなかったということで，久しぶりに交流を図ることのできる場となった．栄養士と保護者が直接に連携して，子どもたちの「食指導」推進の大きな力となっている．

図 VII-32　食についての講演会

(4) 給食献立のレプリカ展示

　給食に，より理解を深めてもらうため，給食が開始された当時から現在に至るまでの献立をレプリカにしてフレンドリールームに展示した．保護者の時代の給食と今の子どもたちの食べているものとの比較ができ，懐かしくまた，今の子どもたちの給食がどれだけ恵まれているかを知ることができた．

　給食が時代の流れによって，食べさせられるだけの給食から，栄養を考慮し，かつ楽しんで食事ができるようになったこと，また，給食の献立作成において地域の食材を使うこと，旬の素材を活かすことなど，子どもたちへの

図 VII-33　日本で初めての給食

図 VII-34　保護者の時代の給食

図 VII-35　現代の給食

食育の教材として，給食の移り変わりを見て感じ取ることができた．

(5) 食育に関するパンフレットの配布

家庭に持ち帰り，子どもと一緒に見て楽しく学ぶことができ，家族ぐるみで「食」に関心が持てるようパンフレットを取り寄せ，配布した．また，この日ばかりではなく，必要に応じ提供できるよう準備している．

図 VII-36　食育のパンフレット

(6) 食育文庫の設置

同校のフレンドリールームは，給食時はもちろんのこと，保護者の会合などにも広く活用されている．そこで，ここに「食育文庫」のコーナーを設置して食育に関する書籍をそろえ，自由に活用できるようにしている．

(7) 年間を通した農業体験活動

食べることに「感謝」する気持ちを育てるため，各学年で農業体験を行っている．

① 茶葉摘み体験

新芽の出る5月に，子どもたちが茶葉を摘み，それを製茶工場でお茶にしたものを，給食の時間の「お茶タイム」で試飲している．新茶の色と香り，そしてお茶の旬を肌で感じられること，何よりも自分の手で摘んだ茶葉がお茶となり飲めるという喜びが，子どもたちの笑顔からあふれている．

② 野菜栽培

学校の近くにある学校農園や校庭にある学年農園などを使って，サツマイモをはじめ，以下のようにいろいろな野菜を栽培している．

図 VII-37　子どもたちの茶葉摘み体験　　図 VII-38　子どもたちの野菜栽培

- 学校全体…サツマイモ
- 1年生…ダイコン・ミニトマト・ナス・ピーマン
- 2年生…ダイコン・ニンジン・ミニトマト・トマト・ナス・枝豆・ハツカダイコン
- 3年生…オクラ・キャベツ・ホウレン草・ラディッシュ
- 4年生…ニガウリ
- 5年生…ソバ・トウモロコシ・米
- 6年生…ジャガイモ・ニンジン・シイタケ

　サツマイモは，農家の方に苗の植え方の指導を受け，学級ごとに苗を植えた．

　そして，収穫したこれらの野菜類は授業の中で試食したり，家に持ち帰り保護者にもその成果を見てもらっている．たくさんの収穫を得るサツマイモは，4年生から6年生が所属する料理クラブで本やインターネットを使い，いろいろな料理を調べ実際につくり試食した．自分たちが育てて収穫した食材をどう料理するか自分たちで調べ，そして仕上がった料理は，できあがる過程から，できあがったものを食べることまでを楽しみながら学習するよい機会となった．

　また，毎年，保護者や地域の人々と触れ合う「美並フェスティバル」には，みんなで会食する食事の材料として使用し，当日，保護者に協力を得，野菜類の下処理をした後，給食室で調理した食事を地域ごとに各教室で子どもたちと一緒に会食している．通常の給食でも食材として使用し，給食室前に実物を展示し，子どもたちに美並小の農園でとれた野

菜であることや栄養のことなどを，毎日の「給食メモ」で伝えている．同じ食材でも，自分たちが育てて収穫した物は格別なものとして，会食時の話題に取り上げられるばかりでなく，給食の残食量も減り，食を意識した食事もできるようになっている．

(8) 他校における取組みについて
- レンコンの食材を中心として

保護者や地域の方を招待し，給食室でレンコンの天ぷら，家庭科調理室で保護者がレンコンサラダ，6年生が豚汁をつくり親子で試食した．試食時に，学校栄養職員が料理の説明とレンコンの栄養や地産地消の意義について話をし，地域の産物の理解を深めた．

考 察

今回この機会を設けて，地域の食に熟知し，かつ，食の改善に貢献している食生活改善推進員と連携をとりながら事業を推進できたことは，現在希薄になっている地域と保護者，関係機関との連携の面からも，よい方向へ導くきっかけになったのではないかと思われる．食生活改善推進員は，市の広報誌でも料理の掲載をしているほど，地元の食材を上手に使用し，いろいろな種類の料理を知っている．普段見慣れ，使い慣れている食材（レンコンなど）でも，いろいろな料理の可能性があることを知る機会は，地域食材をさらに地域に広め根ざすことができると考える．

今回参加した保護者にとって，食生活改善推進員と触れ合う機会が持てたことは，居住地の近くにこのような「食の先輩」がいることがわかり，子どもを育てるうえでも心強いことであろう．「食育」という言葉だけを聞くと難しく，学校の中で行ってくれればよいという感があったが，「食育」は家庭の食が基本であり，「食」に関することはいつでもどこでもかかわれることがわかり，今後家庭での「食育」にも期待することができる．これからも，地域でそして学校を通して食生活改善推進員との連携を継続し，家庭教育学級や家庭科の授業，学級活動などにおいて，「食のアドバイザー」として協力してもらいたいと考えている．

同校の学校給食は，地域の業者の協力をあおぎながら，地元の農産物を提供している．また，市から，給食への地場産物の活用のため，給食材料費の補助をもらっている．この補助で，栗やレンコンなどかすみがうら市の産物を年に4〜5回程度取り入れている．給食時に，子どもたちにも地元でとれた食材であることや

栄養価のことなどを，毎日の「給食メモ」を通して知らせることで，より地元の産物への興味関心を深め，残さず食べようという気持ちも高まっている．

また，自分たちの手で種をまき，育てて収穫し食すという農業とつながった食の体験授業は，食べ物の生産にはいろいろな過程があることを自らの体験を通して知ることで，食べ物の大切さや生産者のことを考え，感謝して食事をする子どもになることをさらに期待したい．地域の人がつくった新鮮で安全安心な食材が，学校給食の中で頻繁に使用できる体制ができ，地域ぐるみで地産地消を促進していけたら，それが子どもたちへのより確かな「食育」となることであろう．そのためには，市の行政側からの支援および協力も必要であると考える．また，子どもが毎日食べている給食を通し，子どもから保護者への働きかけをも期待しながら，食育の推進を図っていきたい．

[石﨑恵美]

8 体験活動の重視

① 幼稚園における食育

幸手ひまわり幼稚園における「食」へのこだわり—玄米給食を中心にすえた食育

はじめに—子どもの身体がおかしくなった

20年ほど前から，幸手ひまわり幼稚園（埼玉県幸手市）の元園長の木村利行氏は，「子どもの身体がおかしくなっている」「子どもに跳び箱をやらせると跳ぶ力はあっても跳ぼうとしない」と警鐘を鳴らしていた．その背景には，だらだら食いが見られ，空腹の経験がないまま，少食・偏食が目立ち始めた子どもたちがいた．これは，「いっぱい遊んで，いっぱい食べる」「汚れながら，失敗しながら子どもは育つ」「ごはんの甘み（薄味）のわかる子どもに育てたい」「意欲のある子に育てたい」と考える同園の方針とは，逆の姿であった．冷凍食品やレトルト食品が氾らんし，食品添加物や着色料，保存料など子どもの身体にとってその影響が懸念され，幼稚園内でもアトピー性皮膚炎，アレルギー疾患やぜんそくが増える傾向がみられた．

"子どもの身体を，今何とかしなければ"という思いの中，せめて，昼食の1回だけでも玄米，野菜を主とした食生活に改善し，子どもに意欲を出させようと，玄米給食をはじめとする「食」へのこだわりをもって，ささやかではあるが実践

に取り組んだ．

実践例
 (1) 玄米給食の導入―有機米，無農薬玄米の使用
  幼稚園の給食は，一般的に給食センターから配送される．その内容は，ミートボール，オムレツ，ハンバーグなど肉類が多く，子どもたちが大好きな献立が目立ち，それに比べ野菜は少量である．
  栄養バランスが大切といわれるなか，子どもたちの嗜好，エネルギーが優先され，不足しがちなビタミンやミネラルなどを給食で取り入れるには，どんな食材を取り入れたらよいかと考えた末，誕生したのが玄米給食であった．
  この玄米も田んぼにこだわり，同園の主旨に賛同した農家に依頼し，有機農法，無農薬で給食用につくってもらっている．
  野菜豊富なお弁当つくりを心がけている保護者たちからは，「玄米給食の必要性はない」という，給食への反対の声もあった．そこで，2年間にわたり保護者への説明や試食会を行い，子どもたちにとっての「食」の大切さを訴え続け，1991年，近くの自然食レストランの協力のもと玄米給食が実現した．
 (2) おかずへのこだわり―素材から調理まで
  おかずは，1日の食事で不足しがちな野菜を多く摂取できる献立を心がけている．また，離乳食期にペースト状の離乳食に頼りすぎたためか，咀嚼力が弱くかつ舌もはっきりしない，口が大きくあけられないなど，固形物の咀嚼，飲み込みが苦手な子どもたちが多く見られるなか，野菜の切り方もあえて少し大きめに切るなど心がけた．前歯で嚙み切ることや奥歯で嚙むことすらできなかった子どもも，給食を重ねるうちに，歯の役目を伝え，知ることで咀嚼し飲み込むことが徐々にできるようになった．
  同園では，動物性のたんぱく質を魚でとることを心がけ，丸ごと，骨ごと食べられるように圧力釜を使用し，から揚げ，マリネなどの調理に心がけている．肉ではなく大豆たんぱくの加工品を使用し，子どもたちには肉の食感を味わえるように食材を工夫している．味付けも，素材の味を大切にするために「だし」を十分にとり，薄味でも素材の味が生かせるように調理する．
  初めて試食すると，「味がない」という人も多いが，「だし」をしっかりとり，薄味になじむことで素材の味を味わえるようになる．濃い味は，「だし」も素材の味もすべて消してしまう．同園では，素材のうまさに幼少から慣れ

させている．

(3) 自分で決めよう　自分で食べる分──自己選択・自己決定を重視

　筆者たちが同園の生活のなかで大切にしていることに，自己選択，自己決定がある．幼児にできる訳がない，大人が決めてやらなければと思いがちだが，自分で決めること，生活体験を増やすことが大切であると考える．

　同園では，届けられた玄米給食は，厨房で各クラスの人数に合わせて配膳する（1人分ずつではない）．玄米はおひつに入れ，3種類のおかずはそれぞれ大鉢に分ける．子どもたちがクラスに運んだ玄米，おかずは個々に自分で取り分ける．個数の決まったおかずは自分で数えながらとることで，物の数え方も知り，数の概念も理解していく．玄米，野菜などよそう量は，「自分のお腹と相談しようね．みんなのことも考えてね」と声をかける．入園当初は「どれくらい食べられるかな？」の大人の声かけに，「もうちょっと」「もういらない」などと，分量を見た目や好き嫌いで判断していた子どもたちだったが，園生活に慣れ，午前中身体をしっかり動かし遊んだ後は，自分の空腹感を見極め，自分で食べられる量をしっかり決められるようになる（図Ⅶ-39）．

図Ⅶ-39　どのくらいよそおうかな

　献立の中には，サラダやスパゲティのように子どもたちが大好きでたくさん食べたいおかずもあるが，友だちのことを考えたとき「このくらいにしておこう」「残ったらおかわりしよう」と我慢することや，友達への思いやりも芽生えてくる．おひつや，野菜の大鉢が厨房に戻るときには，残食はほとんどない．自分でよそったものは自分で最後まで食べきる，日常生活の中で自己決定（子どもが決められるもの）をすることで，自分に責任をもつ子どもへと変わっていく．

　近年，その場の空気が読めない子どもが増えており，やがては社会に適応できない大人になるのではと筆者は心配している．友達の分も考え自分の分を加減できることは，集団の中で具体的な生活を通してでしか身につかないことである．

(4) お弁当の日──手づくり弁当にあったかい自家製みそ汁を

　玄米給食を実施したことにより，子どもたちの身体にもよい成果が得ら

れ、「厨房でつくっているにおいがするといい」「つくっているところが見えるといい」「温かいものを温かく食べられるといい」などの期待から、思いはさらに「自園式給食を」の提案に及んだが、「厨房のための設備はつくれない」「調理をする人の確保が難しい」といった経済面、敷地の問題もあり、実現への話し合いは難航した。

その結果、「ひまわり幼稚園でできることは何か」の議論が進み、「お弁当の日には野菜を豊富に入れたみそ汁を提供する」という方法へと発想を転換した。そこで生まれたものが、お弁当の日のみそ汁である。昆布は北海道産、煮干しは千葉産の天日干し、野菜は保護者がつくる有機・低農薬・地場産で、旬の野菜を使用する。また、みそにもこだわり、国産大豆、小麦、こうじも手づくりで、保護者の協力のもと自家製手づくりみそをつくってきた（今年も130キロ仕込んだ）。以上のように、素材に徹底的にこだわった（図Ⅶ-40）。

図 Ⅶ-40　具だくさんのみそ汁

(5) おやつへのこだわり―自分の育てた食物を！自給自足への第一歩

同園のおやつは、市販のスナック菓子やチョコレートではない。できるだけ添加物の少ない、手づくりのおやつを心掛けている。園では簡単な野菜などは園児が栽培している。その野菜を調理したり加工したりしたものを、積極的におやつにする。地産地消（自産自消）である。購入する場合は、旬・有機・低農薬・地場産・国産にこだわる。

また、するめ、カワハギなど堅い食材にもこだわっている。咀嚼力を高め、脳への刺激を与えるためである。

(6) お泊まり保育のこだわり（腹減った！体験）―よく遊べ・よく食べろ

年長児は、年に3回のお泊まり保育を行う。宿泊施設では通常幼児食が出される。幼児が小学生と同じ食事では野菜の残量が多く出てしまい、もったいないとの理由からだ。しかし、同園では小学生と同じ食事をお願いする。広い敷地の中で1日中遊びきった子どもたちは、お腹がペコペコである。食事を残すことなく、残飯バケツを空にして厨房に返すことができるほどの空腹を感じることが、食事の大切さと喜びを子どもたちに与えてくれる。

(7) 大人の努力で子どもも変わる―食育の基本は家庭

同園の「食」に関する考え方とこだわりは，ことあるごとに保護者へ訴えている．乳幼児期の食育は，幼児教育の根幹をなすものであると考えるからである．入園を考え見学に訪れる親子には，玄米給食を必ず試食していただく．また，定例の「子育て講座」では，幸手ひまわり幼稚園としての食への取組みと食事の大切さを保護者に話す機会を必ず設けている．家庭を中心として，「何をどう食べるか」の関心が高まっていってほしいと願っている．

考察

　玄米給食をはじめとする同園の「食」への取組みに対して，保護者からは，子どもの変化として「意欲が増した」「好き嫌いがなくなった」「煮物，魚が好きになった」などの声が寄せられた．また，保護者たちからは，「身体にいい食べ物に関心をもつようになった」「野菜料理が増えた」「だしをきちんととってみそ汁をつくるようになった」「今まであまりみそ汁をつくらなかったが，子どもにせがまれみそ汁をつくるようになった」など，家庭での食事にとってよい成果が見られた．

　食生活が変わったことで，朝から「疲れた」といわんばかりにゴロゴロしていた子も，何事にも意欲的に向かうようになっている．幼児期に思いっきり遊び，よいものをたっぷり食べた子は，頑張りのある，粘り強い子に育つと考えて間違いないと確信している．

　同園では，＜命を大切にする＞＜仲間を大切にする＞＜自然を大切にする＞を教育目標に揚げている．しっかり身体を動かして遊び，身体によいものをしっかり食べることが，精神発達や身体をつくる基本となると考える．そこで「何を食べるか」が問われてくる．

　子ども（人間）の身体は，食べ物そのものからできている．何を食べているかで，身体に大きな影響が出てくる．心身ともに健康な子どもが育つには，「あたりまえの食事を，あたりまえにとる」がとても大切である．昔から「四方四里の物を食え」ということわざがあるように，地産地消は当然の理なのである．また，日本は四方を海に囲まれ日本特有の食文化をもっている．いま，もう一度，「人をよくすること」と「食べること」について立ち戻って考えたい．

図 VII-41　普段の昼食風景．今日はだれと食べようかな？

これからも1日をトータルに見て，油の多いスナック菓子，肉類の食事など肥満をつくる献立でなく，不足しがちな栄養素をも考えた献立の玄米給食を充実させたい．週2回の給食と3回のみそ汁づくりでは，生産者の見える地場産で安全な食材を提供したい．そして，食生活，食習慣，食文化の観点から，さまざまな場面で食育を推進していきたい（図VII-41）．

　このことは，これからの子どもの成長を託された園の重要な責務の1つと考える．

[高崎元美]

② おばあちゃんから学ぼう！

みそ・豆腐づくり体験―地域で取り組む食育

はじめに

　茨城県土浦市新治地区では，新治村時代の事業であるみそづくりの体験活動を継続して実施している．地区にある「手作り食品研究会」の方々のご指導を受けて，冬休み明けに，3つの小学校5年生児童がそれぞれ時期をずらして体験する．

　飽食の時代，食物は手軽に手に入る．給食では食べ残しが目立つ．ややもするとほかの命をいただいていること，つくり手が存在することを忘れてしまいがちである．

　調味料として我が国の食生活に欠かせないいが，あたりまえのように存在するみそ．その加工過程の一部であっても，実際にかかわることにより，「食」に内包されている「食材」「手間ひま」などに気づかせ，「食」に対する思いを豊かにしたい．

実践例

　平成18年度の土浦市立斗利出小学校では「自ら考え行動し，責任のもてる児童を育成する」を教育目標に掲げ，目指すべき児童像として「よく考え自ら学ぶ子」「明るく思いやりのある子」「健康でたくましい子」とした．みそづくり体験学習は，食に対する理解を深めることや「手作り食品研究会」の方々との触れ合いのなかで，「健康でたくましい子」「明るく思いやりのある子」を育てるための一事業で，5年生児童を対象とした学校行事「勤労生産・奉仕的行事」として位置づけている．

　児童は教育委員会のバスを利用し，地区内にある農産物加工処理センターに移

動する．エプロン，三角巾，マスクなどの身支度を整え，調理場へ向かう．児童の体験はみそづくりの一部なので，その他の作業については「手作り食品研究会」の方々の指示のもと，保護者の協力を得て行っている．

　児童が最初に体験するのは，蒸し上がった米を人肌程度に冷ました後，種こうじをふりかけ均一にまぶす作業である．

　2日後，発酵したこうじに塩を混ぜる体験をする．この作業は過酷でもある．塩を使っているために，手にしみる場合がある．しもやけが多いこの時期は特につらい作業だ．しかも水が入るとくさる可能性があるとのことで，作業中手を洗うことを禁じられている．しかし悲鳴を上げながらも，児童は互いにそんな作業を楽しんでもいるようだ．

　次に，このこうじと大豆を混ぜたものをみそすり機でつく．この作業は1人で行う．順番をつくって全児童必ず1回は体験する．興味がある子は何度も並びなおしていた．

　そして児童の言葉を借りれば，「モンブラン」「そば」「挽肉」状態になってみそすり機から出てきたものを，ソフトボールぐらいの大きさに固めに詰め込む．力作業だが競い合うように作業に取り組んだ．

　なお，平成18（2006）年度には，特別に豆腐づくりを作業の合間に見学した．

考　察

　2日くらい，しかも1時間とちょっとの体験なんて…など，当初はあまり期待していなかった．しかし，それは五感をフルに働かせる立体的な体験であった．みそをはじめ食物に対する見方も非常に豊かになるようだ．

　児童と「手作り食品研究会」のおばさんたちとの触れ合いもすばらしい．おばさんたちの年季が入ったおとぼけぶりが見事で，温かさと笑いにあふれた不思議な空気をその場につくってしまう．ふわふわとしたマットの上で，とんだりはねたりころがったりするかのように，子どもたちは，そんなおばさんワールドの中で安心して遊んでいる感じだった．

　ところで，このみそづくり体験は，新治村と土浦市との合併にともない，村の事業ではなくなり，その存続が問題となったものの，つくったみそが主に次年度の2学期から給食で使用されることからも，各校の共通の事業として継続している．しかし，新治地区の学校も自校給食が行われるのは平成20（2008）年度までで，それにともないみそづくり体験もみそが使用できる平成19（2007）年度まで

としている．給食以外でつくったみそを生かす手立てを考え，このみそづくり体験が今後も継続できればと思う．

「手作り食品研究会」などによるみそづくりは，減反政策にともなう転作で栽培が始まった大豆の有効利用のために始まったそうだ．そして，現在「小高みそ」「小町みそ」という名でも販売されている．いわば地場産業だ．こういった原料と地域との関係を学習の中に取り入れれば，さらに豊かな「地域と取り組む食育」が実現できるのではないだろうか．

児童の作文より

- おばさんやお母さんたちを見ていると，とうふ作りとはとても力がいり，大変そうだった．
- みそ作りの初めはかたまったごはんをほぐし，温かいのからさます作業だ．少し熱かったけれどおもしろかった．その後こうじをまぜた．そのまぜたものを入れ物に入れ機械ではっこうさせた．それからできたおとうふを食べた．いつも食べているのより，かくべつにおいしかった．
- おばさんが「みそができるのは夏休みの終わりごろ」と言った時，誰かが「そんなに長いんだあ」って一言つけた．いい体験ができてよかった．

［鈴木　剛］

9　地域で行う食育

デイキャンプ（Day Camping）でのワイルド料理体験―食育で修正できる子どもの心配行動

はじめに

1999年4月，東関東子育てサポートセンターを開設した．筆者の23年間の幼稚園での幼児教育で，子どもの成長の変化に気づき取り組んできたが，どんどん心配される子が入園してくるようになったからである．

そこで，乳幼児期に本来の成長を保障することと，小・中学生になって心配行動が表面化した場合，どんな生活の取組みで，本来の成長に戻せるかを中心とする活動を始めた．

小・中学生のどんな変化を心配してきたかというと，不登校・引き込もり・家

庭内暴力をはじめ，指示がないと行動できない・授業中座っていられない・ときどき奇声を発する・言動が幼いなどである．今回は，その原因と解決の大きな鍵を握る「食」についてまとめる．

本書の読者は，主に現代の子どもに直面される学校関係者ということで，学校生活を中心にまとめることと，限られた紙面のため断定した表現をお許しいただきたい．

筆者は，約20年間不登校・引き込もり・家庭内暴力で苦しむ家族との相談や，子どもとのカウンセリングをしてきた．カウンセリングといっても，筆者の場合一緒に遊んだり，食事をつくったり，キャンプをする．原因を見つけることと解決の取組みを，同時に行えるからである．

その中で，わかってきた共通点の大きなものを4つ述べる．

(1) 偏食

今までに1人の例外もなく偏食があった．野菜，とりわけニンジン・モヤシ・シイタケ・ネギを嫌うなどの類似点が見られた．このことは不登校・引き込もり・家庭内暴力児・授業中座っていられない子どもに限らず，五月雨登校の子どもにもしばしば見られた．こうした状況は，やがて，進展していくと思われる．

(2) 周囲の大人の子育てのずれに，さらに拍車がかかっている．

問題が進展していく家庭には，もう1つの共通点があった．それは直接子育てにかかわる両親や祖父母との，子育てに関しての食い違い（ずれ）である．どちらが正しいかという問題ではない．子どもは当然このずれを見つけ，自分にとって楽な方を選び，ぐずったり，やらなかったり，暴れたりする．

(3) 好物を好きなだけ食べる

好物をたくさん食べた分，当然嫌いなものを食べなくなる．6歳の発達段階に達すると，いずれ食べなくてはならないとわかり，嫌いなものを先に食べるようになる．6歳を過ぎたら，出された物は「しょうがない，これしかないか」と妥協し，ペロッと食べられるゆとりの心が育ってくる．ただし，アレルギーなどが心配される場合は除く．

それが5歳のまま停滞してしまう．好物を好きなだけ食べた子は，「待てない」「我慢できない」ということが表面化してくる．最近いわれているキレる子の原因にもなる．

(4) 食べるための準備と片づけ

　やはり共通するものに，食べるための準備の欠如がある。「ごはんよ」と声をかけられ食卓につくと，何とご飯もよそわれ箸までそろっているのである。おかずを鍋から盛る・おかずをつくる・ご飯を炊く・茶碗を用意することなどはない。ましてや，店に食材を買いに行くこともしていない。

　食べるための準備の作業は，子どもたちに「これをしないと食べられないよ，途中で止めたらいつまでたっても食べられないよ」を教えてくれる。やりきる子，諦めない子を育ててくれる。さらに「失敗したから今度は…」とか「もっとおいしく食べるには…」という向上心をも育ててくれる。

　片づけは，次の食事に使うための準備という明確な理由があるので，当然のこととしてやれる。卒園児1年生～6年生までを対象としたキャンプの10年間と，当サポートセンターでの8年間のキャンプで実証されてきた。しかし，2年前から片づけにおいても変化が起き，つくるにはつくるが片づけない子どもがほとんどになった。すぐに遊び出してしまうのである。1回のキャンプは10名で，年10回くらい行っているなかでの変化である。

以上3つのことを踏まえて取り組むと，子どもの生活に変化が起きる。

・嫌いだけれども食べよう→いやだけれどもやろう
・相手の食べ物は相手のもの→相手の考えも尊重しよう
・食べるためにはつくろう→行事はみんなで力を合わせて取り組もう
・次の食事のために片づけよう→明日の生活のために掃除をしよう

　「いやだけれども，やらなくてはならない」というのは，6歳の成長の目安になるもので，ここに達すると集団での活動がスムーズにいく。

実践例

(1) 1泊2日のキャンプ

　「ネイチャーランド」という名称で，4食＋おやつ2回を自分で献立を立てて火起こしから行うものである。

［参加者］　1回10名
［会場］　　東関東子育てサポートセンター
［指導者］　木村利行　他スタッフ2名
［キャンプの流れ］　1日目9時集合　2日目18時解散

[約束事]　・火は自分で起こす，献立は各自が考え食材・調味料までを
　　　　　　申し出る
　　　　　・できるだけ他人を当てにしない
　　　　　※（年齢・発達の状況によりスタッフが最低限の支援を行う）
[食育へのこだわり]　「食」という生命の土台を育てることは，ゆとりあ
　　　　　　　　　る生き方を育てることにつながる．その「食」に，
　　　　　　　　　より多くの仕事を入れることで，生きる力の向上
　　　　　　　　　を図る．そのため，一人でやれるようになったこ
　　　　　　　　　とについては随時任せていく．

(2) A君の献立

1日目（昼）：醬油ラーメン（生めん）
　　　（夜）：寿司（米・いくら・とろ・えび）
2日目（朝）：ご飯・目玉焼き（米・卵）
　　　（昼）：ご飯・焼肉（米・牛肉・塩だれ）

　縄文時代のマイキリ式火起こし器で火を起こす．七輪で使えるまでの火にするが，一度でできる子はまずいない．初参加の子の中には，お昼の献立で食材を自分でいったにもかかわらず，つくってもらえると思い，12時を過ぎても遊びに夢中になっている子がいる．やがて空腹を覚え，スタッフに訴えて自分でつくることに気づくのである．

　火が起きると，お湯を沸かしめんを入れる．昨年のキャンプではお湯の沸いたころに「もういいかな？」の声，筆者が「お湯が沸いたらめんを入れよう」というと，「もう入れた」という．

　筆者が「え？」と見ると，飯ごうの中にめんが固まって沈んでいるではな

図 VII-42　マイキリ式火起こし器で火を起こす　　　図 VII-43　やっと食べられた

図 VII-44　世界一おいしいにぎり寿司の出来上がり

図 VII-45　つくって食べたが……

いか。急いでほぐすがほぐれず，固まりが小さくなっただけだった。それをラーメンスープの中に入れた。ラーメン変じて，ラーメンすいとんの出来上がりとなった。

　夜は寿司である。まず米をとぐ。最今は10人中1人とげる子がいるくらいである。やがて，水加減，火の燃やし方と難関は続く。火が強すぎれば焦げるし，弱いとおかゆになる。

　ご飯が炊けたら酢を入れてさます。いざ握り出すと，ご飯はポロポロとまな板やお皿にこぼれる。それでも世界一美味しい自分のつくった「にぎり寿司」の出来上がりである。…「ごちそうさまでした」，しかし食事の後はそのままにして遊びにいってしまった。

考　察

　筆者は「食べるときと遊ぶときに，人間は最高の能力を発揮する」と考えているので，このような生活をすると普段の家や学校での様子がよくわかる。しかし，ほとんどの場合，2日目の朝食後にはすぐに昼食の準備にかかり，正午前には食べ始めるようになっている。片づけの面では後退が見られるが，現在はまだ筆者たちの取組みしだいで，本来の成長に戻れる範囲にいると思われる。

　昨年から長期休みではなく学期中に限り，キャンプを行うことにした。それは食事をつくることは普段の生活そのものであり，翌日の学校での生活に大きな成長が見られたからである。日々のストレスが解消し，翌日から自分に自信がつき，学校生活も意欲的になることがわかったからである。あえて会員制にせず予約制にて実施しているが，リピーターが多いので，今後子どもたちの成長の変化を，保護者の方々とつき合わせ結果を見ていきたいと思う。　　　　　［木村利行］

10　食育のきめ細かな全体計画と年間指導計画の作成

はじめに

文部省（現 文部科学省）の『学校給食指導の手引き』によれば，「学校給食は，成長期にある児童生徒の心身の健全な発達のために，バランスのとれた栄養豊かな食事を提供することにより，健康の増進，体位の向上を図ることはもちろんのこと，正しい食事のあり方や望ましい食習慣を身に付け，好ましい人間関係を育てるなど多様で豊かな教育的なねらいを持っている．」とされる．つまり，給食を通して，好ましい人間関係の育成・正しい食事のあり方の体得など望ましい食習慣を形成することが大きなねらいである．

児童の実態は，小学校のため，食事は与えられるものというイメージであった．そこで，受け身的な考えから食事に関心をもつこと，また，箸の持ち方など食事のマナーだけでなく，野菜嫌いなどの栄養面にも及ぶさまざまな角度からの指導を展開することで，豊かな食生活習慣が身につくよう研究テーマを設定した．

「減農薬・有機栽培など，地場産のものを地産地消しようと努力している生産者が見えるような学習を進めていくことで，子どもたちの郷土愛を育む」など，朝食抜き・孤食・ファーストフードなど子どもたちを取り巻く食環境を見直す機会になればとの願いから，食の安全と健康を求めて取り組むこととした（図Ⅶ-46，図Ⅶ-47，http://pub.maruzen.co.jp/book_magazine/support/shokuiku_guide/shidoukeikaku.xls も参照）．

全体計画と年間指導計画の作成のポイントとして，以下の3点をあげる．

---

① 各学年で食に関係する題材を洗い出し，どの教材で子どもたちの実態に応じた指導を取り入れるかを検討した．

② 外部講師の活用など，児童が興味をもてる活動を工夫して設定した．
　たとえば，給食センターの人々の工夫を学校栄養職員から学んだ学年，地域の野菜生産者に野菜を育てるコツを教えてもらった学年，環境を考えた米づくりを食糧事務所の方に指導してもらった学年，保護者と一緒におやつづくりを学習した学年，地域学習のお礼にお年寄りを招待した学年などがある．

③ ゆとりをもたせる時間数としては，負担にならない範囲とした．

［東郷君子］

月	目標	1年	2年	3年
4月	給食の準備や片付けをきちんとしよう	<社> ○給食の準備や片付けをきちんとしよう ・身じたくを整える． ・運び方を知る． ・当番の仕事を知る．	<社> ○給食の準備や片付けをきちんとしよう ・身じたくを整える． ・運び方を知る． ・当番の仕事を知る．	<社> ○給食の準備や片付けをきちんとしよう ・身じたくの意義を理解し，正しく整える． ・手順を身に付け，静かに安全な運びかたができる． ・協力して速やかに片付けができる．
5月	食事のマナーを身につけよう	<心> ○食事のマナーを身につけよう ・箸，食器の正しい扱いを知る． ・時間を考えて食べる．	<心> ○食事のマナーを身につけよう ・箸・食器の正しい扱いを知る． ・時間を考えて食べる． ・姿勢を良くして食べる．	<心> ○食事のマナーを身につけよう ・箸，食器の扱いに慣れる． ・楽しく適度な速さで食べる． ・正しい姿勢で食べる．
6月	よくかんで食べよう 衛生に気をつけよう	<体> ○よくかんで食べよう ・よくかんで食べる． ・一口 15 回位かむようにする． <体・社> ○衛生に気をつけよう． ・清潔な室内で食事をする． ・手洗いの必要性を知り，洗い方を知る．	<体> ○よくかんで食べよう ・よくかんで食べる習慣を身につけよう． ・一口 15 回位かむようにする． <体・社> ○衛生に気をつけよう ・清潔な室内で食事をしよう ・手洗いの必要性を知り，洗い方の順序を身に付ける．	<体> ○よくかんで食べよう ・かむことの大切さを知る． ・固いものを良くかんで食べる． <体・社> ○衛生に気をつけよう ・身のまわりを清潔にすることの大切さを知る． ・清潔な身なりで給食の仕事をする． ・正しい手洗いを身に付ける．
7月	暑さに負けない体を作ろう	<体> ○暑さに負けない体を作ろう ・暑さに負けない食品，旬の野菜を知る． ・牛乳の大切さを知る．	<体> ○暑さに負けない体を作ろう ・暑さに負けない食品，旬の野菜を知る． ・牛乳の働きを理解して，進んで飲むことができる．	<体> ○暑さに負けない体を作ろう ・夏の食べ物のとり方と，体にどんな働きをするか知る． ・夏の飲み物のとり方を知る．
9月	生活のリズムを整えよう	<体・自> ○生活のリズムを整えよう ・朝ごはんが大切なことを知る． ・早寝早起きをする．	<体・自> ○生活のリズムを整えよう ・朝ごはんが大切なことを知り，食べる習慣をつける．	<体・自> ○生活のリズムを整えよう ・朝・昼・夕の食事をきちんと食べることが大切なことを知る． ・水分の補給の仕方を知る．
10月	好ききらいなく何でも食べよう	<自・体・社> ○好ききらいなく何でも食べよう ・いろいろなものを食べることが大切であることを知る．	<自・体・社> ○好ききらいなく何でも食べよう ・いろいろなものを食べることが大切であることを知る． ・嫌いなものでも，少しずつ食べようとする．	<自・体・社> ○好ききらいなく何でも食べよう ・いろいろなものを食べることが大切であることを知る． ・赤・黄・緑の食品群に分けられることを知る．
11月	感謝して食べよう	<社・心> ○感謝して食べよう ・食前食後の挨拶をする． ・給食室の様子を理解する．	<社・心> ○感謝して食べよう ・食前食後の挨拶をする． ・調理員さんの仕事を理解し，食べ物を大切にすることができる．	<社・心> ○感謝して食べよう ・食べ物の大切さを理解して，食事を作ってくれた人に感謝をすることができる．
12月	食事や文化について知ろう	<心・自・社> ○食事と文化について知ろう ・クリスマスや正月の食べ物について知る．	<心・自・社> ○食事と文化について知ろう ・クリスマスや正月の食べ物について知る． ・住んでいる土地の産物を知る．	<心・自・社> ○食事と文化について知ろう ・季節（旬）の食べ物を知る． ・地域に伝わっている料理を知る．
1月	給食に感謝し，じょうぶな体を作ろう	<体・自・社> ○給食に感謝しよう ・給食の良さを知る ・じょうぶな体を作ろう ・毎日の献立にはいろいろなものが組み合わされていることを知る．	<体・自・社> ○給食に感謝しよう ・給食の良さを知り，食べようと努める． ・じょうぶな体を作ろう ・毎日の献立にはいろいろなものが組み合わされていることを知り，食品の名前がわかる．	<体・自・社> ○給食に感謝しよう ・給食の良さを理解する． ・じょうぶな体を作ろう ・組み合わせのよい食べ方が健康によいことがわかる．
2月	健康な食生活について考えよう	<体・自> ○健康な食生活について考えよう ・バランス良く食べることの大切さに気付く． ・好ききらいなく，食べる意欲を養う．	<体・自> ○健康な食生活について考えよう ・給食にいろいろな食品が使用されていることを知り，バランスよく食べることを理解する． ・好ききらいなく，食べることの大切さを知る．	<体・自> ○健康な食生活について考えよう ・1日3度の食事をよくかんで，きちんと食べることの大切さを知る． ・食べ物は，その働きによってさ3つに分類することができることを知る．
3月	給食の反省をしよう	<体・自・心・社> ○給食の反省をしよう ・みんなが仲良く楽しく食事ができたか振ってみる．	<体・自・心・社> ○給食の反省をしよう ・約束を守って楽しく食事ができたか振り返ってみる．	<体・自・心・社> ○給食の反省をしよう ・みんなで協力して楽しく食事ができたか反省する．

図 Ⅶ-46 給食時

4　年	5　年	6　年
<社> ○給食の準備や片付けをきちんとしよう． ・手際のよい準備や片付けを工夫し，安全な運びかたができる． ・上手に盛りつける． ・協力して速やかに片付けができる．	<社> ○給食の準備や片付けをきちんとしよう ・効率的で清潔な準備や後片付けができる． ・分量を考えてきれいに盛り付ける．	<社> ○給食の準備や片付けをきちんとしよう ・工夫して効率的で清潔な準備や後片付けができる． ・個人差に応じた分量を考えてきれいに盛り付ける．
<心> ○食事のマナーを身につけよう ・箸，食器の扱いになれる． ・楽しく適度な速さで食べる． ・食事のきまりを知る．	<心> ○食事のマナーを身につけよう ・箸，食器の正しい扱いを身につける． ・話題を選び，適度な速さで楽しく食べる．	<心> ○食事のマナーを身につけよう ・箸，食器の正しい扱いを身につける． ・話題を選び，適度な速さで楽しく食べる． ・食後の楽しい過ごし方を工夫する．
<体> ○よくかんで食べよう ・かむことの大切さを知る． ・固いものを良くかんで味わって食べる． <体・社> ○衛生に気をつけよう ・身のまわりを清潔にする． ・清潔な身なりで給食の仕事をする． ・手洗いの意味を知り能率的に手洗いをする．	<体・自> ○よくかんで食べよう ・かむことが，身体に与える影響について知る． ・食後の休養をとるようにする． <体・社> ○衛生に気をつけよう ・細菌の恐ろしさを知り，食器や食べ物を衛生的に取り扱う． ・服装をいつも清潔に管理する． ・手洗いの必要性を理解し，進んで実践する．	<体・自> ○よくかんで食べよう ・かむことが，身体に与える影響について知り，よくかむ習慣を身につける． ・食べ物の消化と休養との関係を知る． <体・社> ○衛生に気をつけよう． ・細菌の恐ろしさを知り，食器や食べ物を衛生的に取り扱う． ・望ましい手洗いの習慣を身につける． ・清潔な食事環境を作る．
<体> ○暑さに負けない体を作ろう ・夏の食べ物のとり方と体にどんな働きをするか理解する． ・水分の補給の方法と清涼飲料水の栄養を知る． <体・自> ○生活のリズムを整えよう ・朝・昼・夕の食事をきちんと食べることが大切なことを知る． ・運動するには，3つの食品群をきちんととることを理解する．	<体> ○暑さに負けない体を作ろう ・夏の栄養のとり方と健康の三原則を知る． ・夏のおやつのとり方について理解する． <体・自> ○生活のリズムを整えよう ・栄養のバランスのとれた朝食を理解し，食べることができる． ・身体のリズムと朝・昼・夕の食事の関係について知る．	<体> ○暑さに負けない体を作ろう ・夏の栄養のとり方と健康の三原則を理解し実践する． ・夏のおやつのとり方について理解する． <体・自> ○生活のリズムを整えよう ・自分の朝食を見直すことができる． ・身体のリズムと食事との関係について知り，自分の生活に必要な食事を理解する．
<体> ○好ききらいなく何でも食べよう ・赤・黄・緑の食品群とその働きを知る． ・きらいなものでも栄養を考えて食べようとする．	<体> ○好ききらいなく何でも食べよう ・食品の組み合わせと栄養素の働きを知る． ・運動の大切さを知り，食事の量を考えることができる．	<体> ○好ききらいなく何でも食べよう ・食品の組み合わせと栄養素の働きを知る． ・運動量にあった食事量を理解し，自分にあった食事の仕方を考えることができる．
<社・心> ○感謝して食べよう ・食前食後の挨拶ができる． ・食べ物の大切さを理解し，自然のすばらしい仕組みを知ることができる．	<社・自> ○感謝して食べよう ・食前食後の挨拶を，心を込めてする． ・食べ物の大切さを理解し，当番活動や委員会活動などができる．	<社・自> ○感謝して食べよう． ・食前食後の挨拶を心をこめてする． ・食べ物の大切さを理解し，当番活動や委員会活動でリーダーとして自覚と責任を持って行動することができる．
<心・自・社> ○食事と文化について知ろう ・地域の特産物を知り，地域への関心を深める． ・郷土食や行事食に関心をもち，その由来を知る．	<心・自・社> ○食事と文化について知ろう ・日本の食文化について関心をもつ． ・米飯給食を通じて「米と食文化」との関わりについて知る．	<心・自・社> ○食事と文化について知ろう ・世界の食文化に関心をもつ． ・世界の料理を知る．
<体・自> ○給食に感謝しよう ・給食の歴史を知る． ○じょうぶな体を作ろう ・組み合わせのよい食べ方が健康によいことを理解し，バランスを考えた食事を心がける．	<体・自> ○給食に感謝しよう ・給食の歴史を理解し，自分の食生活を見直す． ○じょうぶな体を作ろう ・組み合わせのよい食べ方が健康によいことを理解し適量を知る．	<体・自> ○給食に感謝しよう ・給食に感謝し，食生活に給食が大きな役割をはたしていることを理解する． ○じょうぶな体を作ろう ・組み合わせのよい食べ方が健康によいことを理解し，正しい食習慣を実行することに努める．
<体・自> ○健康な食生活について考えよう ・1日3度食べることを理解し，特に朝食の大切さを知る． ・不足しがちなカルシウムやビタミンを食べる意欲を養う．	<体・自> ○健康な食生活について考えよう ・給食は，6つの食品群からバランス良く取り入れられていることを知る． ・1日3度の食事をきちんととることの大切さを理解する．	<体・自> ○健康な食生活について考えよう ・給食は6つの食品群からバランス良く取り入れられていることを理解し，良い食習慣を身につけようとする． ・健康に生活するために食事，休養及び睡眠が大切なことを理解する．
<体・自・心・社> ○給食の反省をしよう ・食事のマナーを守って楽しい食事ができたか反省する．	<体・自・社・心> ○給食の反省をしよう ・自分の分担ばかりでなく，自主的に給食活動ができたか反省する．	<体・自・社・心> ○給食の反省をしよう． ・自分の健康を考えて食事をすることができたか反省する．

の指導年間計画

VII より効果的に食育を推進するための提案―実践例

平成15,16年度　**食に関する指導の全体計画**　真瀬小学校

事業研究主題：学校と家庭・地域に密着した学校給食のあり方
―― 食の安全と健康を求めて ――

本校研究主題：自らの食生活に関心をもち，豊かな食生活習慣を身につけ，心身共にたくましい子どもの育成

本校の教育目標
- 自ら学ぶ子
- 思いやりのある子
- たくましい子

研究の仮説
① 学校給食を核として，各教科・領域の「食」に関する指導の充実を図れば，「食」全体について正しく理解し，自ら健康に生きようとする意欲が育まれるであろう。
② 子どもたちの食生活の実態を把握し，家庭と連携を図りながら望ましい食生活についての啓蒙に努めれば，より日常的に「食」について考えようとする態度が身につくであろう。
③ 学校・家庭・地域の連携を密にし，「食」の重要性が認識されれば，「食」を通して望ましい人間関係が築かれ，より豊かな心や社会性が育つであろう。

食に関する指導でめざす児童像（食に関する指導の目標）
- 生涯にわたって健康で生き生きとした生活を送ろうとする子
- 正しい食事のあり方や望ましい食生活を身につけようとする子
- 食事を通して自らの健康管理をしようとする子
- 楽しい食事や給食活動を通じて，豊かな心を育もうとする子

食に関する指導の方針
- 本校の学校教育全体を通じて指導を行う。
- 給食の時間を中心に，各教科・道徳・特別活動・総合的な学習の時間において，指導を行う。
- 効果的に指導をすすめるため，学校給食担当を中心に，学級担任，谷田部学校給食センター職員と連携しながら，児童に直接指導を行う。
- 食に関する指導の効果を高めるため，保護者や地域の協力を得て指導をすすめていく。
- 食に関する指導をすすめていく中で，地域に密着した食材に注目し，関心を高めていく。

小中連携推進委員会／各校の連携推進部会
- 授業研究（GT，体験活動，地域や保護者との関連）
- アンケート調査（保護者，児童）集計，考察，実態把握
- 給食だより（A4：毎月）保護者や地域との連携
- 給食カレンダー（児童・生徒・保護者から募集）
- 正しい食事在り方・食生活習慣
- 好ましい人間関係など
- 親子料理教室（おいしい野菜料理・郷土料理など）
- 交流給食
- 環境整備
- 望ましい食生活習慣形成のキャンペーン（給食委員会）

基本的な食に関する指導内容[注]

体の健康	心の育成	社会性の涵養	自己管理能力の育成
心身の発育・発達や健康の保持増進のためには，食べ物が重要な役割を果たしていること	楽しく団らんのある食事を工夫して，心を育てることができるようにすること	他の人と豊かな心で接する社会的態度や社会への適応性を養うこと	正しい食習慣を実行するため，自分の健康は自分で守るという「自己管理能力」を養うこと

指導場面

総合的な学習の時間
3年　国際理解「外国の様子を知ろう」
・いろいろな国の食べ物の様子を調べ，自分たちの調べている食文化に関心を持つことができる。
4年　国際理解「見つけよう，伝えよう，日本の自慢」
・日本の伝統文化や衣食住に関心を持ち，地域の食文化や歴史を知る。
・食は地域やそこに住む人達と深いつながりのあることを理解する。
5年　環境「きれいな水でおいしいお米を」
・私たちの生活の糧となる食料の生産と環境との関わりについて，調査・体験を通して理解する。
6年　国際理解「目指せ国際人」
・他国と自国の文化の違いの一つである食文化について調べることにより，外国とのつながりについて理解する。

特別活動
学級活動
・気持ちのよいあいさつ
・手洗いの励行
・歯の磨き方
・バランスのよい食事
・うがい手洗い
学校行事
・身体測定
・健康診断
・サツマイモ苗植え
・歯磨き集会
・祖父母学級
・クラブ活動

給食指導
・給食の時間の指導
1年「食事のマナーを身につけよう」
2年「好ききらいなく何でも食べよう」
3年「よく噛んで食べよう」
4年「生活のリズムを整えよう」
5年「感謝して食べよう」
6年「健康な食生活について考えよう」

道徳
1年「礼儀」
2年「尊敬・感謝」
3年「思いやり」
4年「家族愛」
5年「郷土料理」
6年「招待給食や異学年交流」

教科
家庭科
6年「まかせてね今日の食事」
5年「見つめよう私の食生活」
生活科
1年「みんな仲良しがっこうたんけん」
2年「大きくなあれ」
保健
6年「病気の予防」
5年「けがの防止」
理科
4年「季節と生き物」

谷田部学校給食センター
○学校への支援
・給食時における直接指導
・授業におけるTTとしての支援
・指導資料提供
・給食の献立に関する情報提供
・実態調査の協力
○給食センターとしての他への支援
・研究情報の発信
・他校での指導
・関係機関との連携

家庭・地域との連携
○食に関する指導への理解・協力・実践
・買い物代り，保健便り
・給食試食会
・家庭教育学級の開催
・栄養個別指導

図 VII-47　食育全体計画例

注　文部科学省の『食に関する指導の手引き』では，6つの目標を設定している（p.16）。

索　引

あ

亜鉛　28
亜鉛欠乏　32
アトピー性皮膚炎　77
アラキドン酸　22
α-アミラーゼ　19
α-リノレン酸　22
アレルギー　76
　　──源　77
　　──疾患　77
　　──反応　76
　　季節性──性鼻炎　78
アレルゲン　77
　　──となりやすい食物　79
安全性評価試験　100
安全な食品　96
委員会活動　184
生きた教材　130
医食同源　73
遺伝子組換え技術　106
遺伝子組換え食品　106
　　──の安全性審査手続き　107
遺伝子組換え農作物　106
ウイルス性食中毒　118
移り箸　147
運動　46
エイコサペンタエン酸　21
栄養機能食品　37,76
栄養機能成分　37
栄養機能表示　74
栄養教諭　16,80
　　──制度　17,80
　　──の活用　222
栄養所要量　34
栄養素　18
　　──の過剰摂取　33
　　──の欠乏　28
エクササイズ　47
SV　65
n-3系多価不飽和脂肪酸　22
n-6系多価不飽和脂肪酸　22
エネルギー　42
黄色ブドウ球菌　127
O-157　124
　　──食中毒　125
お食い初め　142

か

鏡餅　140
学力　43
学級活動の時間　178
学校・家庭・地域の連携　67
学校栄養職員　80
学校給食センター　212
学校給食の時間　187
学校給食連携推進委員会　203
学校行事　181
学校経営と食育　164
学校における食育　159
学校保健委員会　226
家庭科　169
家庭との連携　220
カリウム　28
カルシウム　27,29
カロテン　25
間食　57
感染型食中毒　118
カンピロバクター　125
儀式　142
機能性食品　36
牛肉トレーサビリティ法　112
教育委員会　207
教科における食育　166
共食　56
郷土料理　137
魚介類　127
キレる　44
グリコーゲン　49
欠乏症　29
健康日本21　33
健全な食生活　60
こ食　55
骨粗鬆症　30
骨密度　32
子どもたちを取り巻く食の現状　159
子どもの運動習慣　46

さ

サービング　65
最大酸素摂取量　47
サプリメント　73
3色食品群　63
残留農薬のポジティブリスト制度　100
脂質　21

自然毒食中毒　　118
七五三　　143
しつけ　　68
地場産物　　130
　　──を使った学校給食　　236
脂肪酸　　22
　　望ましい──摂取比率　　23
社会科　　166
柔食　　60
正月　　140
精進料理　　136
脂溶性ビタミン　　24
消費期限　　121
賞味期限　　121
食育　　7
　　──のキーワード　　160
　　──の基本的な方針　　4
　　──の推進に必要な事項　　6
　　──のスタート　　84
　　──の全体計画　　253,256
　　──の総合的な促進　　5
　　──の単元・題材例　　162
　　──の目標　　4
食育基本法　　1,81,160
食育推進基本計画　　3,129
食事　　40,49
　　──と学力との関係　　42
　　──と脳のエネルギー　　49
　　1日3度の──　　50
食事摂取基準　　33
食事のマナー　　84
食事バランスガイド　　64,133
食生活指針　　61,83
食中毒　　117,124
食中毒予防　　118,126
　　──の3原則　　118
食とコミュニケーション　　136
食に関することわざ　　145
食に関する指導の目標　　16
食の安心　　95
食の安全　　95
　　──に対する不安感　　97
食品安全基本法　　100
食品添加物　　102
　　──の種類　　104
　　──の使用基準　　103
　　──の分類　　103
食品の機能　　36
食品のハザード　　96
食品廃棄物　　121
食品リサイクル法　　123
食物アレルギー　　78

　　──への対応　　79
人生の儀式と食事　　142
神饌　　150
身体活動　　47
身土不二　　73
水溶性ビタミン　　24
SWOT分析　　164
スローフード　　72
　　──運動　　73
生活科　　172
生活活動　　46
生活習慣病　　40
　　──予防　　42,45
　　小児の──　　82
生活のリズム　　85
生産情報　　113
生徒会活動　　186
節分　　141
総合学習　　80
総合的な学習の時間　　80,195,198
咀嚼力　　60

た

体験活動　　241
体力の構成要素　　47
多糖類　　18
七夕　　141
端午の節句　　143
短鎖脂肪酸　　23
単純脂質　　22
単糖類　　18
たんぱく質　　19
地域食材　　235
地域人材　　232
地域で行う食育　　248
地域との連携　　218
地域に根ざした食育コンクール　　131
地産地消　　72,129
注意喚起表示　　74
中鎖脂肪酸　　23
中性脂肪　　22
腸炎ビブリオ　　127
長寿の祝い　　143
朝食運動　　66
朝食欠食　　13
　　子どもの生活状況と──　　51
朝食ノート　　54
朝食の重要性　　62
通夜ぶるまい　　143
鉄　　28
伝統料理　　140
銅　　28

冬至	141
糖質	18
道徳	192
毒素型食中毒	118
特定保健用食品	37, 76
特別活動における食育	178
特別栽培農産物	100
トクホ	76
どこで，誰が，どのように，何を，いつ，指導するのか	160
年の瀬	142
トリグリセリド	22
トレーサビリティ	110

な

ナイアシン	26
内臓脂肪型肥満	40
内臓脂肪症候群	40
菜越し	147
ナトリウム	27, 35
七草粥	141
軟食	60
新嘗祭	141
二糖類	17
日本型食事	71
日本人の栄養所要量	33
日本人の食事摂取基準	33
日本の食文化	135
ネガティブリスト	114
年間指導計画	253
年中行事	140
農産物の安全性	100
農薬	99, 101
——の除去効果	101
望ましい生活習慣	11
ノロウイルス	124, 126

は

早寝早起き朝ごはん	11, 67
バランス食	86
パントテン酸	25
PTA	215
ビオチン	26
彼岸	141
ビタミン	24, 29
——A	25
——B_{12}	26
——B_2	25
——B_6	25
——C	26, 29
——D	25
——E	25, 29
——K	25
必須アミノ酸	19
ひとり食べ	55
雛祭り	142
非必須アミノ酸	19
病因物質	117
病原性大腸菌	124
ファーストフード	69
複合脂質	21
ブドウ糖	49
ふるさと教育応援団	132
ペプシン	21
ペプチド	20
偏食	59, 249
保健機能食品	37, 76
保健体育	176
ポジティブリスト制度	114
ポストハーベスト	101

ま

マグネシウム	27
枕団子	143
枕飯	143
ミネラル	27, 31
無機質	27
6つの基礎食品	63, 64
メタボリックシンドローム	41, 71
——の栄養学的リスク因子	42
メッツ	47
免疫反応	77
問題行動	45
——と食事の関係	45

や・ら・わ

有機農産物	100
誘導脂質	22
容器包装廃棄物	122
容器包装リサイクル法	123
養護教諭	230
——の活用	230
ヨウ素	28
幼稚園における食育	241
4つの食品群	63
リスクコミュニケーション	98
リスク分析	98
リノール酸	22
リン	27
和食	68

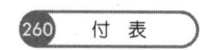

付表 食に関する指導の全体計画（小学校）例

- 子どもの実態
- 保護者・地域の実態

学校教育目標

- 学習指導要領
- 食育基本法
- 食育推進基本計画
- 教育委員会の方針

食に関する指導の目標

① 食事の重要性、食事の喜び、楽しさの理解をする
② 心身の成長や健康の保持増進の上で望ましい栄養や食事の摂り方を理解し、自ら管理していく能力を身につける
③ 正しい知識・情報に基づいて、食物の品質及び安全性等について自ら判断できる能力を身につける
④ 食物を大事にし、食物の生産等にかかわる人々への感謝する心を育む
⑤ 食事のマナーや食事を通じた人間関係形成能力を身につける
⑥ 各地域の産物、食文化や食にかかわる歴史等を理解し、尊重する心をもつ

（など）

各学年の食に関する指導の目標

幼稚園・保育所 幼稚園・保育所との連携に関する方針等	低学年	中学年	高学年	中学校 中学校との連携に関する方針等
	○食べ物に興味関心をもつ。 ○好き嫌いせずに食べようとする。 ○いろいろな食べ物の名前が分かる。（など）	○楽しく食事をすることが心身の健康に大切なことが分かる。 ○健康に過ごすことを意識して、いろいろな食べ物を好き嫌いせずに食べようとする。 ○衛生的に給食の準備や食事、後片付けができる。（など）	○楽しく食事をすることが人と人とのつながりを深め豊かな食生活につながることが分かる。 ○食事が体に及ぼす影響や食品をバランスよく組み合わせて食べることの大切さを理解し、一食分の食事が考えられる。 ○食品の衛生に気を付けて、簡単な調理をすることができる。（など）	

特別活動等

		4月	5月	6月	7月	8月	9月	10月	11月	12月	1月	2月	3月
学級活動及び給食時間 食に関する指導給食指導	低学年	○給食の約束、歯を大切に ●給食を知ろう ●仲よく食べよう			○夏休みの健康 ●食べ物の名前を知ろう ●楽しく食べよう			○健康な生活習慣 ●食べ物に関心をもとう ●食べ物を大切にしよう			○風邪の予防、成長を振り返ろう ●給食の反省をしよう		
	中学年	○給食の約束、歯を大切に ●食品について知ろう ●給食の環境を整えよう			○夏休みの健康、運動と健康 ●食べ物の働きを知ろう ●楽しく食べよう			○健康な生活習慣 ●食べ物の3つの働きを知ろう ●食べ物を大切にしよう			○風邪の予防、成長を振り返ろう ●食生活を見直そう ●給食の反省をしよう		
	高学年	○安全に気を付けた給食準備、歯を大切に ●食べ物の働きについて知ろう ●楽しい給食時間にしよう			○夏休みの健康、運動と健康 ●季節の食べ物について知ろう ●給食の環境について考えよう			○健康な生活習慣 ●食べ物と健康について知ろう ●感謝して食べよう			○風邪の予防、成長を振り返ろう ●食生活について考えよう ●1年間の給食を振り返ろう		
全校指導等		◎ふれあい交流ランチ（なかよくなろう） ◎じょうぶな歯をつくろう ◎予約給食			◎ふれあい交流ランチ（楽しく食べよう）			◎ふれあい交流ランチ（食事作りの工夫をしよう） ◎主食の大切さを考えよう ◎予約給食			◎ふれあい交流ランチ（感謝の気持ちを表そう） ◎季節を味わおう ◎リクエスト給食・予約給食		
学校行事		・発育測定　・遠足　・運動会 ・食育月間　・通学合宿			・修学旅行 ・個人懇談　・夏休み			・学習発表会　・個人懇談 ・冬休み			・給食週間 ・スキー学習		
児童会活動		・ふれあいスタートの会			・ふれあい当番活動			・児童フェスティバル			・ふれあい感謝の会		

教科との関連

	1年	2年	3年	4年	5年	6年
社会			・私の町みんなの町	・私たちのくらしと土地の様子	・食料生産を支える人々	・大昔の人々の暮らし ・戦争から平和への歩み ・日本とつながりの深い国々
理科			・植物の体のつくりや育ち方	・季節と生き物	・発芽と成長 ・動物の誕生	・インゲンマメやジャガイモを育てよう ・体のつくりとはたらき ・植物とでんぷん ・生物の住む環境
生活	・やさいをそだてよう ・できるようになったよ	・やさいをそだてよう ・はっけん！わたしの町				
家庭					・ごはんを炊く ・野菜の調理 ・なぜ食べるのだろう	・生活を計画的に ・楽しい食事を工夫しよう
体育（保健領域）				・毎日の生活と健康	・育ちゆく体と私	・病気の予防
道徳	1 主として自分自身に関すること　（低）（中）（高）1－(1) 2 主として他の人とのかかわりに関すること　（低）（中）1－(2)(4)　（高）2－(1)(5) 3 主として自然や崇高なものとのかかわりに関すること　（低）（中）3－(1)(2) 4 主として集団や社会とのかかわりに関すること　（低）4－(2)(4)　（中）4－(2)(3)(5)(6)　（高）4－(2)(4)(5)(7)(8)　（自校化し主題名等を明記する）					
総合学習			むかしの食事	ふる里を食べよう	お米をつくろう	薬膳料理に挑戦

家庭・地域との連携の取り組み方	学校だより、食育（給食）だより、保健だより、学校給食試食会、家庭教育学級、講演会、公民館活動 学校を中心として、どのような子どもを育てたいのか、そのために保護者・地域とどのような連携の取組を計画しているのかを記述する。
地場産物活用の方針	地場産物活用の教育的な意義、活用方針等を記述する。
個別相談指導の方針及び取り組み方	保護者からの申し出、定期健康診断の結果、日常の食生活の様子等から個別相談指導が必要な児童を対象に実施する等、個別指導の方針等を記述する。 関係職員との連携、校内の指導体制等についても記述する。

基礎からわかる・授業に活かせる
食育指導ガイドブック

平成19年10月20日　発　　行
平成23年 4月25日　第3刷発行

監修者	中　村　丁　次
	田　中　延　子
編　者	成　瀬　宇　平・中丸ちづ子
	久　野　　仁・日　毛　清　文
発行者	吉　田　明　彦
発行所	丸善出版株式会社

〒140-0002 東京都品川区東品川四丁目13番14号
編集・電話(03)6367-6033／FAX(03)6367-6156
営業・電話(03)6367-6038／FAX(03)6367-6158
http://pub.maruzen.co.jp/

© Teiji Nakamura, Nobuko Tanaka, 2007

組版印刷・有限会社 悠朋舎／製本・株式会社 星共社
ISBN 978-4-621-07889-1 C 2037　　　Printed in Japan

本書の無断複写は著作権法上での例外を除き禁じられています。